閩南文化認同與文化傳播

閩南文化接近性是兩岸最大交集，
透過傳播方法促發兩岸文化認同！

陳建安 —— 著

崧華文創

自　序

　　初聞我是閩南人，我沒有特別的感覺，總覺得臺灣人都是閩南人吧！畢竟我們說的話是閩南語，與說客家話的客家人、說標準國語的外省人一樣，都用語言來區隔你是哪裡人。所以，在我沒有能力或者意識去討論何謂閩南人？或者閩南人從哪裡來？閩南文化又是什麼的時候，我只知道閩南人會說閩南話。後來長大之後，才知道除了臺灣人說閩南話之外，對岸的廈門、漳州、泉州，甚至南洋地區都還有說閩南話的閩南人，我才知道閩南文化是福建南部的區域文化，之所以擴散到全世界，有經濟因素，也有政治因素。不過，閩南語只是其中較大的特徵，因為閩南語歌曲（或者臺語歌）的流行，往往讓人忽略這個閩南文化的真正涵蓋範圍與特色；不過，同樣也是因為閩南語的關係，閩南文化的保存也逐漸接受到許多方面的關注，畢竟文化是一種被動的生活形態，若沒人關注或者注意，可能就會慢慢消失，而語言更是其中最關鍵的因素之一。

　　閩南文化是閩南人所共同創造、共同擁有的區域文化，它以閩南方言為載體、融合中原文化、閩越文化、海洋文化、華僑文化；以海洋文化為主要特徵，兼有獨特方言與強烈地域文化特徵的文化，是中華文化的重要組成部分。閩南文化的發祥地和核心區是漳、泉、廈三地，傳播的集中地區是臺灣，輻射區包括福建省內、潮汕、浙南、雷州半島、海南島及港澳等地區。閩南文化大體主要分成六大部分，除血統族譜外，還有閩南語、風俗習慣、民間信仰、傳統戲曲與建築文化等。但是，兩岸因為政治因素，導致臺灣超過 70%以上的閩南人，漸漸忘卻閩南文化的精神與內涵，也漸漸因為政治因素而忽略閩南文化的源頭與特徵。

傳統文化可說是每個人內心歸屬感的根源，它傳達原生家庭、家族、族群共同認同的價值，也能使大眾擁有更宏觀視角。每一族群生存至今，依照當時的地理環境而發展，延伸出各自的文化精神、傳統習俗、道德觀及價值觀，是現代社會強調競爭、效率及個人主義文化難以取代的特色。傳承是一個人獨特、繼承的家族認同感：過去世世代代流傳下來的價值觀、傳統、文化和歷史文物。同樣地，臺灣的閩南文化傳承雖然已經衍生出屬於臺灣的味道與形式，但是「食果子拜樹頭；食米飯拜田頭」的好習慣是不可以忘記的，更不可以拋棄。臺灣的閩南文化從大陸閩南地區的傳承是確實存在的，不可以用政治或者政黨因素去抹滅的。從最早的三國、隋朝、宋元明清到民國，兩岸雖有在不同時代有不同的統治者，但文化的一脈相承是不能改變的，切不可以用政治因素去切斷源自中原大地的閩南文化源頭。

　　臺灣民眾是否已經忘記閩南文化？或者對閩南文化無感呢？從學術觀點來說，必須透過實際調查得知數據去說明。本書內容主要分兩大部分，針對臺灣一般民眾與青少年，對於閩南語的使用習慣、使用語言排序；以及對於六大閩南文化內容的了解與熟悉進行問卷（量化）與深度訪談（質化）實證研究，去剖析各項題目背後得知數據的可能背景與原因，再分析臺灣民眾或者青少年對於閩南文化的了解與熟習程度。閩南文化不應該有色彩、有政黨與有背景，它代表的僅是閩南人這族群的一切生活方式總稱，它是食衣住行育樂的反映，不是政治因素的籌碼或者依靠。從兩個調查結果也正確的反映出臺灣地區的閩南語人對閩南文化或閩南語的喜好與使用傾向，透過這個喜好與傾向，來佐證臺灣閩南文化與大陸閩南文化的千絲萬縷。剪不斷，是因為同源同種；理還亂，是因為非文化因素，政治因素的介入。文化應該是簡單的，不應該太複雜，才能體現各種文化的真正精神與內涵。

　　文化需要被記錄，更需要被傳播。文化既是歷史的、也是當代的，

既是靜態記錄的、也是動態發展的。不僅中華文化，區域文化亦如是。因此，閩南文化是需要被傳播的。在被傳播前提下，首先要推廣讓人知道何者為閩南文化？其次必須要有人主動的去宣發，才能讓閩南文化走出去。本書經過調查後，知悉閩南文化的臺灣民眾多，但是了解閩南文化的內涵與精神的人少。這可能跟臺灣閩南文化侷限在以臺灣區域為主的原因，也可能是淪為政治附庸下的產物，會讓許多臺灣民眾聞閩南文化色變，擔心是大陸統戰的手段，導致更無法讓臺灣民眾真正了解何謂閩南文化。因此，希望臺灣民眾可以認清何謂閩南文化，撇開政治因素去大陸溯源，方可真正理解閩南文化的意義與內涵，這也是本書最誠摯的建議。

　　閩南文化與兩岸關係來說，應該是密不可分。雖然因為政治因素分峙兩地，但是從血統、從生活習慣與說話方式，大體上都體現兩岸屬於同源同種，沒有特別不一樣的地方。文化本來就是兩岸的第三條路，以文化促進交流，不應該摻雜太多後天與人工的因素，讓生活一致性、文化接近性體現在同一區域的最大交集，也是可以促進兩岸找到最佳解決方式的最大依靠與方法。兩岸問題，要先有同，才比較有機會去區隔異。同中求異，或許也只有閩南人的閩南文化可以達到的目標吧！

陳建安

目　次

自　序 ··· i

第一部分：臺灣民眾對閩南文化認知現況調查研究

第一章　導論 ··· 3
　　第一節　背景與綜述 ··· 3
　　第二節　研究對象與步驟 ··· 10
　　第三節　研究方法 ··· 14

第二章　研究發現 ·· 19
　　第一節　臺灣民眾對閩南語認同與使用現況調查 ············ 19
　　第二節　研究方法與調查方式 ·· 20
　　第三節　臺灣民眾對閩南語認同與使用調查結果 ············ 27
　　第四節　閩南語（臺語）調查結論 ································· 54

第三章　臺灣民眾對閩南文化認同現況調查 ······················· 59
　　第一節　研究方法與調查方式 ·· 60
　　第二節　臺灣民眾對閩南文化認同現況說明 ··················· 66
　　第三節　閩南文化調查結論 ··· 87

第四章　研究結論與建議 ·· 89
　　第一節　研究結論 ··· 89
　　第二節　研究建議 ··· 96

第二部分：兩岸閩南文化交流對臺灣年輕人文化認同影響之研究

第一章　文化認同是第三條路 ……………………………… 103

第二章　專案緣起 …………………………………………… 113
- 第一節　兩岸的文化接近性 ………………………………… 113
- 第二節　體驗交流與學習 …………………………………… 124
- 第三節　「以文化人」作法 ………………………………… 133
- 第四節　背景梳理 …………………………………………… 153

第三章　專案內容 …………………………………………… 161
- 第一節　研究主題與對象 …………………………………… 161
- 第二節　研究方法 …………………………………………… 163

第四章　第一階段：從文化接近性詮釋臺灣青少年對閩南
　　　　　文化認同現況調查 ………………………………… 173
- 第一節　前提：政治無法阻隔文化接近 …………………… 173
- 第二節　理論：文化接近應有助文化認同 ………………… 176
- 第三節　調查：臺灣青少年對閩南文化的認同現況 ……… 179
- 第四節　結論：文化接近性與體驗交流可促進認同 ……… 186

第五章　第二階段：體驗交流對臺灣青少年閩南文化認同
　　　　　影響之研究 ………………………………………… 191
- 第一節　以文化人的對臺政策 ……………………………… 191
- 第二節　體驗交流對文化認同的影響 ……………………… 193
- 第三節　在陸臺灣青少年認同調查結果 …………………… 196

第四節　體驗交流是實踐認同最佳途徑 ································ 207

第六章　發現、結論與建議 ···································· 211
　　第一節　研究發現 ·· 211
　　第二節　研究結論 ·· 217
　　第三節　研究建議 ·· 236

附件 1：臺灣民眾對閩南語使用與認同現況調查 ···················· 243

附件 2：在陸臺灣青少年對閩南文化認同調查研究 ················ 247

第一部分

臺灣民眾對閩南文化認知現況調查研究

第一章　導論

第二章　研究發現

第三章　臺灣民眾對閩南文化認同現況調查

第四章　研究結論與建議

第一章　導論

第一節　背景與綜述

　　文化研究學者 Hall（1990）強調，文化認同的思考模式至少有兩種詮釋，一種是視文化認同為聚合共用某一特定歷史、文化的族群，反映出共同的歷史經驗與文化符碼，使族群成為單一特有的民族（one people），具有不變持久的意涵，這點是閩南文化形成的主因。而另一種文化認同的定義，不從相似（sameness）來看認同的意義，反從差異來定義文化認同，指出透過差異的政治（politics of difference），建構我們所認知的自我，認同提供我們在眾多不同的立場中站駐我們的位置，思考在歷史的轉變中「我們已經變成什麼？」（what we have become）的認同問題，而非「我們是什麼？」的問題。這種定義則充分對兩岸對閩南文化產生認同差異提出解釋。這些差異源自於不同環境影響，產出不同政策與文化內涵，而有閩南文化與閩臺文化的些微變異。

　　兩岸雖有許多文化交流，但部分存在政治目的，能否促進兩岸文化合作與身分認同，雖然大多數研究仍然主張交流接觸具有正面效應，但其效果仍然無法彰顯。另外，臺灣學者楊開煌認為：臺灣民眾對大陸的原始印象都是負面的，這些負面事實，似乎很多來自媒體報導，和臺灣地區政府的政治社會化內容方向上相對一致。而這些現況，都導致臺灣民眾對文化認同的主體性是被建構的，是一個變成什麼（becoming）的議題，而非單純的「我是誰」（being）的主體性問

題。換言之，過去在身體印記上所認同的傳統、歷史、文化、記憶等，不僅是相似的聚合，更是差異的政治，不是穩固不變的，而是可能隨著所感知的社會經驗而有所改變。這點在隔海相望最近的閩南地區，其文化接近性，在分峙多年的臺海兩岸間，更有明顯例子與證據。例如：臺灣特定立場政黨上臺執政後，就採取的文化手段化約成「文化根源的斷鏈」。談及閩南文化時，直接將閩南文化轉化為「臺灣獨有的文化」，如閩南語——源自閩南地區的地方方言被刻意稱為「臺語」，從生活中常用的「語言」面開始進行文化斷鏈，避談臺灣主要的閩南文化之根源。潘峰[1]指出，臺灣「閩臺文化」與大陸地區「閩南文化」可能就本質來說，在文化同源沒有顯著的差異，但由於兩岸經歷分治數十載，「閩」之於「臺」某種程度可能有「外」的成分。

不過，閩南文化可說是種特殊文化形成的標誌，其中包括：獨特的語言、獨特的風俗與共同的信仰，不容易被輕易改變變動。從區域來說，包括廈、漳、泉、臺灣與海外地區，以閩南方言為主的區域文化，它既是中國傳統文化重要組成部分，更富有鮮明的區域文化特色。因此，即便臺灣地區有明顯政治因素介入，利用「文化根源的斷鏈」因素去切割文化一致性，但閩南文化那種深植人心的生活習慣與宗教信仰，卻仍舊被兩岸民眾所認同與保留。換句話說，閩南文化仍舊是兩岸比較接近的文化，其中包含語言、習俗、宗教等，將過去兩岸人民彼此身體上的印記，彼此間的認同傳統、歷史、文化、記憶，均在閩南文化中被保存。所以，閩南文化可謂是一個具有歷史連續性的文化共同體，同時也是一個地緣、血緣共同體。閩南文化的特性，將兩岸民眾各種認同融合其中，並且最大化避免了因非文化因素產生的相異特性而發生的矛盾

---

[1] 潘峰(2017)，〈閩臺合作專案下赴臺交換生的文化認同——基於個體–群體的整合視角〉，《臺灣研究》第四期。

甚至衝突。

目前臺灣人口的族群比例依照臺灣地區「行政院《國情簡介》」網頁的說明，以漢人為最大族群，約占總人口 97%，其他 2%為 16 族的臺灣原住民族，另外 1%包括來自中國大陸的少數民族、大陸港澳配偶及外籍配偶。在漢人族群中，閩南人約占 77%，客家人和外省人各約 10%[2]。所以，海峽兩岸基本上同文同種是無可否認的事實，同時，無論是血緣根脈或文化傳承，如語言使用和風俗習慣，臺灣和福建閩南地區的連結都特深厚。長久以來，以閩南方言為語言載體的閩南文化始終保存古漢語精髓，成為連接海峽兩岸人民情感的重要橋樑。因有共通的閩南方言，閩臺兩地使用閩南方言進行傳播的南音、梨園戲、高甲戲、歌仔戲、民間「講古」、提線木偶和布袋戲等等藝術形式，才始終保持著長久不衰的生命力和傳統文化底蘊。從兩岸閩南人所使用的閩南方言中，我們可以看到，承載於閩南方言之上的閩臺文化豐富而多元，是閩臺兩地人民日常生活智慧的結晶，也是閩臺兩地建立良性溝通和穩固關係的媒介，具有豐富而獨特的文化風貌和內涵[3]。

閩南語是閩南文化的載體，對發展閩南文化具有重要意義，由於過去臺灣地區整個社會過分推廣普通話，閩南語有漸漸衰微的趨勢。另外，兩岸間的交流，包括各種領域，除了最早開啟的經貿往來之外，還有文化、學術、教育等領域的交流，這些交流有許多是由民間推動，少了官方色彩，比較容易擺脫束縛，接上地氣。兩岸自開放探親以來，兩岸試著用民間交流的方式，讓分治數十載的兩岸人民開始相互了解，官方互動敏感而牽涉甚廣，從雙方社會（民間）率先交流，有助於日後兩岸的和平發展，文化方面的交流亦是由此開展。臺灣自有史記載以來，

---

[2] 「臺灣地區行政院」，《國情簡介》，https://www.ey.gov.tw/state/99B2E89521FC31E1/2820610c-e97f-4d33-aa1e-e7b15222e45a。上網檢視日期：2020 年 8 月 24 日。

[3] 劉桂茹(2016)，〈以閩南文化為載體開拓兩岸交流新局面〉，《學術評論》000(001)，P.43-48。

便為廣納多元文化之地。從區域來說，臺灣的移民多從閩南地區移入，相當大程度的受閩南文化影響，閩南文化在臺灣幾乎無處不在，包括語言、習俗、宗教等，這就使得臺灣和閩南地區產生了「文化接近性」（cultural proximity）的連結。如閩南語即為臺灣人民（尤其是臺灣南部）日常生活溝通常用的方言，抑或是南部仍舊保存完整的閩式傳統建築，實實在在的展現出已被內化於臺灣整體的閩南基因。

　　文化交流是軟性的、互相理解的，甚為一種雙向且隱性的訊息交流。在兩岸受政治力影響而緊張情勢有所升高的情況下，如果能夠透過強化文化交流促進兩岸人民相互理解，乃至於願意為保存兩岸共用之傳統文化（即閩南文化）共同努力，多少可以減輕兩岸民間的敵意，成為避免兩岸政府政治對抗升高的緩衝。從歷史角度來看，由於臺灣和閩南地區擁有語言、習俗和宗教信仰上頗多共同元素，在文化接近性的基礎上，開展閩南地區的文化交流活動，應該會有助於參加過活動的臺灣民眾增強「兩岸一家親」的文化認同感[4]。施懿琳《閩南文化概論》所述，兩岸關係發展研究以文化交流、族系語言及宗族聚落背景狀況，及文學、戲劇、教育、宗教信仰、風俗習慣、飲食文化、工藝技術及建築特色等等，說明臺灣與大陸地區互動及流通具體。如潘峰《兩岸同根同源的文化展演研究：以臺灣民俗村和閩南緣博物館為例》[5]一書，書中指出臺灣的「閩南文化」與大陸地區的「閩臺文化」就本質來說，在文化同源沒有顯著的差異，舉閩南緣博物館和臺灣民俗村來說，前述兩者在兩岸關係的糾結中，將閩臺地方的文化知識、建築、文物展示暨陳列關聯在一起，將相遙望的海峽兩岸牽在一起，其建築物、搜藏品、研究

---

[4] 陳建安(2020)，〈從文化接近性到文化認同建構兩岸文化共識〉，《區域與文化研究》第二期。

[5] 潘峰(2011)，《兩岸同根同源的文化展演研究：以臺灣民俗村和閩臺緣博物館為例》，九州出版社。

與展示宣傳教育可以說是一種相揉合的思考方式，因而兩岸間有著明顯相同之處。

但由於兩岸經歷分治數十載，「閩」之於「臺」某種程度可能也有了「外」的成分；臺灣本身又由於特殊的歷史因素，臺灣的文化元素有多元文化融合的影子，特別是歷經近代日本殖民的影響最深，故臺灣早已形成特有的「閩南文化」。然而因歷史的環境而有所改變，但以臺灣目前的經驗來看的話，移民社會的文化淵源、社會組織型態的轉型、海洋文化的移植這三個因素來說的話，臺灣與大陸地區的關係有著當地特有的文化與環境的結合，更呈現出多元的面貌。文化接近性（cultural proximity）是經常被用來研究跨國文化流動的概念之一，不過，「文化接近性」一詞大多使用在傳播學領域，在 Joseph D. Straubhaar 於 2009 年發表《超越媒介帝國主義：不對稱交互依賴與文化接近性》論文[6]後，被廣泛的應用。「文化接近性」認為，地方的閱聽眾（或可引申為文化的接收眾）基於對本地文化、語言等環境的熟悉，較易傾向於接受與該文化、語言、風俗習慣接近的事物──這通常是指電視節目。Straubhaar 這樣描述：「雖然先前認為美國電視節目因具有一種『萬國性』（cosmopolitan），但觀眾仍偏愛那些和本身語言、文化、歷史、宗教價值較為接近的電視節目，因這些節目更具文化鄰近性和能力。」，證明「文化接近性」在國際傳播過程中影響，以及全球化下的趨勢仍存在「區域化」現象。

張軒豪《本土化產業的全球化──以霹靂木偶戲為例》[7]的碩士論文研究中發現，在臺灣本土文化霹靂木偶戲邁向海外的過程中，本土的

---

[6] Straubhaar, J. D. (1991). Beyond media imperialism: Asymmetrical interdependence and cultural proximity. Critical Studies in Mass Communication, 8(1), 39-59.

[7] 張軒豪，《本土化產業的全球化──以霹靂木偶戲為例》[D]，臺灣：交通大學傳播研究所，2004。

文化奇妙的具有外來特質，回過頭重作用於原文化，促成「逆向文化移轉」。在文化傳播交流的過程中，各種文化的成分相對比較各有不同，但人們總還是較為容易接受在語言和文化情境上更為接近的本土文化。從「文化接近性」的視角切入，就地域來說，閩南文化是臺閩共同的文化根源，包含語言、習俗、宗教等等，其中有著兩岸人民彼此身體上的印記，共有的傳統、歷史、文化、記憶等。不過，長期分治的結果，兩岸人民的文化認同難免會因為差異的政治而改變，更可能隨著媒體經驗而有所變化。從過去兩岸交流的經驗看來，兩岸的文化認同和民族認同不是固定不變的。認同往往因為生活經驗和歷史記憶「持續不斷的形成與轉變」而出現分歧。

文化認同「Cultural Identity」主要是指個人對於自身文化特質或偏好屬於某個社會群體的認同感。文化認同是文化社會學的一個課題，與心理學也有密切相關。這種認同感的對象往往與國籍、民族、宗教、社會階層、世代、定居地方或者任何類型具有其獨特文化的社會群體有關。文化認同不但是個人的特徵，也是具有相同的文化認同或教養的人所組成的群體的特徵。文化認同與民族認同相似並有重疊，但兩者意義並不相同。當一個人可以接納並且認同某個民族具有的文化，並不代表自身屬於某個民族。不過，因為海峽兩岸同文同種，文化認同和民族認同的重疊性較高，文化認同的增強應該有助於民族認同的提升。

人是情感的動物，有情就有感。情是先天的文化接近性；感是後天的文化體驗。所以，理論上或直覺上，我們可以借著文化接近性作為基礎，辦理體驗式交流活動，以增強文化認同乃至於民族認同。這是大陸方面會在福建，特別是閩南地區成立臺灣青年體驗式交流中心，邀請臺灣年輕人前往閩南地區參加體驗式文化交流活動的用意。文化是有生命的，不過它必須經由傳播向四周擴散，才能被稱為是有生命的文化。龐

志龍提出[8]，《文化認同：臺灣媽祖文化傳播與「兩岸」關係互動研究》文章中說明，根據文化傳播的理論，文化的傳播必須要有載體，而在現代社會中，大眾傳媒介入文化傳播完全改變了傳播的單向流通性質，它跨越了時空的限制，加快了文化傳播的速度，縮短了文化交流和更新的週期，並且打破了少數人對文化的壟斷，消除了普通人對文化的神秘感。這就是一種透過文化傳播方式強化文化認同的最顯著的例子。

文化是一個民族產生和發展最穩定的因素，也是最重要的凝聚力；但文化認同不等於民族認同，不過，文化認同卻能長期存在並影響廣泛。文化認同具有強大的向心力，從而使人們產生共同的文化歸屬感。總之，在臺灣不論是物質生活方面還是精神生活方面，只要有閩南籍臺灣同胞居住的地方，處處浸潤著濃重的閩南文化色彩，處處都能領略到閩南文化濃厚的氣息和深刻的內涵。閩南文化在臺灣的傳播影響及閩臺兩地共同構建的神緣、血緣等五緣關係，已成為海峽兩岸一條無形的永遠無法割斷的精神紐帶。這一切既體現閩南人的強烈的根脈意識，又體現了閩南文化對閩南籍臺灣同胞所具有的吸引力和凝聚力，更體現了中華民族優秀文化所具有的強大吸引力和向心力[9]。

兩岸閩南文化雖相似結合，但因差異政治制度產生改變，也隨著不同社會文化經驗而有所變化。從過去兩岸交流及研究經驗發現，兩岸對閩南文化的認同不是固定不變，往往因為「持續不斷的形成與轉變」，進而會對閩南文化認同產生不小的變遷。這些文化變遷，可能是對原有閩南文化進行創新、重組，或重新整合、解釋。導致兩岸閩南文化變遷的主要驅力，可能來自於外部的社會文化環境的變化，如遷徙，或者政

---

[8] 龐志龍，《文化認同：臺灣媽祖文化傳播與「兩岸」關係互動研究》[D]，蘇州大學，2016。

[9] 楊雪燕(2013)，〈閩南文化在推動兩岸文化交流與發展中的影響和作用〉，《天津市社會主義學院學報》2013(3)，p27-31。

治制度的改變等而引起。從理論上說，兩岸閩南文化從高度文化接近性到外部驅力產生部分的文化變遷，均會反映在臺灣民眾對閩南文化認同程度大小狀況。這種現況反映，不應只限於學術與文獻上的論證，更應有直接調查與追蹤資料佐證，方可釐清臺灣民眾對閩南文化認同程度變異的真正原因。本課題「臺灣民眾對閩南文化認知現況調查研究」將透過網路問卷調查與隨機焦點團體訪談方式進行調查研究，以期勾勒現今臺灣民眾對閩南文化的認知程度與意象。所以，本研究課題可說是兼顧理論與實踐雙重意義，極具研究價值。

第二節　研究對象與步驟

　　閩南文化，其內涵除廣義中也含農耕文化、海商文化外，更值得一提的是狹義中所含的建築文化、民俗文化、宗教文化、民間藝術、宗族文化及閩南語等。閩南文化移居臺灣為最多，且影響深遠，分佈廣泛於各縣市，例如：臺北、宜蘭、南投、雲林、臺南等絕大部分地區，而均有閩南人在那裡一代代休養生息。從歷史紀錄中已知從唐代始，先輩移居臺灣，不僅帶去方言，也帶去閩南人的生活習慣、宗教信仰、民間信仰、民間藝術、民居建築等等，並代代傳承、發展和創新；而且發展迄今，兩岸的閩南人，仍是語言相同，生活習慣、民俗風情、宗教信仰、民間信仰、民間藝術、民居建築也仍相同或近同。基於文化接近性原則下，以及研究的便利性，本課題的研究總體框架，以及對閩南文化接近性的範圍界定是：現今臺灣民眾對閩南文化（包括：語言、風俗、家族與生活）的可能認知與意象，並將其轉換成調查題目進行問卷與訪談，本研究計畫的整體框架研究，請詳見下圖。

```
兩岸交流 ── 文化接近性 ── 閩南文化 ┬ 語言  ── 影響層面 ┬ 個人認同
                                    ├ 風俗              ├ 社會認知 ── 文化認同
                                    ├ 家族              
                                    └ 生活              
```

　　換言之,「臺灣民眾對閩南文化認知」,是透過實際調查(網路問卷調查與焦點團體訪談)的結果去推斷現今臺灣地區受訪者們對閩南文化(語言、風俗、宗族、信仰等)的個人認同傾向,進而推論整體臺灣民眾對閩南文化的認同現況。這個調查結果最主要的重點,在於可即時與真實反映臺灣民眾對閩南文化現況認同程度大小,並可以釐清文化接近性是否為影響臺灣民眾對閩南文化認知的主要因素。另一個重點則是透過調查結果,更可以清楚閩南文化中語言、風俗、家族與生活四變項中,哪一個比較不容易受到外部驅力產生文化變遷與變異?

　　基於上述研究框架,本課題將透過控制影響認知的文化變項(文化接近性)去進行實際設計題目,分別進行問卷調查與焦點訪談。兩岸閩南文化接近性則定義在語言、風俗(民間信仰)、家族與生活(傳統戲曲與飲食習慣)等四大面向的相似結合,但若將此四大方向全部設計題目進行調查,在問卷題目數量上可能超過受訪者意願範圍,並會在實際調查中造成受訪者拒訪,甚至會影響調查結果。因此,本次將先以閩南文化接近性中的「語言」為研究主題進行問卷題目設計;但為同時兼顧閩南文化接近性其他三個面向,將會使用焦點訪談針對「風俗」、「家族」與「生活」三面向進行深入研究訪談。綜言之,本課題具體採用量化問卷調查法,針對「閩南語言」進行調查,及透過質化焦點訪談法,針對「風俗」、「家族」與「生活」進行訪談分析,而這種屬於最近學術領域較流行的混合研究法,詳見第三節說明。另,本調查研究的步驟

可分成三大階段，說明如下。

　　一、第一階段：網路問卷與焦點團體訪談的題目設計，以及進行文獻探討。該階段自本課題通過後兩周內完成問卷與焦點團體訪談題目設計，暫訂八月底前完成。

　　二、第二階段：網路問卷執行、邀訪焦點團體等，開始進行調查。該階段自九月開始，分組進行課題訪談。線上網路問卷調查，主要透過Google 問卷表單，透過網路上社交媒介進行開放式隨機調查，調查時間為期兩個月，預計十月十五日截止調查。為提高問卷有效回收率，以回答問卷可進行抽獎活動。焦點團體訪談，則從九月初開始透過臺灣地區中華電信電話黃頁[10]，透過研究助理打電話隨機邀請不同受訪者進行訪談，進行十次左右的焦點團體訪談。

　　三、第三階段：預計從十一月中旬開始進行數據分析，其中焦點團體訪談數據，更需要經過重新編碼再進行數據分析。並共計五次訪談。另於十二月後，嘗試從研究結果中篩選出 1-2 個子題進行學術期刊論文投稿。該階段預計自十一月起，截至於十二月底。至於相關的學術期刊論文投稿，目前已經投稿到臺灣南華大學出版的《文化事業與管理》及臺灣鄉土文化青年協會出版的《區域與文化研究》等兩本學術期刊，目前預計在 2021 年六月可被收錄刊登。

　　本研究課題詳細流程，請詳見下圖。

---

[10] 中華電信電話黃頁，主要登記臺灣地區各縣市住宅市內電話清冊，並免費提供給臺灣民眾登記後免費領取使用，透過中華電信當地營運處或服務中心領取。

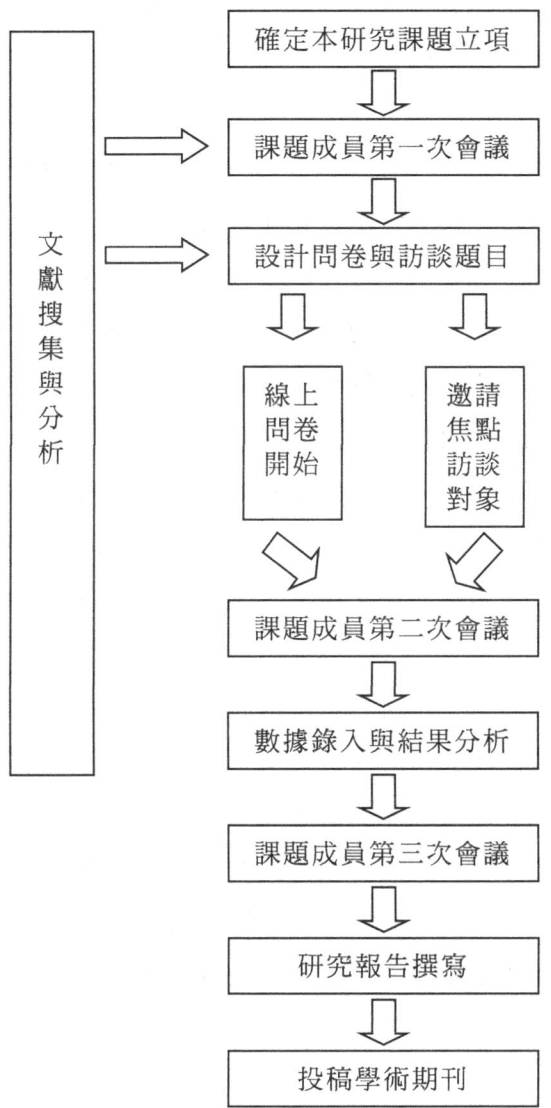

　　不論是網路線上問卷調查或者焦點團體訪談，本課題研究調查的主要母群，就是臺灣地區各階層民眾。但為讓本研究課題的抽樣可以更客觀，且避免立意抽樣問題，抽樣均採隨機抽樣，而抽樣的樣本儘量符合臺灣地理區域劃分與各地理區域人口數的比例。因為，在進行調查中，

就會直接面臨兩大難題,一是問卷調查開始,如何避免目前臺灣地區大多數民眾的是刻板印象;因臺灣民進黨執政後的刻意「去中國化」,臺灣部分民眾對大陸「他者」定位,已形成刻板印象,且多是負面的,從而形成偏見與歧視。這種偏見認知可主要是對大陸了解不足、觀感不佳、顧慮深重。所以,目前臺灣民眾在牽涉到兩岸關係認知相關調查,或對大陸身分認同上判斷上,感性用事大於理性,容易產生排斥或者預存心理立場,這就是第一個難題。另外,從研究方法來說,開放式的抽樣調查,是否能夠讓本研究詢問到具有代表性的受訪者,以及足夠的有效數量呢?如何兼顧代表性,以及讓調查樣本可在性別、年齡、區域與教育程度等條件下,平均分佈,這是本課題第二大難點。不過,第二個難點,可透過調查時間延長,增加有效問卷份數,或增加焦點團體訪談人數,似乎可以解決這個問題。另,本調查研究具有兩個相當重要的意義,分述如下:

一、透過研究調查,可真實反映臺灣民眾對閩南文化現況認同程度大小,並可以釐清閩南文化的特殊「文化接近性」,是否持續影響現今臺灣民眾對閩南文化認知的主要因素。

二、透過調查結果,可以清楚臺灣民眾對於閩南文化中語言、風俗(民間信仰)、家族與生活(飲食或者傳統戲曲)四個變項中,哪一個在「文化接近性」因素下,對現今臺灣民眾影響比較大?或者哪個因素比較不容易受到外部驅力(例如:政治因素)產生了文化認同變遷與改變?

第三節　研究方法

本研究為了達到上述兩項研究目的,採取多元研究方法(混合研究

方法）進行資料搜集，包括文獻分析法、網路問卷調查法和焦點團體訪談。混合研究，乃指在單一個研究或多個研究中，同時地或依序地採用質化和量化的方法，以形成研究問題、搜集資料、分析資料或詮釋結果[11]。不同的研究者對於混合研究的定義及看法並不一致。例如：質化和量化的方法應在研究過程的哪一個階段加以整合？或是整合發生在哪一個研究過程中是構成混合研究所必須的？因此常會在何種研究形式屬於「混合研究」的認定寬嚴不一。部分學者認為，所謂混合研究必須要在質和量的取向中各有一個完整的問題形成、資料搜集、資料分析和詮釋結果的歷程，並且在結果詮釋上充分將質化取向和量化取向結果之間的關係加以連結和討論，才稱為混合研究。

　　質化和量化取向兩種研究方法各有其優、缺點，同時採用可以互相彌補彼此之不足。量化設計的假設較嚴謹，一般是透過適當地取樣，探討變項之間的相關關係或因果關係，其結果也被預期具有普遍性；而質化設計的特點在於針對探究的對象做更深入與全面的接觸，進而建構出對所探究對象的個人理解與詮釋。兩者的取向與目的不同，可對同一研究現象的重疊或不同的面向（facets）得到不同的理解，進而豐富、精緻了對現象的探究結果。誠如第二節所述，為能夠比較接近事實的去調查現今臺灣地區民眾對閩南文化的認知，本研究採用混合研究，在閩南語（臺語）部分，利用量化的線上網路問卷調查；而在其他面向：風俗習慣、家族宗譜與生活飲食或傳統戲曲等，透過質化的焦點團體訪談。這幾個面向都可獨立形成單一主題進行調研，但亦可以混合成更高層面的綜合主題來進行混合研究調查。

　　在閩南文化中，有關「語言」的研究主題，比較適合線上問卷調查

---

[11] 宋曜廷、潘佩妤，〈混合研究在教育研究的應用〉[J]，《教育科學研究期刊》，2010，55(4)：97-130。

研究方式，因為閩南語（臺語），對臺灣民眾來說，似乎可影響年齡層面比較寬廣。因此，在語言該主題，將透過線上網路問卷調查方式，進行網路隨機抽樣調查，而有效問卷至少需要 1,024 份。而有效問卷的定義是受訪者需要完成本課題的所有問卷題目回答。至於「風俗（民間信仰）」、「家族（血緣、宗族、族譜）」與「生活（飲食、傳統戲曲）」等主題，則將透過質化的焦點團體訪談法，進行訪談搜集數據。透過品質並重的兩種研究設計，以期推論閩南文化中的文化接近性，是否會影響臺灣民眾對閩南文化的認知程度。

一、量化的線上網路問卷調查：本研究將透過 Google 問卷表單的線上調查平臺設計問卷與發佈問卷，在利用 Line 群組與 Facebook 臉書公佈，在臺灣地區進行隨機問卷調查。為提高問卷回收與有效問卷份數，填寫問卷的受訪者，都可進行價值新臺幣壹百元的 7-11 有價券 100 份的抽獎。詳細的線上網路問卷調查方法的優勢與做法，請參考第二章實際的調查結果。

二、質化的焦點團體訪談法：本將透過臺灣鄉土文化青年協會與部分曾與大陸進行交流的民間團體與組織進行焦點團體訪談，但該抽樣已經有預設立場，屬於立意抽樣，可能無法調查出比較描述真正事實。因此，抽樣方式將採用透過中華電信黃頁進行隨機抽樣，以臺灣地理區域與各區人口總數進行抽樣。該部分的焦點團體訪談將進行 10 次，為提高受訪者的參與意願，每人均可獲得車馬費新臺幣 500 元，以及一份精美禮物。至於詳細焦點團體訪談的作法與詳細步驟，也請參考第二章實際的調查結果。

另外，在進行質化與量化調查時，仍須要透過文獻分析建構本研究課題的基本方向。文獻分析法（Document Analysis）是指根據一定的研究目的或課題，透過搜集有關市場資訊、調查報告、產業動態等文獻資料，從而全面而精準地掌握所要研究問題的一種方法。搜集內容儘量要

求豐富及廣博,再將四處搜集來的資料,經過分析後歸納統整,再分析事件淵源、原因、背景、影響及其意義等。文獻分析法,相較於其他方法,具有較為省時、省力與省錢的優點,此外,由於資料有較強的客觀性與較高的信度,是以研究觀點的形成較不易受到主觀的因素,但缺點是文獻必然地會受到原先作者主觀的影響。

　　本調查研究課題「臺灣民眾對閩南文化認知現況調查研究」,主要將可能影響文化認同的兩大主軸「文化接近性」與「文化變遷」兩因素,透過以閩南文化接近性特點,實際調查現今臺灣民眾對閩南文化的認同程度與意象。其中,「文化接近性」概念較常用於傳播、消費與廣告效果相關領域,較少被運用於「文化認同」中。本課題之所選擇將「文化接近性」特點跨領域用於文化認同,主要是現今社會已全面「媒介化」,而「文化接近性」很容易會因媒介化產生正增強或負減弱。因此把閩南文化的特點去調查臺灣民眾對閩南文化認同現況,正是本課題在學術思想與觀點的重要創新。

　　另外,坊間許多兩岸(閩南)文化調查,大多著墨於政治、經濟或者國際關係等觀點進行闡述,並且鮮少以「文化接近性」角度切入,這也是本課題的另一項創新。此外,本課題更是少數使用品質並重的混合研究方法採集資料,是研究方法的另類創新。目前許多重要課題研究,已經傾向透過多層或多種研究方式進行調查研究,以期更完整勾勒可能的研究圖像。而本課題將透過問卷搜集閩南文化在「語言」主題中的態度與傾向,再透過焦點團體訪談進行「風俗」、「家族」與「生活」三主題的訪談資料分析。

　　未來的研究課題成果將採用二種形式呈現,一是研究成果報告論文,主要將所有研究成果方式,進行匯整各種本課題的研究材料、文獻資料與分析後的圖表等,匯整研究報告論文。二是,摘錄本課題研究成果內容,以期刊論文方式,嘗試發表於特定期刊之中。本課題研究成果

可提供給閩南師範大學兩岸語言文化交流研究中心，以及相關對臺交流相關機構，提供具實證且深度的資料成果，觸發更多文化交流的可能，補強臺灣民眾對閩南文化認之不足，最後，以期增進臺灣對中華文化認同，進而達到兩岸一家親的最後目標。

整個研究調查結果所呈現的預期社會效益，誠如上述使用去向所言，以期多了解臺灣民眾對於閩南文化的認同與意象後，以期完善兩岸交流互動的最佳道路，那就是「以文化人」、「以文交流」與「以文統一」，最終推動兩岸一家親的最終目標。透過閩南文化的接近性前提下，落實各種不同文化茲員的體驗與接觸，消除臺灣民眾對大陸存在於在心理、物質等方面的焦慮與挫折感，進而增進臺灣地區民眾的對大陸的文化認同，最後把福建打造成為兩岸第一家園。透過數據描述，找出「文化接近性」優勢與目前的痛點，讓閩南文化的「文化接近性」特色發揮到極致。這也正是本研究課題的最重要目的。

第二章　研究發現

第一節　臺灣民眾對閩南語認同與使用現況調查

　　從區域來說，臺灣移民大多從閩南地區移入，生活與風俗習慣相當程度受閩南文化影響，換言之，閩南文化在臺灣地區幾乎無處不在，包括語言、習俗、宗教等。雖然許多民間信仰、生活習慣都來自中國大陸家鄉故里，但因政治對峙原因，連隔海相望最近的閩南文化，同樣因不同環境影響，產出不同的文化內涵，而形成閩南文化與閩臺文化的些微差異。閩南文化對兩岸閩南人來說，算是種特殊文化形成的標誌，不容易被輕易改變變動。從區域來說，包括廈、漳、泉、臺灣與海外地區，以閩南方言為主的區域文化，它既是中國傳統文化重要組成部分，更富有鮮明的區域文化特色。因此，即便臺灣地區有明顯政治因素介入，利用「文化根源的斷鏈」因素去切割文化一致性，但閩南文化那種深植人心的語言用法、生活習慣與宗教信仰，卻仍舊被兩岸民眾所認同與保留。所以，閩南文化可謂是一個具有歷史連續性的文化共同體，同時也是一個地緣、血緣共同體。閩南文化的特性，將兩岸民眾各種認同融合其中，並且最大化避免了因非文化因素產生的相異特性而發生的矛盾甚至衝突。

　　兩岸閩南文化不僅僅相似結合，更因差異政治制度產生改變，可能隨著不同社會文化經驗而有所變化。從過去兩岸交流及研究經驗發現，兩岸對閩南文化的認同不是固定不變，往往因為「持續不斷的形成與轉變」，進而會對閩南文化認同產生不小的變遷。這些文化變遷，可能是

對原有閩南文化進行創新、重組，或重新整合、解釋。導致兩岸閩南文化變遷的主要驅力，可能來自於外部的社會文化環境的變化，如遷徙，或者政治制度的改變等而引起。從理論上說，兩岸閩南文化從高度文化接近性到因外部驅力產生部分的文化變遷，均反映臺灣民眾對閩南文化認同程度狀況。這種現況反映，不應只限於學術與文獻上的論證，更應有直接調查與追蹤資料佐證，方可釐清臺灣民眾對閩南文化認同程度變異的真正原因。因此，本課題針對兩大部分進行臺灣民眾對閩南文化認同現況數據採擷，第一部分主要透過開放式網路問卷調查，以量化的方式，面向臺灣民眾對於閩南語使用與認同現況進行搜集數據，進行分析；第二部分則利用品質並重的焦點團體訪談與內容分析，針對閩南文化中的家族宗譜、風俗習慣、民間信仰與傳統戲曲等部分進行深入訪談。第一部分的網路問卷調查結果，詳見下文。

第二節　研究方法與調查方式

　　第一部分調查方式主要是透過開放式的網路問卷進行調查，針對在臺灣地區臺灣民眾使用閩南語的現況與認同情形。為什麼網路調查的重要性逐日遞增？透過網路快速、大量地交換、存取、搜集資料的特性，使得在網路上利用問卷調查來大量搜集消費者行為資訊便得可能。美國民意調查學會（AAPOR）之前曾針對網路投票抽樣樣本特徵有偏差以及無法限制重複投票大加批判，然而一方面隨著網路認證技術的成熟，限制重複投票的機制開始問世，再加上網路投票的樣本正好完全符合現有龐大電子商務以及科技產品意見領袖的目標客層，在短短的半年內，美國民意調查學會已經舉辦上百場的學術研討會，重新審視並且肯定這個原先被誤解的新工具。網路問卷調查，也就是線上調查，這種調查方

法具有快速、研究設計彈性化、不受調查時間限制、問卷設計更具彈性、視覺化、減少人工 coding 作業以及減少訪員干擾等優點。

網路線上問卷調查，在程式上需要符合幾個步驟，包括：研究目的設定、問卷建構、決定問卷傳輸的形式或平臺、進行小樣本的問卷前測、確定調查時間與樣本數、數據搜集與數據分析，詳細調查流程與步驟，請見下圖所示。雖然網路調查法的問卷回收快速，但仍必須注意回收問卷裡面數據的品質，這就是對於有效問卷的定義，其中舉凡回傳的空白問卷，或同一人重複填寫（包含機器人的大量回覆），或者問卷答案無法辨讀、或者亂碼等，都屬於無效問卷。

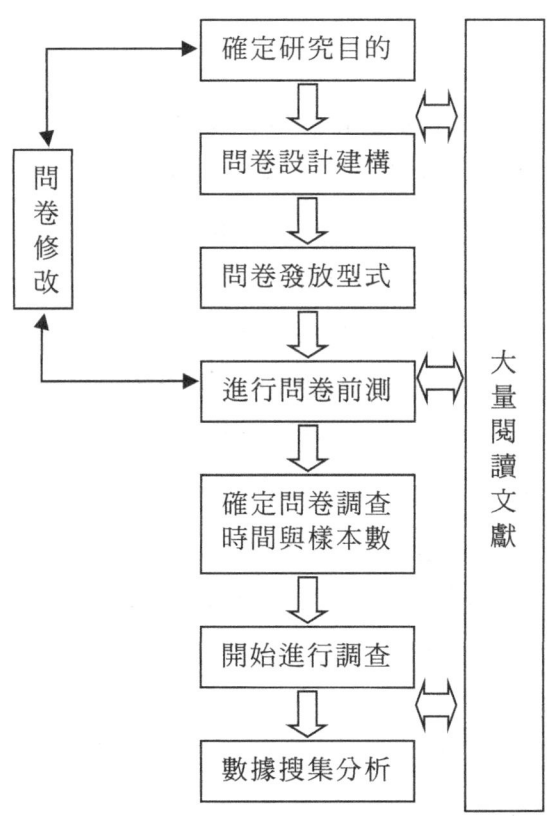

不過，過去在使用網路調查法時，許多學者認為網路問卷調查主要缺點在於受訪者缺乏代表性，以及在網路問卷調查時並無抽樣架構與原則。這兩點缺陷，其中在代表性部分，當前普遍網路人口愈來愈多之後，網路受訪者代表性問題就已經迎刃解決。在進行本次臺灣民眾閩南文化認同現況調查中發現，臺灣地區已有超過 95.8%[12]以上的臺灣民眾，都幾乎透過移動手機進行行動上網，或透過公共 WiFi 上網；進一步來說，臺灣民眾超過 9 成以上都是線民，所以透過網路問卷調查法時，並無太多不適性。另外，因本次網路問卷調查是屬於公開式透過臺灣民眾較常用的社交媒介：LINE 與 Facebook[13]（臉書）進行傳送，採擷數據。為使問卷樣本數目符合較嚴謹的抽樣架構與原則，特將臺灣地區分成四大區（北、中、南與東等四區），利用此四區人數數量與全臺灣地區人口總數量的比例當成有效樣本的抽樣原則設置，以 1,200 份有效問卷採擷為目標，依比例進行數據的採擷。

本網路問卷調查，透過 Google 問卷表單方式，在網路從 2020 年 8 月 1 日起進行調查，直到 2020 年 9 月 30 日為止，整個調查期間共計兩個月。採用 Google 問卷表單理由，主要是讓使用者可免費透過該表單，進行管理活動報名資料、製作測驗、分析回應，更是一個最佳的線上問卷訪談系統，本研究的網路問卷請詳見附件 1。Google 表單可直接在行動或網路瀏覽器中建立及分析問卷調查，無需額外安裝特殊軟體，另可以在系統收到回應後立即查看結果，並透過圖表匯整出一目了然的問卷調查結果摘要。利用 Google 問卷調查提供的各項工具，讓使用者可快速向整個網路上的真實使用者徵集回饋，獲得可靠的分析結果，從而做出更明智的業務決策、了解所開展的行銷工作的效果、隨時掌握品

---

[12] 財團法人臺灣網路資訊中心，2019 年臺灣網路調查報告，https://www.twnic.tw/doc/twrp/201912e.pdf，2019.11。

[13] 臺灣上線民眾超過 98.7%均會使用 facebook，資料來源：同注 1。

牌的發展情況。另外，Google 問卷表單方式也可以讓使用者自行設計調查問卷，指定要調查的目標受眾，並進行前測與實際調查，所耗費的時間只是傳統調研過程的零頭。這正是本計畫選擇 Google 問卷調查的主要原因。

不過，實際進行問卷調查所採擷的數量，極大可能與原本設定的所欲採擷的問卷數量與受訪者的區域分佈比例，會有所差距，因為網路問卷調查是屬於開放性採擷資料，無法篩選受訪者本身所在區域。不過，為能夠兼顧本研究所設定的 1,200 份有效問卷數量，以及滿足本研究所設定依照臺灣地理區域進行理想抽樣數值與比例而言，只好必須提高調查樣本數，儘量滿足本研究需求。不過，比較幸運的是，本次網路問卷調查結果，比原本設定 1,200 份有效樣本多出 60 份，共計有 1,260 份。其中除南部（高高屏南）地區的實際有效樣本與理想抽樣樣本數量差距大，且數量偏低外，其餘各區理論抽樣數量與實際抽樣數量的比例差距均在 5%的合理範圍內。換句話說，本次網路隨機調查的有效樣本數量，除已經滿足代表性外，更滿足本次的抽樣架構嚴謹且完整。請詳見下圖。

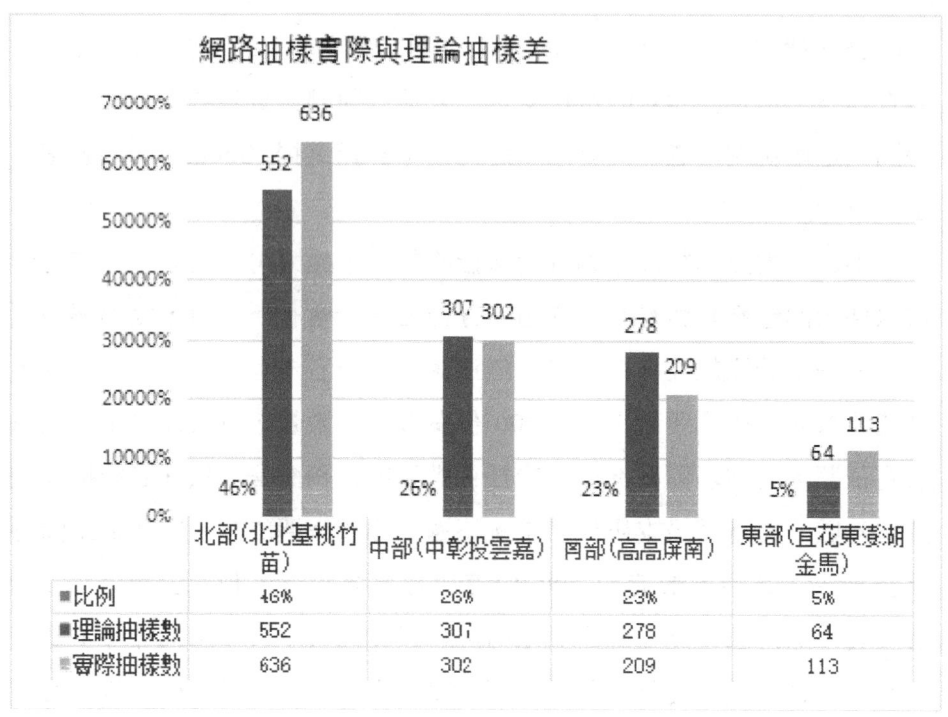

　　第一部分網路問卷調查，主要針對臺灣地區民眾對閩南語使用與認同現況進行問卷設計與數據採擷，該份問卷主要分成四大部分，共計 21 道題目，其中針對受訪者基本數據、閩南語言使用情況、閩南語在臺灣社會運用情形與受訪者閩南語言使用技能。詳細的問卷題目如下所示。

一、受訪者性別、年齡、受教育程度、職業分佈、族群身分

1. 性別：□男 □女
2. 年齡
3. 受教育程度
4. 職業分佈

5. 族群身分
(1) 父親族群身分：□外省族群 □閩南族群 □客語族群 □原住民 □新移民 □其他
(2) 母親族群身分：□外省族群 □閩南族群 □客語族群 □原住民 □新移民 □其他
(3) 您的族群身分：□外省族群 □閩南族群 □客語族群 □原住民 □新移民 □其他

二、閩南語言使用情況

1. 第一習得語言（最先學會的語言）：□國語 □臺語 □客語 □原住民 □新移民語 □其他：
2. 能用哪些語言（話）與人交談？（可選多項）□國語 □閩南話（臺語） □客家話 □原住民語 □英語 □其他
3. 在日常活動中最常說哪種語言（話）？（可選多項）□國語 □閩南話（臺語） □客家話 □原住民語 □英語 □其他 □不知道／很難說
4. 在工作時最常說哪種語言（話）？（只調查在職者，可選多項）□國語 □閩南話（臺語） □客家話 □原住民語 □英語 □其他 □無此情況（非在職人士）
5. 在學校時最常說哪種語言（話）？（只調查在校學生，可選多項）□國語 □閩南話（臺語） □客家話 □原住民語 □英語 □其他 □無此情況（非在校學生）

三、閩南語在臺灣社會運用情形

1. 平時收聽閩南話（臺語）的電臺節目嗎？□是 □否 □無此情況（不收聽電臺廣播）
2. 平時收看閩南話（臺語）的電視節目嗎？□是 □否 □無此情況（不看電視）
3. 喜歡看閩南話（臺語）節目嗎？□非常喜歡 □喜歡 □一般 □不太喜歡 □非常不喜歡 □不知道／很難說

四、受訪者閩南語能力

1. 覺得自己閩南話（臺語）程度怎麼樣？□能熟練使用 □基本能交談 □能聽懂，但不太會說 □聽不懂，也不會說 □其他：會說一點／會聽一點 □不知道／很難說
2. 主要是通過哪種途徑學習閩南話（臺語）？（可選多項）□家裡人的影響 □學校學習 □培訓班學習 □看電視聽廣播 □網路學習 □社會交往 □其他途徑 □不知道／很難說 □無此情況（從無學閩南話）
3. 學習閩南話（臺語）的主要原因是什麼（可選多項）□工作、業務需要 □為了同更多的人交往 □學校要求 □臺灣人應該說閩南話 □閩南話好聽 □以往曾在大陸的閩南方言區旅遊、居住 □家人母語是閩南話／要與家人溝通 □接觸說閩南話的人越來越多 □有需要使用／溝通 □方便唱歌／聽歌 □不知道／很難說 □興趣 □無此情況（從無學閩南話）
4. 願意使用閩南話（臺語）與人交流嗎？□非常願意 □願意 □一般 □不太願意 □非常不願意 □不知道／很難說 □不會講閩南話

5. 現在的工作需要具備哪種語言能力呢？（只調查在職者，可選多項）□國語 □閩南話（臺語） □客家話 □原住民語 □英語 □不知道／很難說
6. 希望你的閩南話達到什麼程度？□能流利準確地使用 □能熟練使用 □能進行一般交際 □沒什麼要求 □不知道／很難說
7. 認為臺灣語言使用是國語優先、閩南話（臺語）優先，還是二者並列？□國語優先 □閩南話（臺語）優先 □二者並列 □不知道／很難說
8. 按照對臺灣社會交往的重要程度給語言排序。（選項為：第一、第二、第三、第四）國語【　】、閩南話（臺語）【　】、英語【　】、客家話【　】不知道／很難說【　】

第三節　臺灣民眾對閩南語認同與使用調查結果

一、本次調查受訪者基本圖像

　　問卷調查法中，受訪者基本資料部分，無論你將它安排在最前或最後的位置，它都是問卷調查中必不可少的部分。縱使每份問卷主題都不一樣，個人基本資料的題目卻是不盡相同。在我們觀察的眾多問卷中，我們發現 90%的基本資料題目都有固定的架構和形式。本次問卷調查中，總回收問卷數量為 1,765 份，實際有效問卷占 71%（1,260 份），無效問卷占 29%（505 份），請詳見下圖。

網路問卷調查數量

■ 有效問卷　■ 無效問卷

29%,505份

71%,1260份

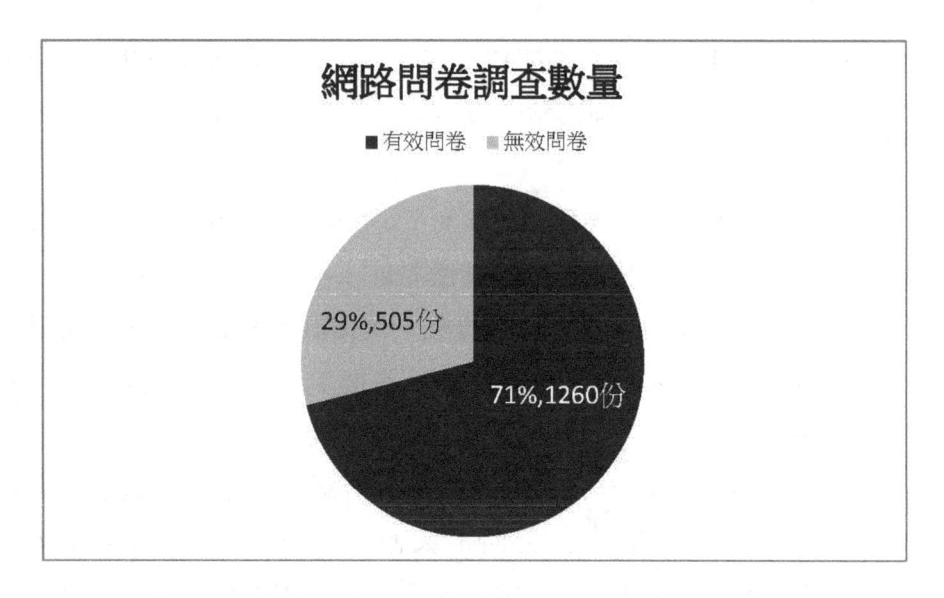

　　本問卷調查裡的受訪者基本資料，除性別、年齡、教育程度與職業外，因應本次問卷調查主題，還包括了受訪者的基本族群來自哪裡？本次調查受訪者的基本圖像說明如下。

（一）年齡

　　在臺灣地區裡，民法上20歲以上為完全行為能力人，在刑法上18歲以上為完全責任能力人，因此18歲和20歲是問卷年齡分組中很常見的分界。原則上，和數字有關的選擇題級距應盡量相同，年齡組別級距通常是5歲或10歲。根據2020聯合國「年齡劃分」結果，0至17歲為未成年人，18歲至65歲為青年人，66歲至79歲為中年人，而80歲至99歲才為老年人。本次問卷受訪者的年齡層超過95%以上，都是屬於聯合國劃分的青年人；若是以臺灣地區年齡層進行劃分，18歲以下未成年，19歲-40歲是青少年，41-60歲屬於中壯年，60歲以上算老年人，本次受訪者屬於未成年（18歲以下）年齡段僅占1.9%、青少年（19-40歲）占36.2%、中壯年（41-60歲）占58.9%，以及老年（61歲以上）則占3.1%。詳情請見下圖說明。

受訪者年齡分布

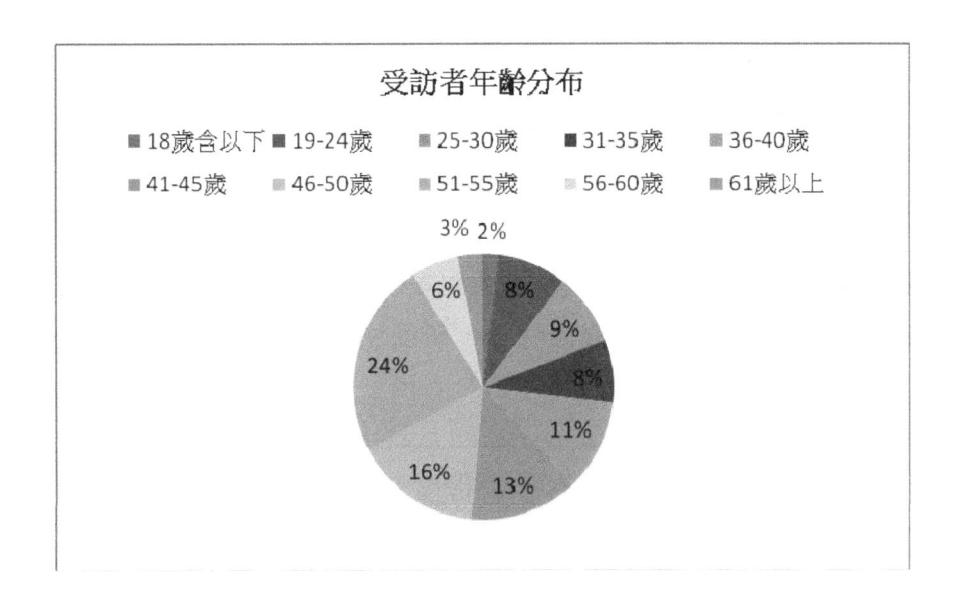

區間	比例
18歲含以下	8%
19-24歲	9%
25-30歲	8%
31-35歲	11%
36-40歲	13%
41-45歲	16%
46-50歲	24%
51-55歲	6%
56-60歲	3%
61歲以上	2%

（二）性別

　　根據臺灣地區 2020 年的男女出生比例為 1.069，而本次受訪者的男女性別比例為 1.179，整個誤差值在 0.1%以內，代表本次受訪者的男女比例是符合臺灣地區的男女性別比例。本次受訪者男性占 45.9%（578 位）、女性占 54.1%（682 位），請詳見下圖。

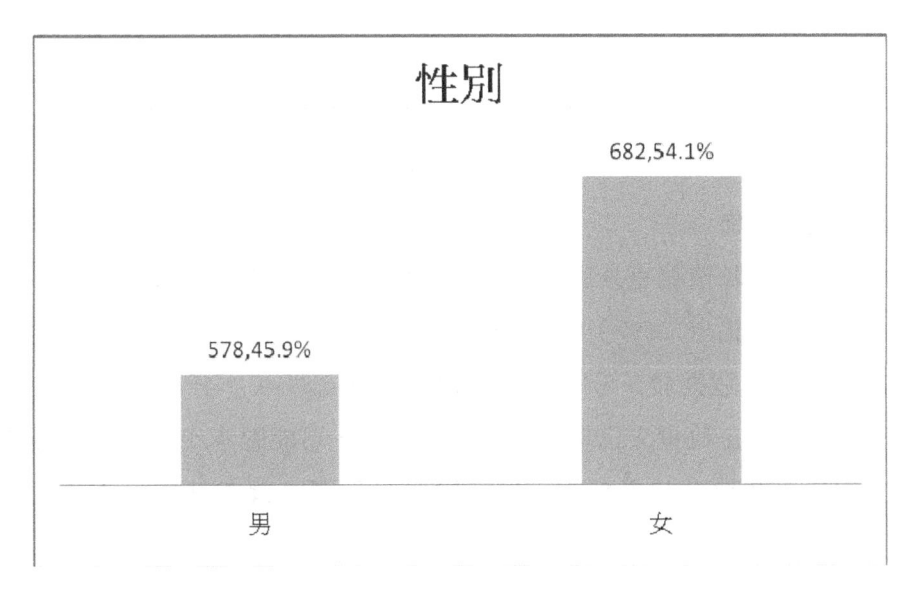

性別

性別	人數	比例
男	578	45.9%
女	682	54.1%

（三）教育程度

若依照臺灣地區「行政院統計處」2019 年統計數字，臺灣民眾擁有「中等以上教育程度，就是係指國民中學、高級中等、專科、學士、碩士及博士」的人口比例占 85.8%，而本次受訪者的中等以上受教育教程度比例為 99.8%，超過臺灣地區受教育程度的比例。這原因可能是因網路問卷調查需要基本的知識背景，所以，教育程度偏高，請詳見下圖。

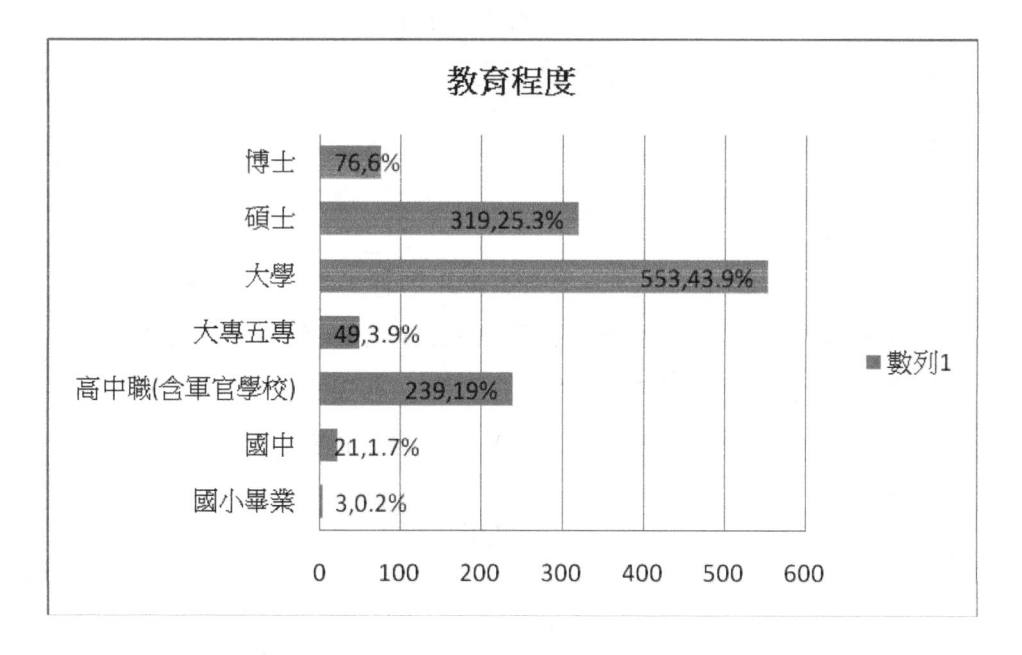

教育程度

學歷	人數	比例
博士	7	6.6%
碩士	319	25.3%
大學	553	43.9%
大專五專	49	3.9%
高中職(含軍官學校)	239	19%
國中	21	1.7%
國小畢業	3	0.2%

（四）職業分佈

本問卷的職業調查分佈，整體 1,260 份有效問卷中，最多的職業分佈是教育文化（21%），其次一般商業（16.8%）、醫療保險（7.5%）、製造批發（7.1%）與金融保險（6.8%）。仔細分析本次問卷受訪者為何在教育文化類的職業分佈較高，可能跟本次調查主題偏文化主題，以及教育文化類的民眾較願意接受網路調查有關。請詳見下圖。

職業分類

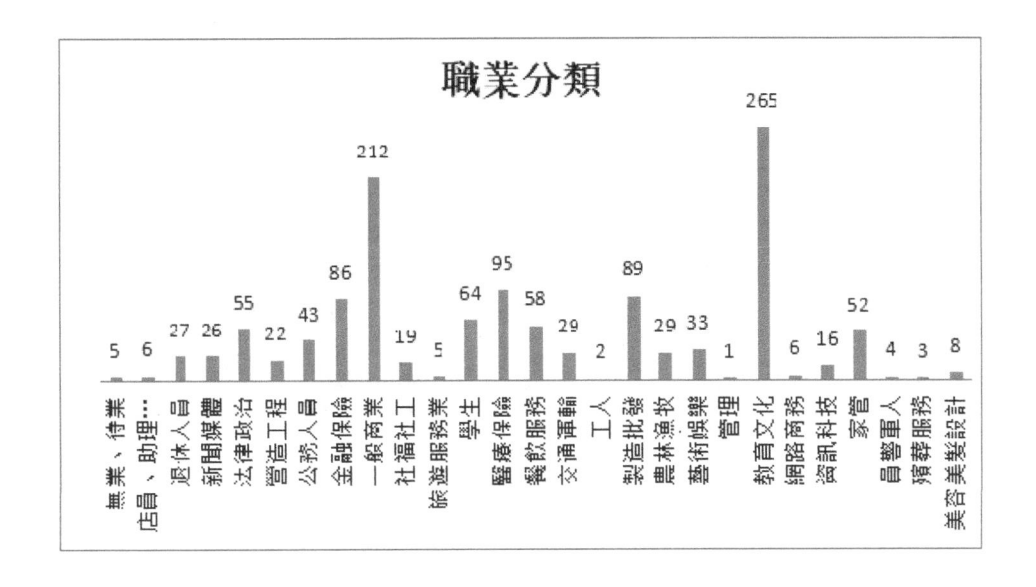

職業	人數
無業、待業	5
店員、助理…	6
退休人員	27
新聞媒體	26
法律政治	55
營造工程	22
公務人員	43
金融保險	86
一般商業	212
社福義工	19
旅遊服務業	5
學生	64
醫療保險	95
餐飲服務	58
交通運輸	29
工人	2
製造批發	89
農林漁牧	29
藝術娛樂	33
管理	1
教育文化	265
網路商務	6
資訊科技	16
家管	52
員警軍人	4
殯葬服務	3
美容美髮設計	8

（五）受訪者族群分佈

　　文化認同其實是一個人對於自身屬於某個社會群體的認同感，也是一個人的自我概念及自我認知。這種認同感的對象往往與國籍、民族、宗教、社會階層、世代、定居地方或者任何類型具有其獨特文化的社會群體有關。因此本次網路問卷的基本資料中，直接詢問受訪者自己對身分構成的刻板印象為何？而這刻板印象的形成過程，是來自哪裡？也是本次問卷調查基本圖像調查的重點。本問卷受訪者經第一輪自我族群認知調查，發現超過 77%（965 位）自我認知屬於閩南族群，13%（163 位）屬於外省人、6%（80 人）屬於客家人、2%（19 人）屬於臺灣原住民族、1%（13 人）屬於新移民、1%（13 人）不清楚自己來自哪裡？這邊的外省人是指由中國國民黨政府 1949 年轉境臺灣帶來大陸非福建省的其他省分族群，而新移民則是泛指大陸配偶、越南或菲律賓等東南亞配偶或者第二代。至於不清楚自己來自哪裡的受訪者，則是有可能是閩南與客家、外省人混合族群、或者閩南與外國、東南亞人混合族群等。另外，還有 5 位受訪者認定自己屬於中國人、1 位認定自己是屬於臺灣

人,以及 1 位是外國移民,但因為人數過少,無法計入百分比中。請詳見下圖。

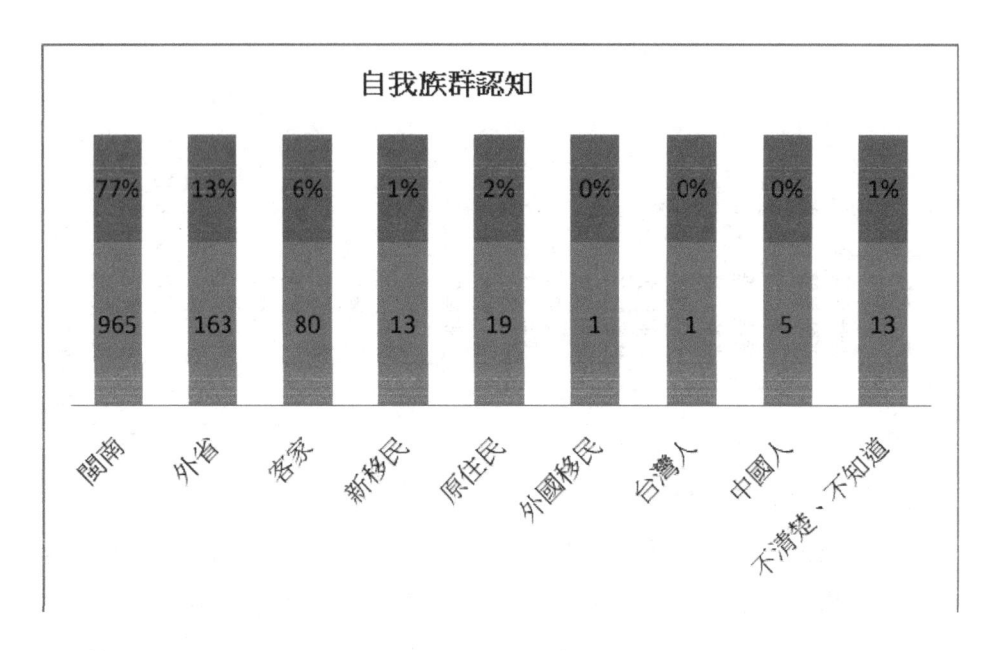

自我族群認知

族群	人數	百分比
閩南	965	77%
外省	163	13%
客家	80	6%
新移民	13	1%
原住民	19	2%
外國移民	1	0%
台灣人	1	0%
中國人	5	0%
不清楚、不知道	13	1%

而上述自我族群認知,或者對於自己來自哪個族群的刻板印象來自於哪裡?從本次問卷調查中可發現,超過 71%(896 位)來自於父親告知或者其祖籍、16%(198 位)來自於媒介或者當前社會的認知影響、7%(91 位)來自於母親告知或者其祖籍、3%(44 位)來自於父母雙方告知、1%(10 位)來自於家庭、祖父母、家譜與血緣、1%(8 位)來自於父母告知,加上從社會與媒介認知而建構其自我族群認同的三方影響。所以,若匯整上述數據,建構自我族群認知的兩大管道,其實竟是父母家庭與媒介告知,而過去透過教育或者歷史、文化去影響自我族群認知,卻僅不超過 1%(13 位),這可能與臺灣地區教育政策與去中國化的內容有關。詳情見下圖。

既有族群認知來自哪裡？

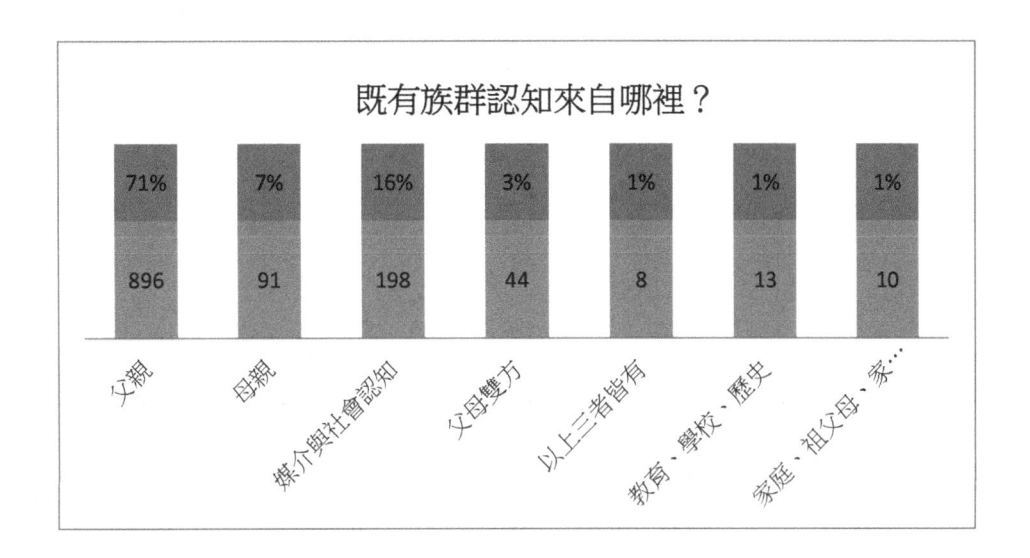

來源	人數	百分比
父親	896	71%
母親	91	7%
媒介與社會認知	198	16%
父母雙方	44	3%
以上三者皆有	8	1%
教育、學校、歷史	13	1%
家庭、祖父母、家…	10	1%

（六）臺灣民眾族群認知與不同基本資料類別的卡方分析

為了解臺灣民眾的族群認知與不同基本資料，例如：性別、年齡或者教育程度、職業有無不同差異，本研究透過皮爾森卡方檢定（英語：Pearson's chi-squared test）進行分析。皮爾森卡方檢定是最有名卡方檢定之一，在沒有其他的限定條件或說明時，卡方檢定一般指的就是皮爾森卡方檢定。卡方檢定的功能就是將觀察量的值劃分成若干互斥的分類，並且使用一套理論（或虛無假說）嘗試去說明觀察量的值落入不同分類的機率分佈的模型，其目的就在於去衡量這個假設對觀察結果所反映的程度。而最簡單的判別，就是 Pearson 卡方值小於 0.05 時，表示有統計上顯著差異，就代表不同類別對不同觀察量，會有明顯的差距。而基本資料中的性別、年齡、教育程度與職業都是不同類別，而這些不同類別的人在對於自我族群認知上，會有無差異，就必須透過卡方分析。經過分析後，發現如下結果：

1. 不同族群的受訪者（閩南、外省與客家、其他）對於影響自我族群認知來源與因素，會有顯著性的差異，請詳見下表。

		認知 2				總和
		父親	母親	媒介與社會認知	其他	
	閩南	683	73	149	39	944
	外省	131	7	17	8	163
	客家	62	4	7	7	80
	其他	21	7	18	27	73
總和		897	91	191	81	1260

卡方檢定

	數值	自由度	漸近顯著性（雙尾）
Pearson 卡方	148.601[a]	9	.000
概似比	99.220	9	.000
線性對線性的關連	123.505	1	.000
有效觀察值的個數	1260		

a. 1 格（6.3%）的預期個數少於 5。最小的預期個數為 4.69。

2. 不同性別（男／女）的受訪者們，對於自己的族群認知，會有顯著性的差異，請詳見下表。

	2-1												總和
	閩南	不清楚、不知道	外國移民	其他	外省	客家	新移民	臺灣人	原住民	中國人	閩外混	閩客混	
男	421	5	0	2	90	38	0	1	10	4	6	1	578
女	523	8	1	1	73	42	13	0	9	1	8	3	682
總和	944	13	1	3	163	80	13	1	19	5	14	4	1260

卡方檢定

	數值	自由度	漸近顯著性（雙尾）
Pearson 卡方	23.736[a]	11	.014
概似比	29.571	11	.002
有效觀察值的個數	1260		

a. 10 格（41.7%）的預期個數少於 5。最小的預期個數為.46。

3. 不同性別對族群認知的來源，例如：來自父母或者媒介與社會認知，會有明顯的差異，請詳見下表。

	2-2										總和
	父親	不知道、不清楚	母親	媒介與社會認知	以上三者皆有	父母雙方	自己判斷、猜測	教育、學校、歷史	家庭、祖父母、家譜	血脈	
男	435	4	38	73	1	15	5	1	4	2	578
女	462	3	53	118	7	29	2	4	3	1	682
總和	897	7	91	191	8	44	7	5	7	3	1260

卡方檢定

	數值	自由度	漸近顯著性（雙尾）
Pearson 卡方	18.086[a]	9	.034
概似比	18.882	9	.026
有效觀察值的個數	1260		

a. 12 格（60.0%）的預期個數少於 5。最小的預期個數為 1.38。

4. 不同年齡段的受訪者，對於自我族群認知，也會有明顯的差異，請詳見下表。

	2-1											總和
	閩南	不清楚、不知道	外國移民	其他	外省	客家	新移民	臺灣人	原住民	中國人	閩外混	閩客混	
0	29	0	0	0	6	4	0	0	0	0	0	0	39
18歲含以下	16	2	0	1	0	1	0	0	4	0	0	0	24
19-24歲	86	3	0	0	5	7	1	0	0	1	3	2	108
25-30歲	79	6	0	0	20	4	1	0	1	0	0	0	111
31-35歲	75	1	0	1	7	8	0	0	1	0	1	2	96
36-40歲	107	0	0	0	16	11	4	0	0	0	3	0	141
41-45歲	132	0	0	1	16	14	3	0	1	0	2	0	169
46-50歲	150	1	0	0	26	8	4	1	5	2	2	0	199
51-55歲	216	0	0	0	49	21	0	0	7	2	3	0	298
56-60歲	54	0	1	0	18	2	0	0	0	0	0	0	75
總和	944	13	1	3	163	80	13	1	19	5	14	4	1260

卡方檢定

	數值	自由度	漸近顯著性（雙尾）
Pearson 卡方	213.803[a]	99	.000
概似比	165.539	99	.000
有效觀察值的個數	1260		

a. 94 格（78.3%）的預期個數少於 5。最小的預期個數為 .02。

5. 不同年齡段的受訪者，對於影響自我族群認知的來源與因素，也會有明顯的差異，請詳見下表。

	2-2										總和
	父親	不知道、不清楚	母親	媒介與社會認知	以上三者皆有	父母雙方	自己判斷、猜測	教育、學校、歷史	家庭、祖父母、家譜	血脈	
0	33	0	3	3	0	0	0	0	0	0	39
18歲含以下	11	0	7	5	0	1	0	0	0	0	24
19-24歲	51	1	14	31	1	8	0	1	1	0	108
25-30歲	67	4	12	13	2	8	2	0	3	0	111
31-35歲	69	1	2	19	0	3	0	0	1	1	96
36-40歲	104	0	7	21	0	8	1	0	0	0	141
41-45歲	113	0	12	33	1	7	2	0	1	0	169
46-50歲	159	0	15	17	2	2	1	2	1	0	199
51-55歲	226	0	18	41	2	6	1	1	1	2	298
56-60歲	64	1	1	8	0	1	0	0	0	0	75
總和	897	7	91	191	8	44	7	5	7	3	1260

卡方檢定

	數值	自由度	漸近顯著性（雙尾）
Pearson 卡方	157.791[a]	81	.000
概似比	148.909	81	.000
有效觀察值的個數	1260		

a. 70 格（70.0%）的預期個數少於 5。最小的預期個數為 .06。

6. 不同教育程度的受訪者，對於自我族群認知，也會有明顯的差異，請詳見下表。

	2-1											總和
	閩南	不清楚、不知道	外國移民	其他	外省	客家	新移民	臺灣人	原住民	中國人	閩外混	閩客混	
國小畢業	2	0	0	0	0	0	1	0	0	0	0	0	3
國中	15	1	0	1	1	2	0	0	1	0	0	0	21
高中職（含軍官學校）	204	3	0	0	17	9	2	0	2	1	1	0	239
大專五專	41	1	0	0	1	4	0	0	2	0	0	0	49
大學	423	6	1	2	62	36	3	1	9	2	5	3	553
碩士	219	2	0	0	58	22	5	0	5	2	5	1	319
博士	40	0	0	0	24	7	2	0	0	0	3	0	76
總和	944	13	1	3	163	80	13	1	19	5	14	4	1260

卡方檢定

	數值	自由度	漸近顯著性（雙尾）
Pearson 卡方	135.550[a]	66	.000
概似比	97.648	66	.007
有效觀察值的個數	1260		

a. 66 格（78.6%）的預期個數少於 5。 最小的預期個數為 .00。

二、閩南語言使用情況

根據臺灣地區張學謙教授（2017）主持的《106 年本土語言使用情

況計畫》[14]調查結果發現，該計畫主要針對中小學學生進行調查，在研究結果發現，只有 22.41%的學生覺得自己的閩南語聽力「很流利」，而覺得自己閩南語說得「很流利」的只有 16.84%。依照聯合國 LVA 的標準，閩南語的世代傳承應該是介於第三級「明確危險」和第四級「不安全」的狀態之間，明顯較接近第三級的「明確危險」。因此，本計畫網路線上問卷調查部分，就是針對目前這 1,260 份有效問卷的閩南語言使用情況。

（一）受訪者第一習得語言

該題目就是調查臺灣民眾目前最先學會的語言是哪一種語言？其中包括：國語、臺語、客語、原住民、新移民語或者其他。結果發現，超過 53%（669 位）受訪者的第一次學習語言是閩南語（臺語）、其次則是國語，占 43%（540 位），緊接著是客家語（3%、37 位）、原住民語（1%、7 位）。而無法計入百分比的還有其他（5 位），主要是英語、日語等，以及 2 位的新移民語言，主要是越南語、印尼語。

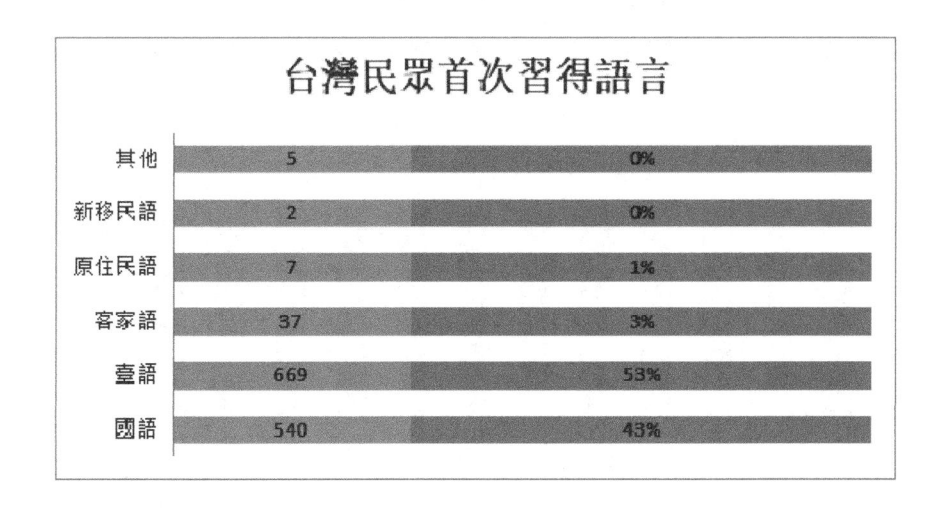

台灣民眾首次習得語言

語言	人數	百分比
其他	5	0%
新移民語	2	0%
原住民語	7	1%
客家語	37	3%
臺語	669	53%
國語	540	43%

---

[14] 張學謙、張永明、蘇鳳蘭，《106 年本土語言使用情況計畫》，臺灣教育部，計畫執行日期 2017/02/14~2017/12/14。

（二）受訪者平常能用哪些語言交談

目前受訪者在填寫平常能用甚麼語言交談？其中透過國語夾雜閩南語兩種語言比例（50%，635 位）最多，其次是透過國語、閩南語與英語三種語言（25%，309 位）居次；以常用兩種語種來說，除了國語夾雜閩南語之外，國語夾雜英語（2%，26 位）、國語夾雜客語（1%，8 位）；至於，以單一常用語種來說，以國語（9%，119 位）、閩南語（4%，55 位）兩種在臺灣地區比較多，至於專以客家語、原住民語的偏少，幾乎沒有。最後，比較特殊的還包括，已超過三種語言進行交談的，例如：國閩客英語（2%，31 位）、國閩英語包含其他（2%，19 位）等。

從上述結果，發現在臺灣地區，每個人除了第一語言之外（第一習得語言外），往往也會去學習掌握至少第二種語言，經常作為輔助語言以及通用語。此外，第二語言亦可與第一語言並列為個人母語。其中，臺灣地區學習英語當成第二語言的偏多。第二語言的學習，往往可能是由於第一語言不再具有優勢（社會變遷、政治目的等），或是可以借學習增強個人在現今國際化職場上的競爭優勢。本題目研究結果詳情如下圖。

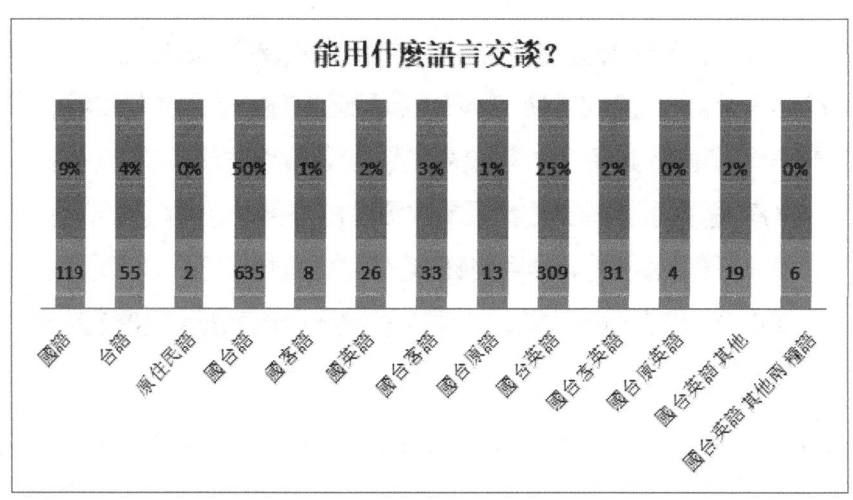

能用什麼語言交談？

語言	百分比	人數
國語	9%	119
台語	4%	55
原住民語	0%	2
國台語	50%	635
國客語	1%	8
國英語	2%	26
國台客語	3%	33
國台原語	1%	13
國台英語	25%	309
國台客英語	2%	31
國台原英語	0%	4
國台英語其他	2%	19
國台英語其他兩種語	0%	6

（三）受訪者工作時，都用哪些語言交談

調查受訪者平常在工作時，大多用甚麼語言交談時發現，國臺語雙語使用（46%，581 位）最多，其次是國語單一語種使用（37%，461 位），最後以臺語單一語種使用（5%，62 位）與國語英語雙語使用（5%，61 位）並列第三。另外，使用國語、臺語與客語也占 1%，有 13 位受訪者使用。

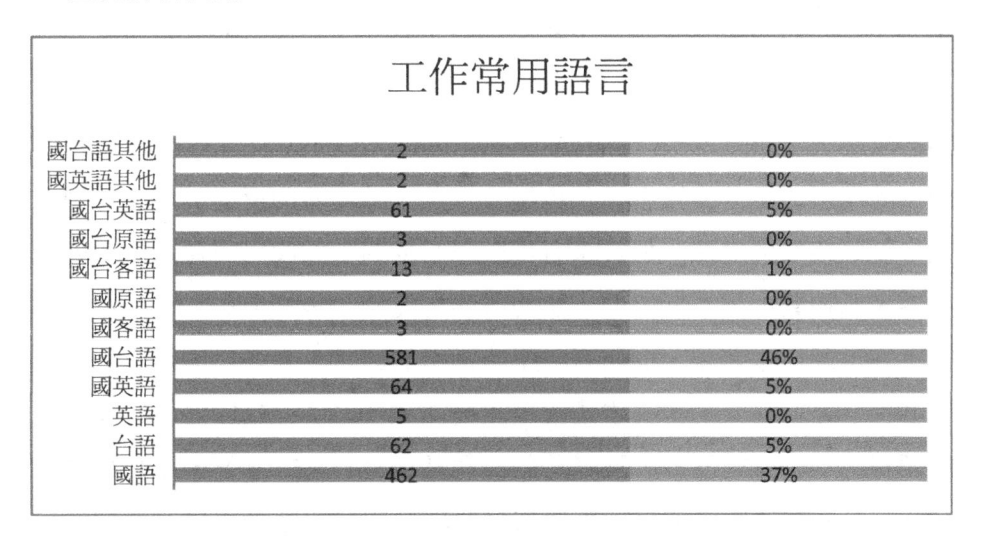

工作常用語言

語言	人數	百分比
國台語其他	2	0%
國英語其他	2	0%
國台英語	61	5%
國台原語	3	0%
國台客語	13	1%
國原語	2	0%
國客語	3	0%
國台語	581	46%
國英語	64	5%
英語	5	0%
台語	62	5%
國語	462	37%

（四）受訪者在學時，都用哪些語言交談

1946 年，當時臺灣地區行政長官陳儀指示要加強國語（普通話）推行，成立「國語推行委員會」，進行語言統一運動，減少日語和臺語、客語等語言的使用，當時使用日語會受處罰。國語推行委員會自 1946 年開始即開設「國語廣播教學」，以國語常識課本及民眾國語課本為教材，每日清晨六時在臺灣廣播電臺播音，為全省各地國民學校教師及國語推行員作發音示範，並解釋語音的變化。1951 年 7 月 10 日，臺灣省教育廳令各級學校應以國語教學，嚴禁方言，教師和學生之間談話都必須用國語。聘請教員時，應考慮其國語程度，如國語程度太差者，不予聘用。1952 年 11 月 28 日有《臺灣省國民學校加強國語教育

辦法》，責成校長監督、考核之責；1963 年 7 月 22 日教育廳再頒《臺灣省公私立小學加強推行國語注意事項》，此一命令最重要在於推行國語成為校長考核教師年終考績之一，而學生說不說國語，也影響到其操行成績。注音符號由於「臺灣省國語推行委員會」的努力，在小學切實推行，成效卓著。

1983 年 4 月，《語文法》起草小組以「切實推行國語，保持固有國字，以防簡防濫」為宗旨，著手草擬《語文法》於 1985 年 12 月公佈，規定在會議、公務、三人以上場合、各級學校以及大眾媒體中應以國語文行之，第二次違反者罰 3000-10000 元罰款，連犯得連罰。不過，此舉引起黨外省議會民代抗議，以及人權團體的反對，並延燒到立院。雖最後取消立法，但後來有爭取語言權的「還我母語運動」（如還我客家話運動），為期近四十年的國語化運動才慢慢消失。

在本題組中發現，受訪者在學時常用的語言，最多是國語單一語種（49%，623 位），其次才是國臺語雙語種（33%，421 位）、國英語雙語種（7%，85 位）、國臺英語三語種（5%，67 位），以及臺語單一語種（3%，33 位）。從這個結果發現，國語化運動，以及學校教育所需的英語，的確是影響學生在學最常使用的幾種語種。

在學時常用的語言

語言	人數	百分比
國英語其他	7	1%
國台語其他	2	0%
國台英語	67	5%
國原語	2	0%
國客語	10	1%
國台語	421	33%
國英語	85	7%
原住民語	1	0%
客家語	4	0%
英語	5	0%
台語	33	3%
國語	623	49%

三、閩南語在臺灣社會運用情形

（一）受訪者是否喜歡臺語（閩南語）電視節目呢？

近年來，臺灣地區由臺灣「國家通訊委員會」所發佈的「電視使用行為與滿意度調查報告」中，鮮少文字去陳述臺灣地區受訪者對於臺語（閩南語）節目的使用行為與滿意度。在本調查研究中發現，超過42%（532位）受訪者非常喜歡與喜歡臺語（閩南語）電視節目，而最大部分46%（580位），是對於臺語（閩南語）電視節目並無明顯的喜好程度。反之，不喜歡臺語（閩南語）電視節目僅有12%，其中不太喜歡（10%，123位），非常不喜歡（2%，25位）。綜合來說，對於喜歡臺語（閩南語）節目的族群，約88%（1,112位），詳情請見下圖。

是否喜歡台語節目？

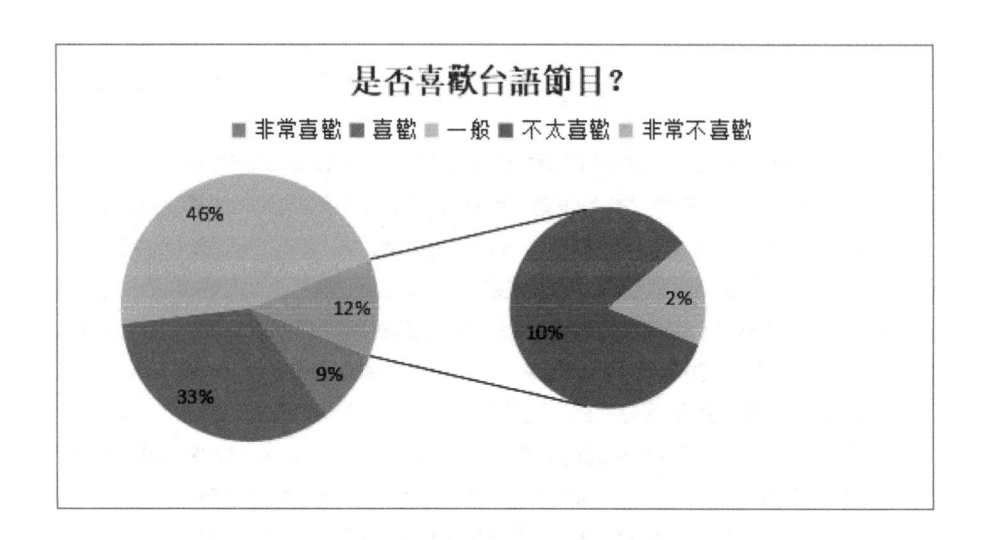

■非常喜歡 ■喜歡 ■一般 ■不太喜歡 ■非常不喜歡

46%、33%、9%、12%、10%、2%

（二）受訪者是否有收看臺語（閩南語）電視節目的習慣呢？

在本調查研究中發現，有習慣收看臺語（閩南語）電視節目的有50%（634位）、偶而收看的有45%（566位），換言之，在臺灣地區的民眾，應該有超過95%的民眾都曾經收看或者有習慣收看臺語（閩南語）電視節目；僅5%不知道或者從未收看，其中僅4%（53位）從未收看，1%（7位）不清楚或者不知道是否已經看過臺語（閩南語）的電視節目。請詳見下圖。

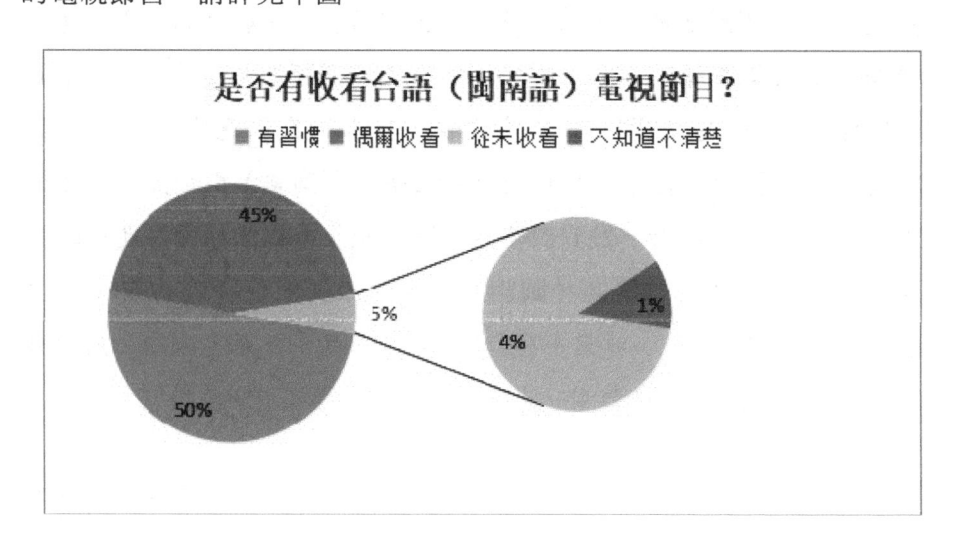

是否有收看台語（閩南語）電視節目？

■有習慣 ■偶爾收看 ■從未收看 ■不知道不清楚

50%、45%、5%、4%、1%

（三）自我族群認同與收看閩南語（臺語）節目是否有明顯差異呢？

為了清楚不同族群的人對於收看閩南語（臺語）節目的喜愛程度，本研究透過卡方分析。經過分析後發現，閩南族群、外省族群、客家族群與其他等群族，對於喜歡閩南語（臺語）節目有明顯的差異，其中閩南族群是比較喜歡閩南語（臺語）節目的。

	喜歡節目			總和
	喜歡	一般	不喜歡	
閩南	447	406	72	925
外省	34	79	48	161
客家	19	49	11	79
其他	25	39	8	72
總和	525	573	139	1237

卡方檢定

	數值	自由度	漸近顯著性（雙尾）
Pearson 卡方	98.470[a]	6	.000
概似比	88.469	6	.000
線性對線性的關連	1.408	1	.235
有效觀察值的個數	1237		

a. 0 格（0.0%）的預期個數少於 5。最小的預期個數為 8.09。

（四）受訪者是否有收聽臺語（閩南語）廣播節目的習慣呢？

在本調查研究中發現，超過 70%（871 位）受訪者，僅是偶爾收聽；有 19%（243 位）受訪者，平日有收聽臺語（閩南語）廣播節目的習慣。同樣地有 11%（141 位）受訪者從未收聽。這個結果也跟廣播市場市場率大幅下降有關，根據 2020 年臺灣地區廣播發展趨勢與收聽行

為調查研究報告[15]中指出，廣義聽眾由 2010 年 63.8%下降為 2019 年的 41.4%，平常聽眾（一般性聽眾）由 2010 年 48.6%下降為 2019 年的 24.1%，習慣性聽眾由 2010 年 29.8%下降為 2019 年的 20.6%。其中的習慣性聽眾比例，是與本研究調查報告中的 19%比例相符。

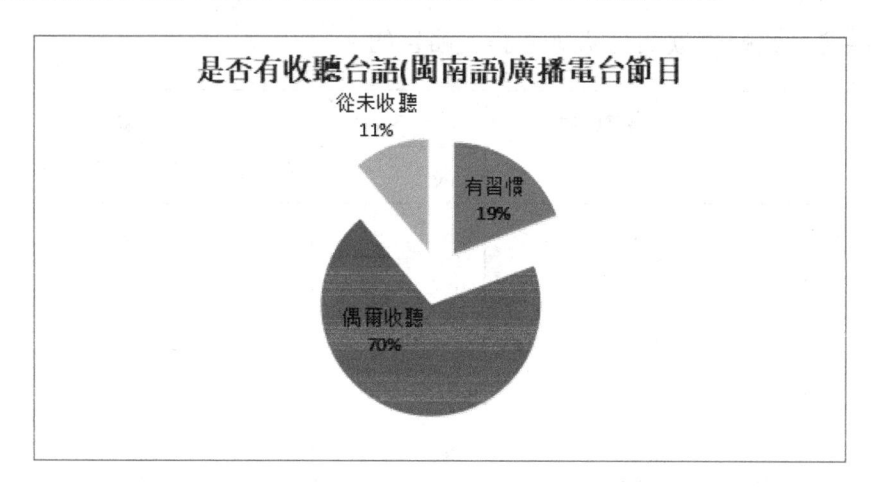

是否有收聽台語(閩南語)廣播電台節目
- 從未收聽 11%
- 有習慣 19%
- 偶爾收聽 70%

四、受訪者運用閩南語技能情形說明

（一）受訪者本身運用閩南語（臺語）的技能方面

在本調查研究中發現，能夠熟練且流利運用閩南語的受訪者占 35%（441 位）、能透過閩南語進行交談的占 48%（610 位）。這兩項結果相加發現，超過 83%（1,051 位）受訪者均擁有運用閩南語與他人溝通能力。另外，能聽懂但不太會講的受訪者，占 16%（196 位），不懂也不會說的受訪者僅占 1%（13 位）。

根據「臺灣語言使用調查」[16]得知，雖然閩南語（臺語）是臺灣人

---

[15] 徐振興，109 年臺灣地區廣播發展趨勢與收聽行為調查研究報告，臺灣：國家通訊委員會，2019.11。

[16] 資料來源：臺灣語言調查研究網站 https://twlangsurvey.github.io/

本土語言之一,但語言流失在世代之間相當明顯,例如:「奶奶跟鄰居說臺語,轉頭跟孫子說國語」是常見的現象。臺灣地區長期沉浸於國語教育之下,導致許多家庭之間的對話漸漸轉變成國語模式,使得許多年輕人不會說、聽不懂臺語。然而,在最新 2019 年的調查結果確指出,多數縣市閩南語(臺語)通行比例達 50-75%,雲彰地區更高達 75%以上,可看出「不會講閩南語(臺語)」的現象中,很大一部分是有能使用且理解閩南語(臺語)的能力,但自己選擇不說。這個數字跟本研究調查結果相去不遠。

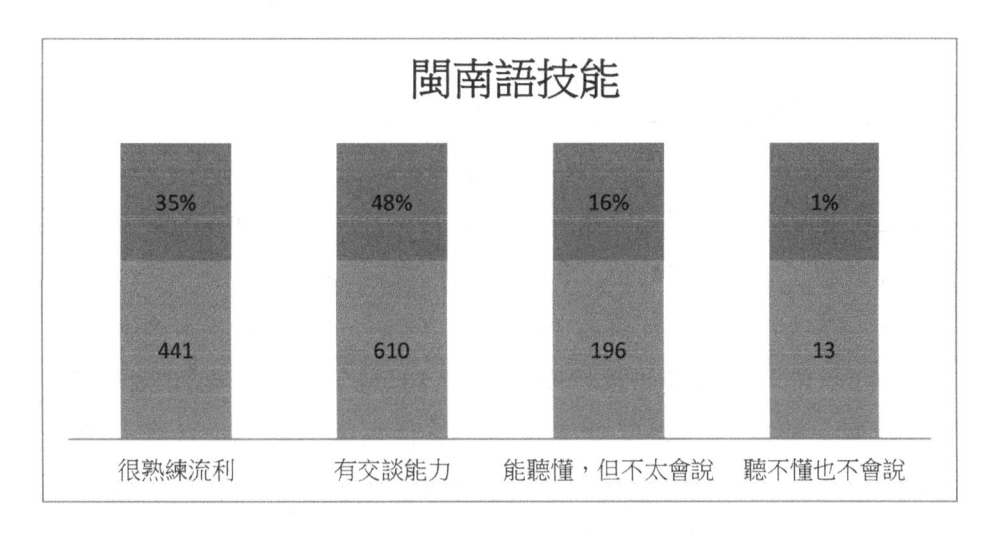

閩南語技能

很熟練流利	有交談能力	能聽懂,但不太會說	聽不懂也不會說
35%	48%	16%	1%
441	610	196	13

(二)受訪者本身透過何種途徑學習閩南語(臺語)呢?

在本調查研究中發現,學習閩南語的途徑最多的是來自家裡人的影響(32%,408 位),其次踏出社會後,受到社會與家庭兩種途徑學習(15%,190 位),以及受到廣播節目或者閩南語歌(臺語歌)影響所致(14%,175 位)。從其他數據也可以發現,除了家庭因素,單獨的社會交往(10%,123 位)也是學習途徑;另外,媒介影響輔以家人與社會因素,如:家人、廣播與社會交往學習閩南語(臺語)占 8%,101 位。詳情請見下圖。

透過何種途徑學習閩南語？

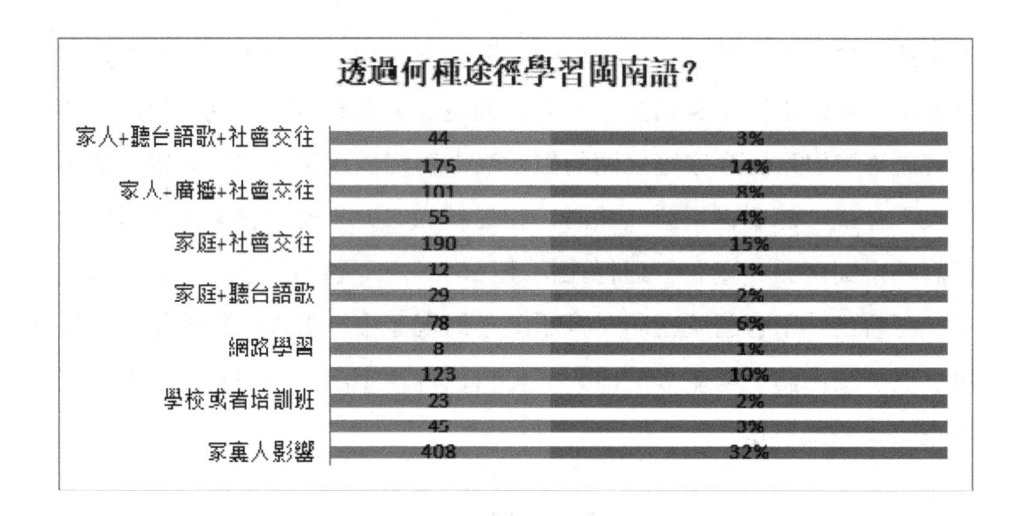

途徑	人數	百分比
家人+聽台語歌+社會交往	44	3%
	175	14%
家人-廣播+社會交往	101	8%
	55	4%
家庭+社會交往	190	15%
	12	1%
家庭+聽台語歌	29	2%
	78	6%
網路學習	8	1%
	123	10%
學校或者培訓班	23	2%
	45	3%
家裏人影響	408	32%

（三）受訪者本身學習閩南語（臺語）的原因或者因素為何？

在本調查研究中發現，受訪者學習閩南語（臺語）的單一因素中可以發現，方便與父母家人溝通最多，占 21%，398 位，其次是臺灣人應該會說臺語（12%，234 位）與居住在以臺語為主的環境（12%，234 位），再來則是工作需求（7%，134 位）、愈來愈多人會說臺語（2%，34 位）以及臺語很好聽（2%，33 位）；若以兩個因素以上（含兩個）的原因，則是以臺灣人應該會說與方便與家人父母溝通（6%，113 位）、曾經居住在以臺語為主的區域與方便與父母溝通（5%，89 位）與臺灣人應該會說臺語、曾居住以臺語為主區域與方便與父母家人溝通聊天（4%，79 位）。

閩南語（臺語），是目前臺灣地區民眾主要使用的語言之一。然而，原本應是生活語言的臺語，現在卻面臨弱化困境，並只是淪為與家人或者父母的方式，讓過去以往無論在市場買菜、長輩交流聚會或路上碰到街坊鄰居，還是工作場合最常使用的閩南語（臺語），逐漸式微。除先前的國語運動，與目前的年輕人不會說與不愛說閩南語（臺語）都是息息相關。這點在本調查研究中也看出來，大部分學習閩南語（臺

語)的目的與需求,都僅是為了單純家人或者居住環境所需,反而在工作場合運用的少。詳情請見下圖。

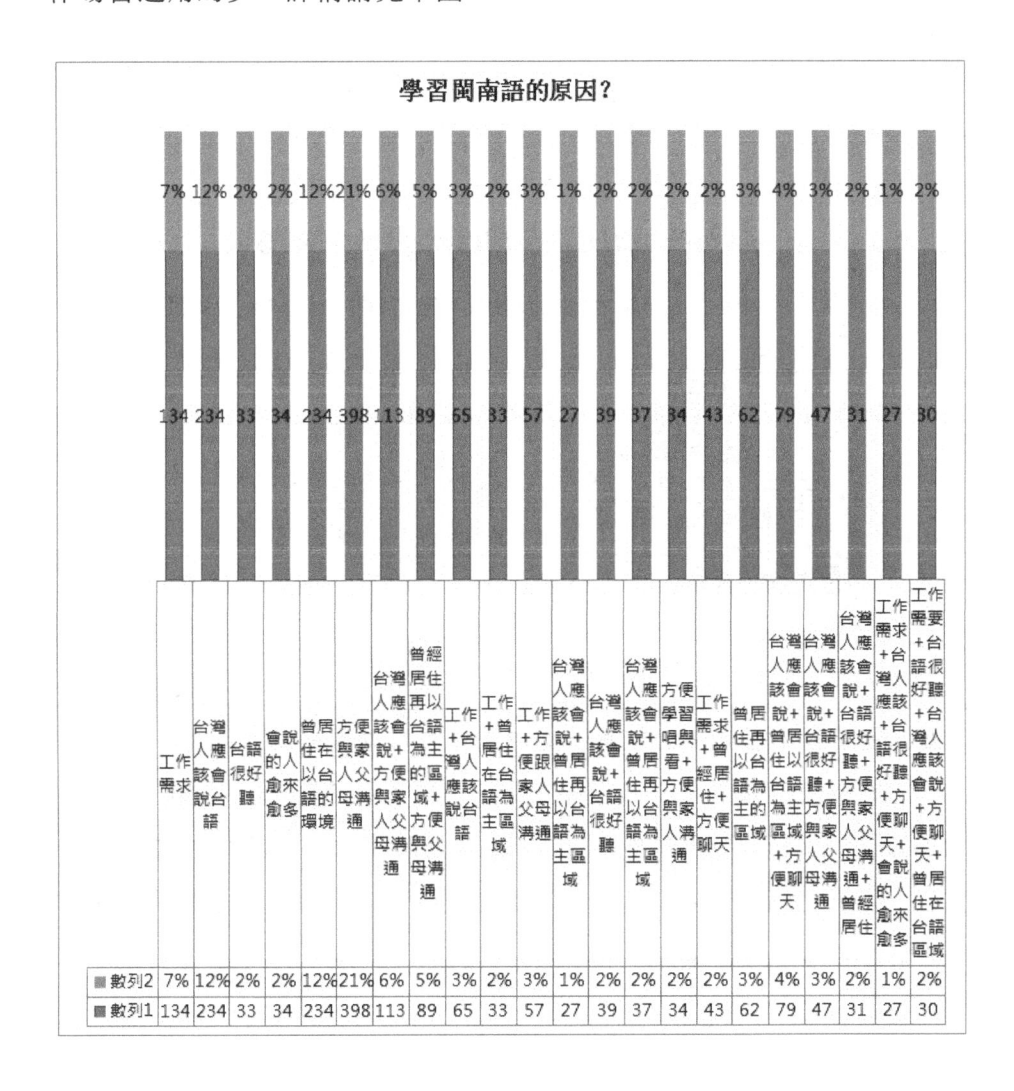

學習閩南語的原因?

	工作需求	台灣人應會說台語	台語很好聽	會說的人愈來愈多	曾居住在以台語的環境	方便與家人父母溝通	台灣人應會說+方便與家人父母溝通	曾經居住再以台語為主區域	工作+台灣人應該說台語	工作+曾居住在台語為主區域	台灣人應會說+曾居住再以台語為主區域	工作+方便跟家人父母溝通	台灣人應會說+台語很好聽	方便學習唱與看+方便與家人溝通	工作需求+曾居住以台語為主的區域	曾居住以台語為主的區域+便聊天	台灣人應該會說+台語很好聽+便聊天	台灣人應該會說+台語很好聽+方便與家人父母溝通	台灣人應該說+台語很好聽+方便聊天+會說的人愈來愈多	工作需求+台語很好聽	工作需要+台語很好聽+台灣人應該會說+方便聊天+曾居住在台語區域
■數列2	7%	12%	2%	2%	12%	21%	6%	5%	3%	2%	3%	1%	2%	2%	2%	3%	4%	3%	2%	1%	2%
■數列1	134	234	33	34	234	398	113	89	65	33	57	27	39	37	34	43	62	79	47	31	27	30

(四)受訪者本身是否願意用閩南語與他人交流?

在本調查研究中發現,非常願意(4%,56位)與願意(47%,588位)兩者相加約 51%,與目前臺灣地區多數縣市閩南語(臺語)通行比例最低達 50%差不多。但若是將一般的意願(28%,356位)與非常

願意、願意兩者相加共計 79%，也是符合「臺灣語言使用調查」的臺灣地區常用或通行閩南語的最高比例相符。其中不太願意交流與非常不願意的，僅不到 21%，不太願意的（17%，211 位）、非常不願意（2%，25 位），以及不會講（1%，13 位）、不知道（1%，11 位），詳請請見下圖。

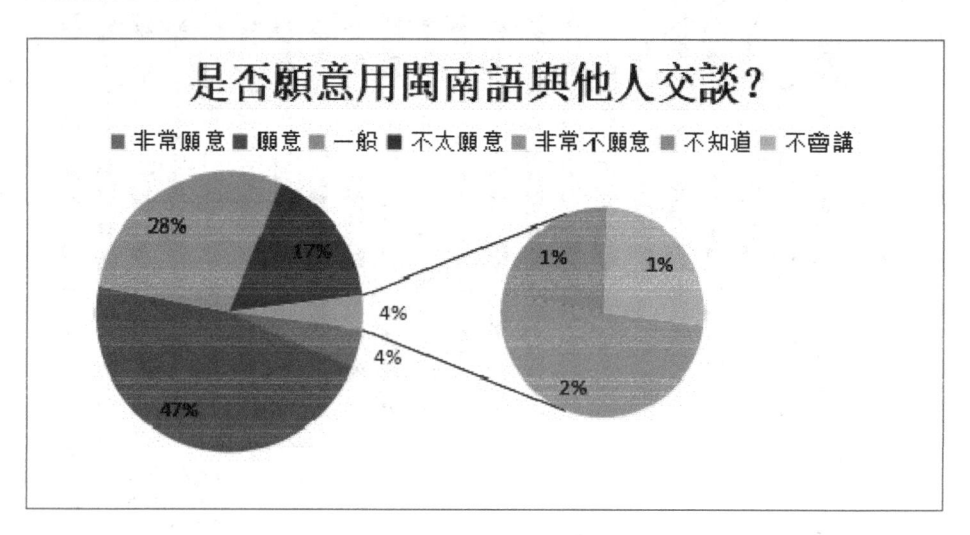

是否願意用閩南語與他人交談？

■非常願意 ■願意 ■一般 ■不太願意 ■非常不願意 ■不知道 ■不會講

- 28%
- 17%
- 4%
- 4%
- 47%
- 1%
- 1%
- 2%

（五）受訪者（已經在工作者）認為工作需具備哪些語言能力？

在本調查研究中發現，已經在工作者的受訪者認為，國語（53%，1,121 位）是最須具備的語言能力，其次是閩南語（臺語）（27%，567 位）、英語（16%，344 位）。這三種語言能力是臺灣地區最需具備的三種語言能力，詳請請見下圖。

在台灣工作需要具備哪些語言能力？

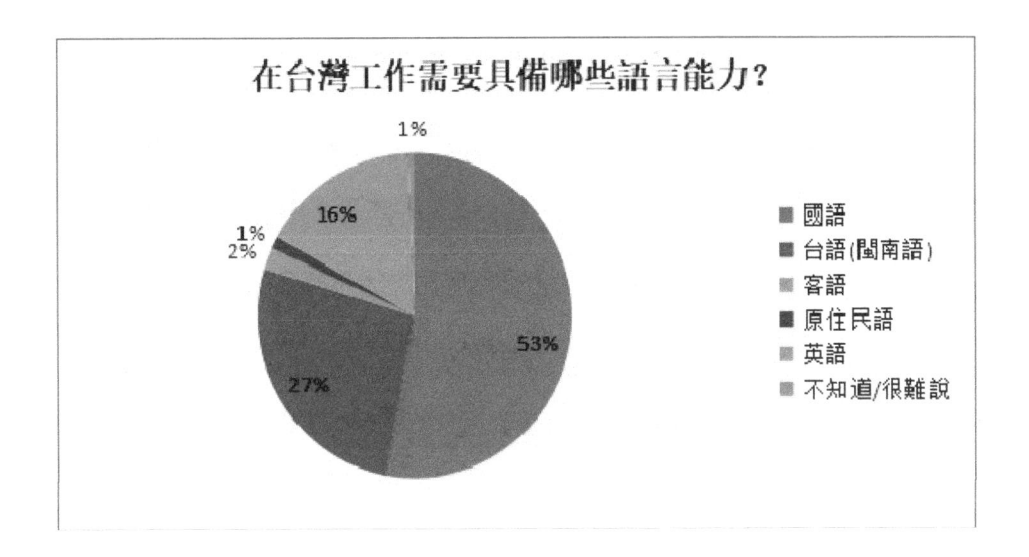

項目	比例
國語	53%
台語(閩南語)	27%
客語	2%
原住民語	1%
英語	16%
不知道/很難說	1%

（六）受訪者認為自己的閩南語技能應該達到甚麼水準？

在本調查研究中發現，能夠在一般使用就好的受訪者（37%，463位）占第一，能夠流利使用的（22%，273位）、會說就好（21%，261位），以及能夠熟練（20%，250位）則是第二、第三、第四位。雖然閩南語（臺語）並非在職場上的主流，甚至已漸漸會被英語所超越，因為英語似乎代表著與國際接軌的意義。但是從本研究調查中的前四名加總後發現，超過99%以上受訪者都希望自己能夠具備基本的閩南語能力。閩南語（臺語）近年之所以流行，與網路傳播與流行文化有很大原因[17]。部分人使用閩南語（臺語）的網路影音或文章，因為這些閩南語的內容有趣與機遇，順利跨過語言障礙，讓許多年輕人會欣賞或崇拜這些用閩南語（臺語）的創作內容；但是期望與願望，總是想像，如何讓閩南語（臺語）可以回歸日常生活，似乎仍沒有足夠的機會與誘因讓年輕人去學習閩南語。

---

[17] 蘇歆彥，〈臺語正潮？流行文化領頭後，臺語能走向正常化嗎？〉，報導者，2020.11.18，https://www.twreporter.org/a/taiwanese-popular-trend-possibility

希望你的閩南語達到何種程度？

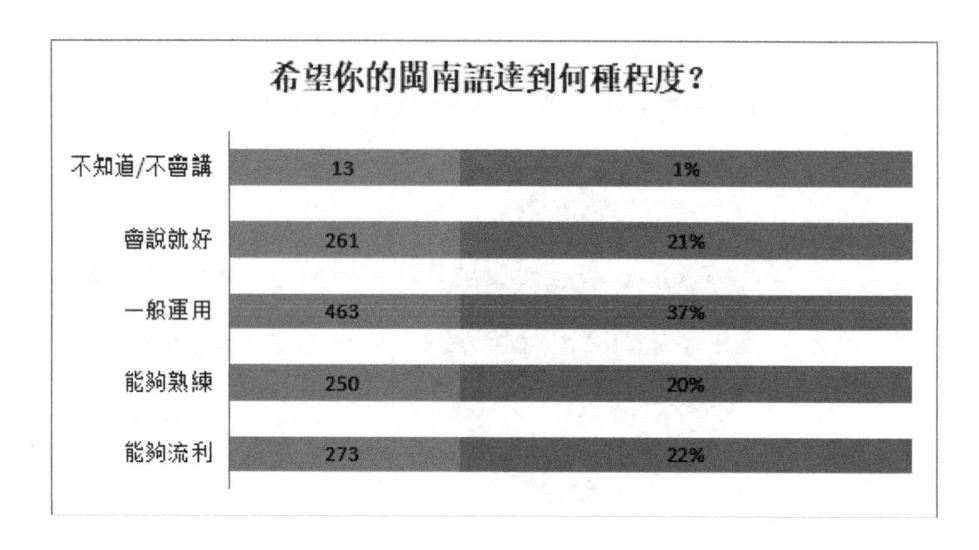

程度	人數	百分比
不知道/不會講	13	1%
會說就好	261	21%
一般運用	463	37%
能夠熟練	250	20%
能夠流利	273	22%

（七）受訪者認為臺灣地區使用的語言應該是以哪種語言為主？

目前臺灣所有語言使用，都被支配（dominated）在世界共通語的英語和華人共通語的華語（國語）的兩個高階語言之下，華語是政治體制支持的標準語，而在華語之下閩南語，則以自然共通語在實際的語言社會支配著所有的傳統語言[18]。依照臺灣目前社會，可以發現以漢語（國語）為主的占 98.3%、閩南語（臺語）占 74.3%、客家語 12%等。在本研究調查中發現，認為以單一語種「國語」為臺灣優先使用占 38%、「閩南語」則占 16%，但兩者並列則占 44%。若把國語與兩者並列相加，以國語為優先占 82%；而把閩南語與兩者並列相加，以閩南語優先占 50%。本研究的調查研究結果發現，認為國語優先比上閩南語優先為 1.64：1，而上述 2002 年的研究結果是，國語優先比上閩南語優先為 1.33：1，發現歷經約 20 年之後，認為閩南語優先的使用人口愈來愈低，幾乎下降 30%。這件事情也是臺灣地區相關研究單位所擔心的事情。

---

[18] 洪惟仁，〈臺灣的語言政策何去何從？〉，各國語言政策研討會，淡江大學公共政策研究所，2002.09.27。

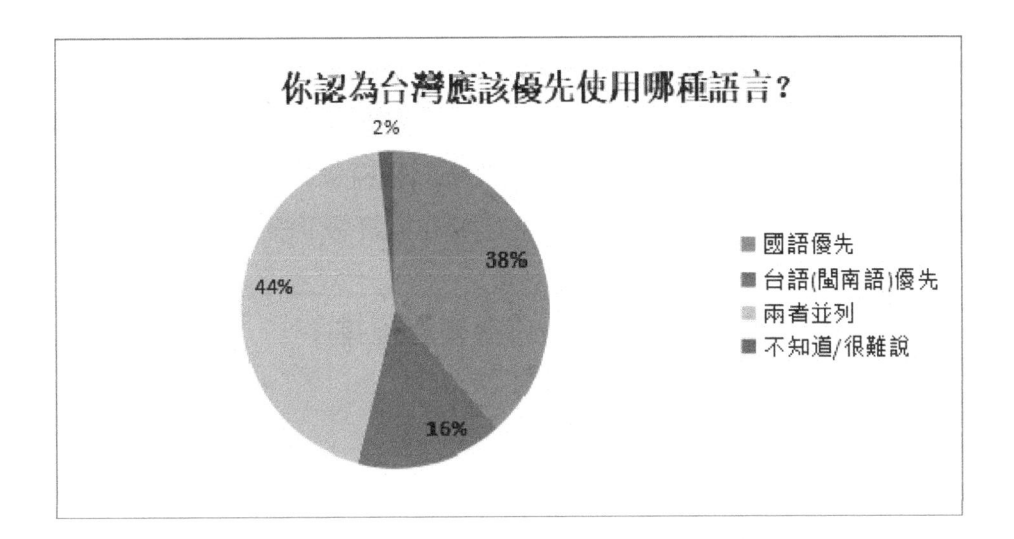

你認為台灣應該優先使用哪種語言？

- 國語優先：38%
- 台語(閩南語)優先：16%
- 兩者並列：44%
- 不知道/很難說：2%

（八）受訪者認為在臺灣地區社會交往，依照重要程度排序，應該是哪些語言呢？

社會交往是語言發展很重要的語言發展理論，強調社會交往對語言獲得與發展的作用，人們可以利用語言來交際交流，達到互相了解。不過，在現今的臺灣地區民眾而言，語文素養是克服生活上與工作上各種挑戰的重要利器[19]，語文素養則是包含如何在「溝通的過程中，正確且適當的使用語言」，以及「表達時能夠依照主題、物件、場合和情境使用合宜的用語」。而目前在臺灣地區的學者，在研究職業用語與社會交往所需的文獻極少，但不代表社會交往對語言發展的重要程度。

本調查研究結果發現，在臺灣地區的社會交往仍以國語第一（55%）、閩南語第二（26%），英文則是第三（18%）。這樣的結果也顯示目前臺灣地區以國語為主要社會交往語種，這種結果與臺灣目前兩種現況相似，一是臺灣目前要實現多元語種與還我母語等政策，仍需

---

[19] 胡志偉、郭建志、程景琳、陳修元（2008），〈能教學之適文化國民核心素養研究〉，「行政院國家科學委員會」專題研究計畫成果報告編號：NSC95-2511-S-002-001，臺北市：公立臺灣大學。

要努力,因為除國語、閩南語與英語之外,客家語、原住民語,與其他少語種,都非臺灣地區目前重要的社會交往語種;另外,英文仍非臺灣地區社會交往的主要語言,導致臺灣地區與國際接軌程度仍是亞洲排名第十,而且英文程度落後全世界平均[20]。詳情請見下圖。

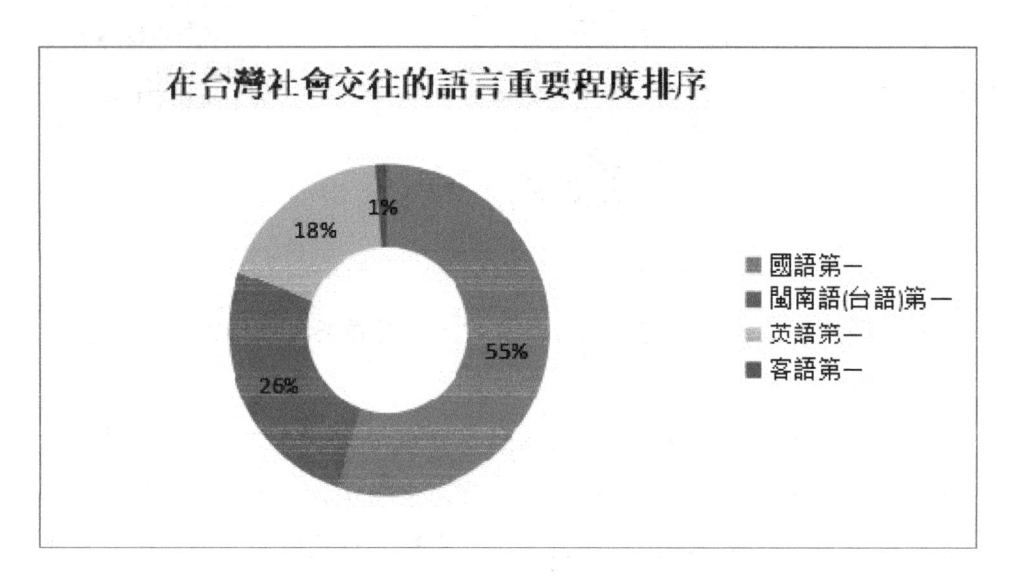

在台灣社會交往的語言重要程度排序

- 國語第一:55%
- 閩南語(台語)第一:26%
- 英語第一:18%
- 客語第一:1%

第四節 閩南語(臺語)調查結論

臺灣本土語言之一的閩南語,現今之所以成為弱勢語言的原因十分多,不管是先前歷史因素,還是現今使用國語的普及化和教育體制中本土語言課程的不足,但最關鍵的因素,也是過去歷史推行的「國語政策」,打壓本土語言並推行「北京話」的教育,其目的在於運用語言的統一和對本土語言的打壓來塑造單一民族(都是中國人)的統一形象和

---

[20] 張益勤,〈EF 調查:臺灣人英語力落後全球平均,25 歲以下英文佳〉,《親子天下》,https://flipedu.parenting.com.tw/article/5047, 2018.11.9

消除本土語言背後代表的本土意識（臺灣獨立意識）[21]。在國語運動期間，政府不斷塑造「北京官話」（國語）是高級的，而「臺語」是劣等且低級的形象，不斷的對臺灣人民洗腦，讓說臺語的人有自卑感而迫於社會壓力下甚至連到家中也不敢使用。

雖然現在已經沒有所謂的「國語政策」，但閩南語（臺語）的復興速度似乎比不上它的流失速度，其中包含閩南語（臺語）教育體制的不完善、正統閩南語（臺語）使用者逐漸離世、國語的普及化、社會大眾的質疑或某社會特定群體的反對和阻撓，導致閩南語（臺語）的使用與社會交往愈來愈少、愈低。1990 年代以來，臺灣社會廣泛接受了「四大族群」（閩南人〔福佬人〕、客家人、外省人、原住民）的族群分類架構，這四大族群其實是由歷史上三種相對性的族群區別合併而成，分別是：原住民與漢人之分、外省人與本省人之分、客家人與閩南人之分[22]。人們如何說話，反映他們鑲嵌在什麼樣的社會網路中。為人父母者通常會明白這個道理，當他們的小孩上學之後改口說同儕的話，而不再說父母的話。由於社會網路傾向同類相聚，同性別、同年齡層或同階級的人們，言語也會趨同，這部分解釋了性別、年齡與階級等社會因素的作用[23]。此外，鄰近效應因素的影響，其居住地的國語盛行率愈高，人們愈傾向說華語，相對地，居住地的閩南語盛行率愈高，人們愈傾向說閩南語。

以建構主義的觀點來看，兩岸文化認同是社會建構出來的。自 1987 年臺灣開放大陸探親至今有近 30 年，兩岸透過學術、文化、探

---

[21] 張正，〈學臺語不如學英語？澄清三點社會大眾對「臺語復興」常見的質疑〉，The News Lens 關鍵評論網，2020.05.27，https:// www.thenewslens.com/article/135567

[22] 王甫昌(1994)，〈光復後臺灣漢人族群通婚的原因與形式初探〉，《中央研究院民族學研究所集刊》，76: 43-96。

[23] 葉高華，〈臺灣民眾的家庭語言選擇〉，臺灣：《臺灣社會學刊》第 62 期，2017.12，p59-111。

親、觀光旅遊等方式，使民間互動的模式逐漸建立，積極促進人民之間的互相了解。兩岸交流日益熱絡，交流涉及的範圍廣泛，幾乎遍及所有類別，交流的形式、管道和層次也不斷地擴增，對兩岸關係的影響逐漸從量變到質變[24]。其中，文化因素在兩岸交流中扮演極重要的角色，兩岸文化本屬同源，也共同繼承中華文化及歷史情感，所以文化接近性因素，尤其是以閩南文化為主的特點，讓兩岸文化交流擁有更多的助力，也對兩岸分享擷取所長，進一步對協力建構兩岸和平發展、和平統一有所助益。其中，語言是文化窗子，文化是語言眼睛，透過加深加廣的兩岸閩南語交流與認同，讓兩岸民眾感受體會閩南文化內涵，更應該是事半功倍；加上臺灣地區有不少於 75%的閩南語人口，在符合閩南文化接近性上來說，閩南語（臺語）是最合適的。

　　本調查研究的問卷題目，也是針對上述影響閩南語的相關因素加以設計，放置網路上進行調查。在 1,260 份問卷調查結果後，發現仍有超過 77%（965 位）受訪者的自我族群認知，還是屬於閩南族群；這些自我族群認知，有超過 71%（896 位）來自於父親告知或者其祖籍，這代表目前在臺灣地區，仍還有超過七成認知自己祖籍來自於大陸的閩南地區，不過在年齡層面偏大。此外，目前建構自我族群認知的兩大管道，其實竟是父母家庭與媒介告知，而過去透過教育或者歷史、文化去影響自我族群認知，卻僅不超過 1%（13 位），這可能與臺灣地區教育政策與去中國化的內容有關。在閩南語使用情形，有超過 53%（669 位）受訪者的第一次學習語言是閩南語（臺語）、其次則是國語，占 43%（540 位）。這結果代表，即便有國語運動，但臺灣民眾語言的第一次傳承與學習，超過一半還是來自於父母與家庭。

---

[24] 蕭力愷，構築文化軸心的兩岸交流，資料來源：銘傳一周｜Ming Chuan Weekly (mcu.edu.tw)，2017.12.15，https://www.week.mcu.edu.tw/20134/

另外，在日常生活時，透過國語夾雜閩南語兩種語言（50%，635位）進行交談最多，而這樣的習慣與在工作場合時是一致的。不過，這與在學時所運用的語言不太一樣，受訪者在學時常用的語言，最多是國語單一語種（49%，623位）。另外，超過受訪者是否喜歡臺語（閩南語）電視節目，42%的受訪者表示喜歡，而46%的受訪者則表示一般。經過卡方檢驗與交叉分析後，自我認知屬於閩南族群的受訪者，會更喜歡閩南語相關節目（電視與廣播節目）。

在本調查研究中也發現，超過51%受訪者很願意透過閩南語（臺語）與他人交流，這與目前臺灣地區多數縣市閩南語（臺語）通行比例最低達50%差不多。此外，在臺灣地區的社會交往仍以國語第一優先（55%）、閩南語則是第二順位（26%），而英文則是第三（18%）。這樣的結果也顯示臺灣目前要實現多元語種還仍需要努力；此外，臺灣民眾在本次調查研究中認為，臺灣地區的國語優先比閩南語優先為1.64：1，該結果相較於2002年研究結果，國語優先比閩南語優先為1.33：1發現，歷經約20年後，認為閩南語優先的使用人口愈來愈低，幾乎下降30%。這件事情也是臺灣地區相關研究單位所擔心的事情。

第三章　臺灣民眾對閩南文化認同現況調查

　　兩岸歷經分治數十載，在臺灣當局「台獨課綱」的教育下，臺灣年輕人逐漸形成所謂的「天然獨」世代。陳水扁政府時期將臺灣的教育課綱調整成「以臺灣主體意識為重」的方向，並強調臺灣本土化及鄉土意識，由此開始撰寫課本內容；到了馬英九政府時期，馬英九政府也未對有關的台獨課綱有所大規模的調整，原本馬英九第二任期終於打算調整課綱，拉高歷史科目的中國史比重，結果遭到反對學生激烈抗議，更指馬英九的做法乃是搞「洗腦教育」，最後調整課綱一事不了了之。隨後到了近期的蔡英文執政，不僅大幅度降低中國史比例，大幅度拉高臺灣史比例外，更將民進黨等黨政要若干人等，納入教學內容之中，儼然形成「民進黨的黨國教育」。

　　在這種綠色教育的影響下，臺灣人的閩南文化認同是否因此遭到解構，正是本研究透過焦點團體訪談觀察分析的重點，例如：知不知道臺灣民間廣為流傳的信仰，如媽祖崇拜、關聖帝君崇拜或是其他來自中國大陸，尤其是閩南沿海的神祇崇拜等，是源自中國大陸的閩南沿海地區，或者是知不知道臺灣習以為常的風俗習慣、文化風情等，是來自中國大陸的閩南沿海或其他地區。諸如此類的問題，便能測試出受訪者對於文化接近性強的閩南文化認同程度強弱。本研究除第一部分採用網路開放問卷調查外，第二部分則透過更嚴謹的焦點團體訪談方式，透過更專業的調查方式採擷數據進行分析，詳見下文。

第一節　研究方法與調查方式

　　第二部分的調查方式採用焦點團體訪談法配合內容分析法，先質後量兩種研究分析方法進行。先透過焦點團體訪問法（focus group）詳細紀錄後，再利用內容分析進一步編碼後，透過數據統計進行分析推論。完善準備工作是焦點團體訪問成功的關鍵。整個焦點團體訪談配合內容分析方法的流程，請詳見下圖。

訪談題目設計 → 確定抽樣原則 → 邀訪受訪對象 → 焦點團體訪談 → 訪談內容整理 → 內容重新編碼 → 分析內容數據

　　本研究主要是利用閩南「文化接近性」中的語言、風俗、家族與生活等四面向，面對臺灣地區民眾進行調查，其中的語言是透過開放式的網路問卷調查，而在風俗習慣、家族與生活等三面向，則是透過焦點團體訪談方式去採集數據，進行推論與勾勒出臺灣民眾目前對大陸閩南文化的意象與認知。依照上述焦點團體訪談流程，第一步則必須先設計相關的訪談題目，經過數次調整後，本研究焦點團體訪談的題目包括四大部分 13 小題，訪談紀錄時間以不超過兩個小時，每場以不超過五個人為限，訪談題目設計如下所示：

一、基本態度題

　　1. 你是否知道您的祖先是是來自哪裡的？
　　2. 從您的印象中，您是否同意閩南地區的語言、風俗、生活習

慣、傳統戲曲，甚至包括宗教信仰等，與臺灣某些風俗、生活與傳統戲曲等，例如：過年或端午相關節慶活動類似，甚至相同呢？

3. 您是否同意，兩岸的某些語言、風俗、生活習慣、傳統戲曲的一致緣故，可以推論出兩岸的閩南文化屬於同源同種的嗎？
4. 從上述所言，是來自閩南文化語言、風俗、生活習慣、傳統戲曲的哪一部分，讓您比較強烈感受到兩岸閩南文化是屬於同源同種？

二、家族宗譜部分

1. 承上題，請問您是否曾經與自己長輩或者獨自去中國大陸尋根嗎？
2. 若您沒有回過大陸，您是如何得知自己祖籍是大陸人呢？
3. 若您曾經回到中國大陸尋根之後，您會同意兩岸在家族或者宗族基礎上，是屬於同源同種的嗎？
4. 回到大陸尋根時，是甚麼樣的印象，讓您認為或者同意您與大陸親人是屬於同源同種的呢？

三、風俗習慣部分

1. 請問您是否知道或同意臺灣的某些重要的生活習慣，例如：飲食（蚵仔煎、鹵麵或三角粿），以及節慶活動（冬至吃湯圓、農曆過年、端午節划龍舟等），是源自於中國大陸閩南地區的生活習慣嗎？
2. 在您印象中，您認為臺灣哪些閩南地區的風俗習慣，應該與大

陸的閩南文化應該屬於同源同種的一家人？請舉例說明。

3. 您對這些閩南文化風俗習慣的印象，是從哪裡知道或感受到兩岸的閩南文化屬於同源同種的呢？

四、民間信仰部分

1. 請問您是否知道或同意臺灣的某些重要的民間信仰，例如：媽祖或者關公，是源自於中國大陸閩南地區嗎？
2. 在您印象中，臺灣哪些閩南地區的民間信仰，臺灣與大陸應該屬於同源同種的一家人嗎？請舉例說明。
3. 您是如何從哪裡知道或者感受到兩岸閩南地區的民間信仰的同源同種的呢？請舉例說明。

五、傳統戲曲部分

1. 請問您是否知道或者同意臺灣地區的歌仔戲、布袋戲（或木偶戲）、傀儡戲等傳統戲曲，是源自於中國大陸閩南地區的當地戲曲呢？
2. 那您為何不同意臺灣地區傳統戲曲與大陸閩南地區的傳統戲曲不屬於同一來源呢？
3. 在您印象中，臺灣地區哪些傳統戲曲來源，臺灣與大陸閩南地區應屬於同源同種的一家人呢？請舉例說明。
4. 您是如何從哪裡知道或者感受到兩岸具閩南特色的傳統戲曲，屬於同源同種的呢？

　　第二步則是進行確定抽樣原則與開始邀訪受訪對象。本次主要是面對臺灣地區進行的研究調查，所以在網路開放問卷時，則透過 Google

問卷無限制的讓受訪者填寫問卷;為了讓兩種不同研究方法的受眾母群一致,本焦點團體訪談也把臺灣地區所有民眾設置成本調查的母群數量。根據臺灣地區 2020 年所有民眾數量,並依照各地區人口占臺灣地區總人口比例,並滿足所有地區全部覆蓋,進行抽樣,請詳見下表。在金門、馬祖與澎湖離島部分,因為人口比例較少,為滿足至少能夠抽樣 1 位,本次受訪對象共計抽樣 61 位。

地區	人數	人口占全部比例	預訂抽樣數
北北基	6,944,856	30%	18
桃竹苗	3,716,604	16%	10
中彰投	4,580,526	20%	12
雲嘉南	3,352,735	14%	9
宜花東	1,004,217	4%	3
金馬澎	255,069	1%	1
高屏	3,584,329	15%	9
總數	23,438,336	100%	61

在確定邀訪總數與比例後,於是開始進行邀訪,每場為避免人數過多,導致無法進行深度訪談,每次焦點團體訪談的人數最多以不超過 6 位,但最後一場是 7 位。為提高非臺北地區受訪者來臺北接受訪談意願,除每位參加焦點團體受訪者交通費全部補貼外,每位受訪者也將獲取新臺幣五百元補貼。不過在進行本次焦點團體訪談時,因為兩岸關係敏感關係,的確在邀訪上有極大困難,依照邀訪的研究助理表示,至少打過超過 200 多通電話,才把這 61 位受訪者邀請到臺北進行訪談。本次研究前後進行十場焦點訪談,除計畫主持人許智富副教授一名外,還

搭配本計畫另一位成員,福建省閩南師範大學新聞傳播學院陳建安副教授,及二位研究助理共同主持焦點團體訪談。在進行時,除營造出自在的團體互動氣氛,俾便參與者可以暢所欲言,激盪出內心的想法、經驗與觀點外,並會在進一步深入訪談時,利用不同空間中進行訪談,讓受訪者可以暢所欲言。

這十場焦點訪談受邀參加的數量,也均符合研究方法中規定,這六場焦點訪談大都以 6 為限進行。焦點團體訪談自 2020 年 9 月 4 日開始連續十場,分別是 9 月 4 日、9 月 8 日、9 月 11 日、9 月 14 日、9 月 18 日、9 月 22 日、9 月 25 日、10 月 2 日與 10 月 9 日共計十場,每場至少相隔三到四天,以利整理訪談內容與資料。這六場焦點團體訪談均是利用臺北市新生南路臺灣大學附近的西雅圖咖啡廳裡獨立包廂進行訪談,具體時間與訪談人數,請參考下表。另外,為求能夠覆蓋整個臺灣地區的同質性受訪者,特別依照臺灣北北基、桃竹苗、中彰投、雲嘉南、高屏、宜花東與金馬澎等七個區域邀約受訪者,以期待整個研究受訪對象較為全面。該受訪者出席焦點訪談活動,會依其所在地區支付其車馬費,以提高受訪者前來參與焦點訪談意願。

場次	訪談日期	北北基	桃竹苗	中彰投	雲嘉南	高屏區	宜花東	金馬澎
第一場	9月4日	2	1	1	1	1	0	0
第二場	9月8日	2	1	1	1	1	0	0
第三場	9月11日	2	1	1	1	1	0	0
第四場	9月15日	2	1	1	1	1	0	0

場次	訪談日期	北北基	桃竹苗	中彰投	雲嘉南	高屏區	宜花東	金馬澎
第五場	9月18日	2	1	1	1	1	0	0
第六場	9月22日	2	1	1	1	1	0	0
第七場	9月25日	2	1	1	1	1	0	0
第八場	9月29日	2	1	1	1	1	1	0
第九場	10月2日	2	0	1	1	1	1	0
第十場	10月9日	1	0	2	0	1	1	1
合計	10	19	8	11	9	10	3	1
備註	舉辦地點：106 臺北市大安區新生南路三段 88 號 起訖時間：開始 14：30，結束 17：00，約二小時又三十分							

　　焦點團體訪談除完整把受訪者所言、所述相關資料紀錄完整外，更透過受訪者所言、所述的相關資料進行分析，將問卷內容與受訪者的語言文字重新編碼，在輔以內容分析法加以分類整理，最後，透過敘述統計方式，進一步將數字內容的背後意義進行解釋與分析結果，這才為焦點團體研究的最後階段。在進行內容分析法之前，必須先進行「逐字稿的建立」；將所有訪談的口語資料、情緒反應及其相關訪談情境付諸於文字表達，建立完整詳細的逐字稿；逐字稿完成之後才能著手進行資料的分析。

　　內容分析法是一種對於傳播媒介的訊息作客觀而有系統的量化及描述的研究方法。將語言或者文字等內容等資料，進行客觀的和系統性分

析。內容分析法可以有系統地整理與綜合紀錄中明顯與暗藏的內容。在目的上不只作敘述性的解說，也推論傳播過程所發生的影響；雖然內容分析法是一種量化分析的過程，但並不表示是純粹的量的分析，只是從量的變化來推論質的變化，應該說是一種質量並重的研究方法。針對逐字稿進行初步閱讀，並且發展或區別哪些內容與研究主題不同，並將與主題相關聯的內容進行初步概念化，然後再進行下一階段的編碼。編碼是將搜集來的資料分解成一個個單位，仔細檢視並比較異同，再針對資料中所反映的現象而提出問題的過程。透過熟讀受訪者的回答，並且持續思考該內容與研究主題間的關係以及所代表的意涵。這些編碼後的內容，最後會再透過基礎統計分析，進行二次分析資料。整個十場共計61位隨機抽樣邀訪的焦點團體訪談過程中，整體編碼分析後的內容與結果，請詳見下面各節內容。

第二節　臺灣民眾對閩南文化認同現況說明

　　參加十場焦點團體訪談的 61 位受訪者，在隨機抽樣時，從地理區域符合臺灣七大區域劃分的原則，其中受訪者男性居多，占 69%；女性偏少，僅 31%；受訪者的教育程度，則以大學與碩士學歷的居多，各為 35%；其次為高職（15%）、博士（10%）；受訪者的年齡分佈，從 16-20 歲到 66-70 歲的不同年齡段，均是本研究的抽樣對象，其中以 36-40 歲與 41-45 歲的年齡層最多，其次則是 26-30 歲、31-35 歲的年齡層居次，這四個年齡段占本次研究受訪者的 2/3 強。受訪者的基本圖像，請詳見下圖。

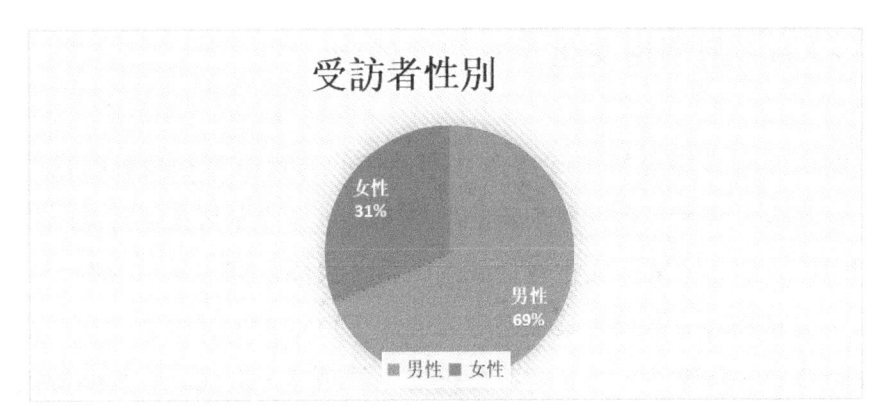

受訪者性別

- 女性 31%
- 男性 69%

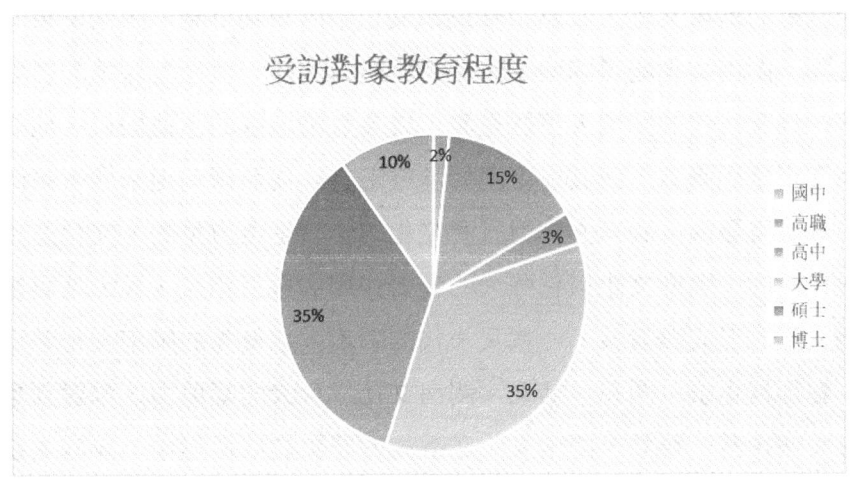

受訪對象教育程度

- 國中 2%
- 高職 15%
- 高中 3%
- 大學 35%
- 碩士 35%
- 博士 10%

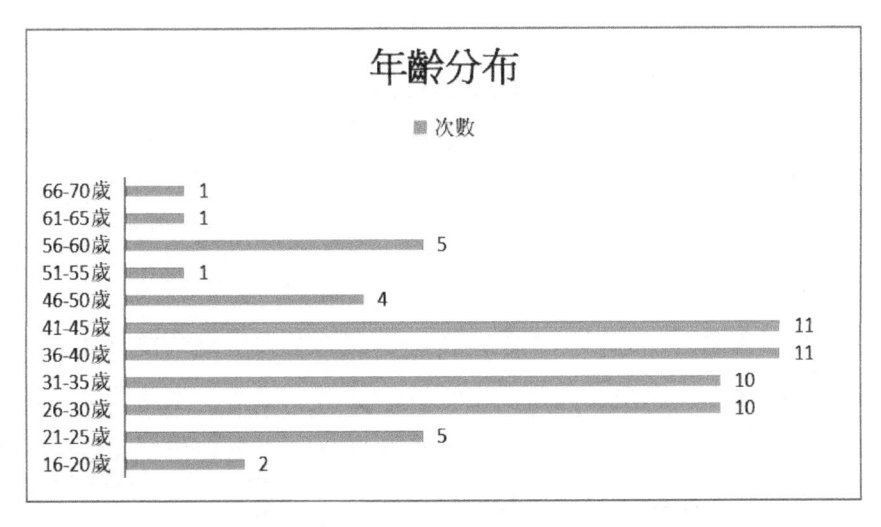

年齡分布

年齡	次數
66-70歲	1
61-65歲	1
56-60歲	5
51-55歲	1
46-50歲	4
41-45歲	11
36-40歲	11
31-35歲	10
26-30歲	10
21-25歲	5
16-20歲	2

一、受訪者對閩南文化基本認同傾向

　　閩南文化大體是指由閩南人共同創造的物質財富和精神財富的總和，是閩南人傳承、發展與創新的地域文化，是中華傳統優秀文化不可分割的組成部分。閩南文化包括閩南方言、民間信仰、民俗習慣、宗教信仰、文學藝術、傳統建築風格等方面。千百年來，閩南文化在保留自身文化特質的基礎上，兼容並蓄外來文化的精華，形成具有鮮明特色、內涵豐富的地域文化，成為中華民系文化中的一朵奇葩。閩南與臺灣一水之隔，閩南文化隨著閩南人到臺灣而廣為流播，並產生深遠的影響。隨著一代又一代的閩南人移居臺灣，成為臺灣地區的主體居民，他們把閩南文化帶到臺灣，使其在臺灣傳承與融合，從而深刻地影響著臺灣文化的形成與發展。閩南文化對臺灣文化的影響是全方位的。文化是具有輻射作用的。閩南文化以它強大的輻射作用，數百年來，極大地影響著臺灣文化的形成與發展。一代又一代的閩南人把優秀的閩南文化帶到臺灣，在那裡生根、開花、結果。閩南文化以巨大的輻射力，輻射到臺灣的每一個角落。雖然，閩南文化在臺灣的歷史發展過程中，兼容並蓄了外來文化，有所發展，有所豐富，形成了臺灣文化。但是，應當看到，臺灣文化更多的是保留了閩南文化的共性和特點。

　　因此，在臺灣地區，不論是城市還是鄉鎮，不論是山區還是平原，只要有閩南臺灣民眾居住的地域，都能領略到閩南文化濃厚的氣息；不論是物質生活方面，還是精神生活方面，只要有閩南籍臺灣民眾居住的地方，也都能顯示出閩南文化深刻的內涵。因此，針對該部分的訪談，主要涵蓋四大題目，包括：「您是否知道您的祖先是是來自哪裡的？」「從您的印象中，您是否同意閩南地區的語言、風俗、生活習慣、傳統戲曲，甚至包括宗教信仰等，與臺灣某些風俗、生活與傳統戲曲等，例如：過年或端午相關節慶活動類似相同呢？」以及「您是否同意，兩岸

的某些語言、風俗、生活習慣、傳統戲曲的一致緣故，可以推論出兩岸的閩南文化屬於同源同種的嗎？」最後則是「從上述所言，是來自閩南文化語言、風俗、生活習慣、傳統戲曲的哪一部分，讓您比較強烈感受到兩岸閩南文化是屬於同源同種？」

其中「您是否知道您的祖先是是來自哪裡的？」超過 39 位受訪者知道其祖父輩（祖籍）應該都是來自福建省，而知道祖籍來自福建的受訪者，仍有超過 50%的受訪者，更清楚指出其祖籍是來自泉州、漳州與廈門。經過深度訪談了解後，清楚自己祖輩是來自福建省的受訪者，大部分是因在臺灣清明掃墓時，先人墓碑上大都清楚指出該祖輩是來自於同安、金浦等地；在福建但非在閩南地區的，大都是分佈於福州、龍岩或者莆田、福清等地區。非在福建區的臺灣人，經訪談後了解，有些來自於山東、浙江與江蘇等地居多；至於不清楚的受訪者，則屬於年齡層偏低的受訪者，幾乎都不清楚自己祖輩的祖籍為何？這部分占受訪者的 13%。詳細請見下圖所示。

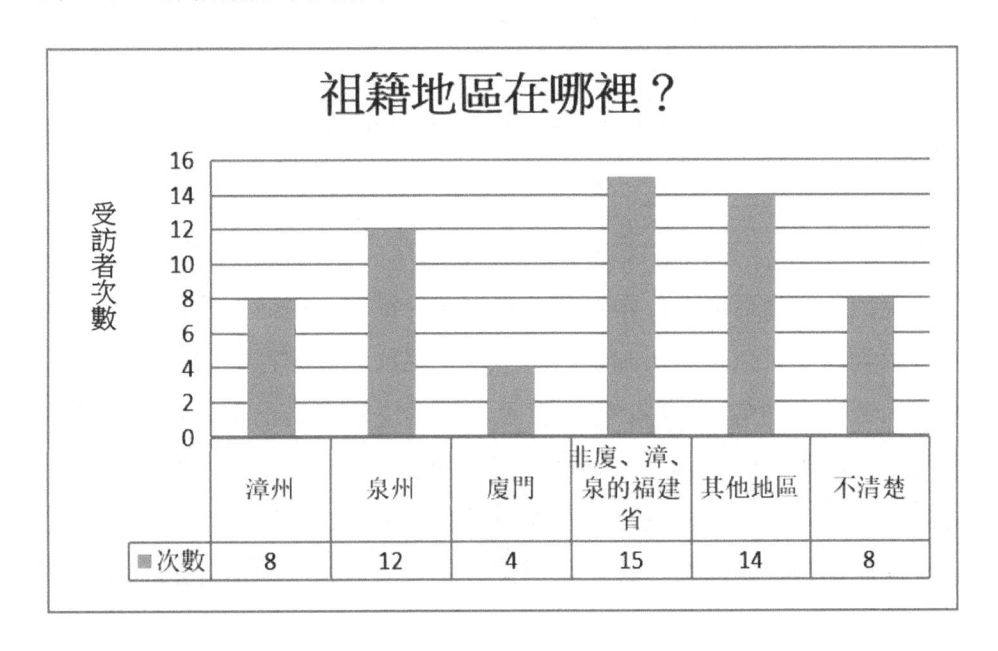

祖籍地區在哪裡？

	漳州	泉州	廈門	非廈、漳、泉的福建省	其他地區	不清楚
次數	8	12	4	15	14	8

(受訪者次數)

另外,「從您的印象中,您是否同意閩南地區的語言、風俗、生活習慣、傳統戲曲,甚至包括宗教信仰等,與臺灣某些風俗、生活與傳統戲曲等,例如:過年或端午相關節慶活動類似相同呢?」這部分超過84%的受訪者都同意兩岸的閩南文化大致相同,僅有 5%受訪者不同意;至於 11%的受訪者回覆其他或不清楚的,大都是祖籍可能不在福建,所以,對於兩岸閩南文化是否相同,抱持相當保守態度。至於,5%不同意的受訪者,大都是在年齡上偏比較年輕,對於傳統文化、民間信仰或者傳統戲曲不是很熟悉。詳情請見下圖說明。

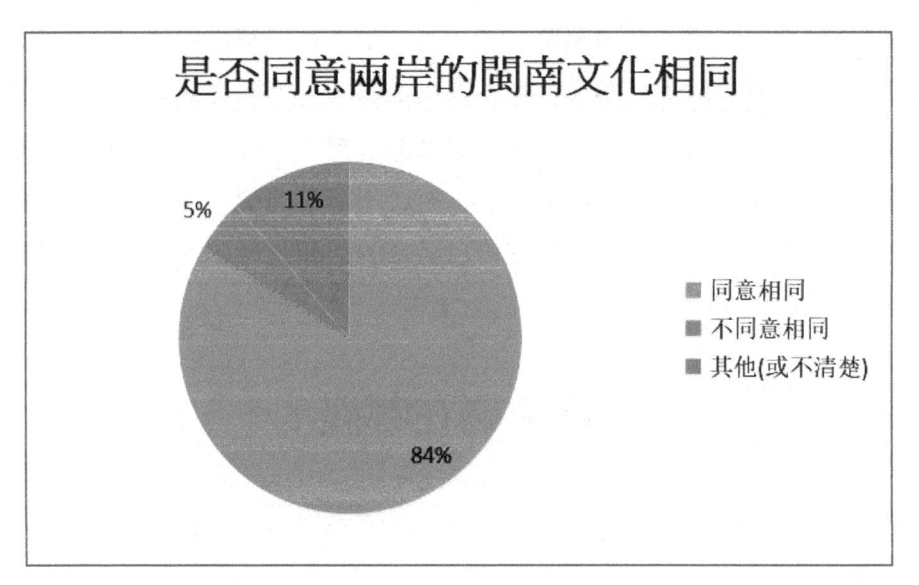

是否同意兩岸的閩南文化相同

- 同意相同 84%
- 不同意相同 5%
- 其他(或不清楚) 11%

至於「您是否同意,兩岸的某些語言、風俗、生活習慣、傳統戲曲的一致緣故,可以推論出兩岸的閩南文化屬於同源同種的嗎?」該題目裡,大部分受訪者(93%)均同意可以從兩岸閩南文化的一致性與接近性,去推論兩岸的閩南文化應屬於同源同種;僅 7%受訪者不同意兩岸閩南文化的一致性與接近性,該部分受訪者認為,臺灣的閩南文化應該是臺灣原始的生活型態,並非完全來自於閩南地區的閩南文化。請詳見下圖所示。

從閩南文化推動兩岸同文同種

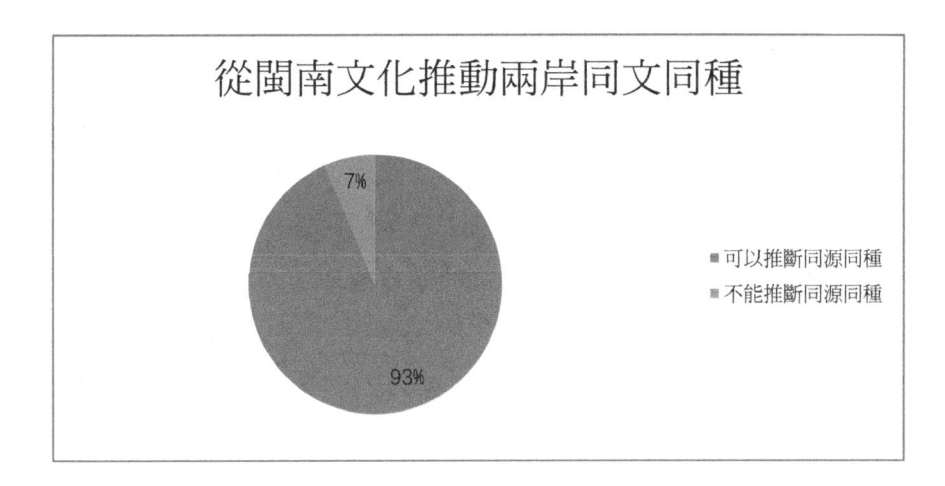

- 可以推斷同源同種 93%
- 不能推斷同源同種 7%

最後,「從上述所言,是來自閩南文化語言、風俗、生活習慣、傳統戲曲的哪一部分,讓您比較強烈感受到兩岸閩南文化是屬於同源同種?」該題目屬於多選題,其中有超過 36%的(54 人)選擇閩南語言最代表兩岸閩南文化屬於同源同種,其次為 30%(44 人)的民間信仰、15%(22 人)風俗習慣,以及 11%(17 人)家族宗譜,最後則是8%(12 人)傳統戲曲。經過再度訪談發現,因為傳統戲曲本身在臺灣社會已經屬於小眾,僅部分年齡層偏大,或者本身喜歡傳統戲曲的受訪者,才能清楚知道兩岸在閩南傳統戲曲間的關聯性。請詳見下圖。

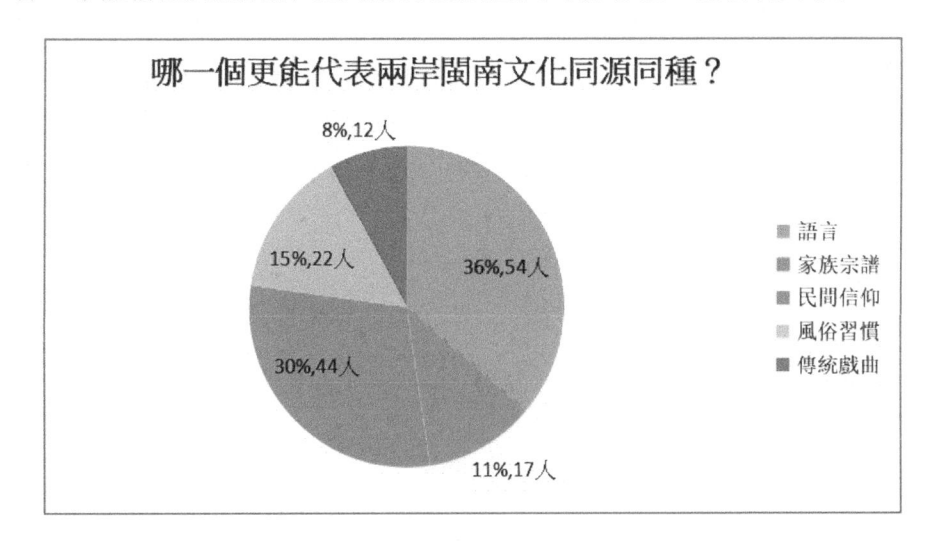

哪一個更能代表兩岸閩南文化同源同種?

- 語言 36%, 54人
- 家族宗譜 11%, 17人
- 民間信仰 30%, 44人
- 風俗習慣 15%, 22人
- 傳統戲曲 8%, 12人

二、受訪者在家族宗譜認同方面

　　該部分題目主要是承第一部分的第一題所提「您是否知道您的祖先是來自哪裡的？」在焦點團體訪談時，進一步詢問那些知道自己祖先是來自中國大陸或者閩南地區的受訪者。其中包括：「承上題，請問您是否曾經與自己長輩或者獨自去中國大陸尋根嗎？」、「若您沒有回過大陸，您是如何得知自己祖籍是大陸人呢？」、「若您曾經回到中國大陸尋根之後，您會同意兩岸在家族或者宗族基礎上，是屬於同源同種的嗎？」，以及「回到大陸尋根時，是甚麼樣的印象，讓您認為或者同意您與大陸親人是屬於同源同種的呢？」

　　在臺灣地區，「閩南」一詞，似乎已超越地域、文化，更成為某種意識形態傾向。這種「沒有認同的祖籍」現象，原因可能歸結為統「獨」意識形態下，導致祖籍認同、身分認同分裂。簡單說，在兩岸現狀下，在不少「臺灣意識」高漲的臺灣年輕人看來，承認自己祖籍是大陸，好像就自然被「統戰」了。與其說「閩南」在臺灣成為了意識形態，倒不如說「閩南」兩字被抽離了原有的時空背景而空心化了，這點也可能與部分臺灣人沒去過大陸，卻對大陸產生負面的刻板印象。這種現況，也在「承上題，請問您是否曾經與自己長輩或者獨自去中國大陸尋根嗎？」該題目中一覽無遺。知道自己祖先來自中國大陸的 39 個受訪者，居然有超過一半以上 54%（21 人）沒有回過大陸，請詳見下圖。

是否曾與祖輩回大陸尋根?

■ 是　■ 否

46%,18人
54%,21人

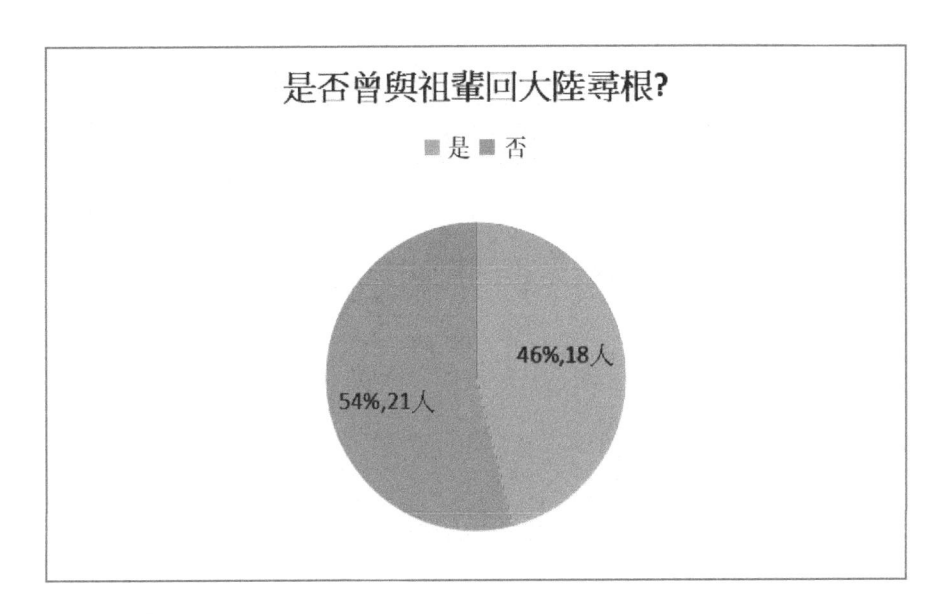

該部分的受訪者，僅全憑著自己祖輩（22%）、祭祖（20%）、家裡與大陸親戚往來（17%）、媒介報導（16%）、從家譜族譜中（13%）與從家中生活習慣去推論（12%）等因素，去推論得知自己祖輩來自於中國大陸，請詳見下圖。

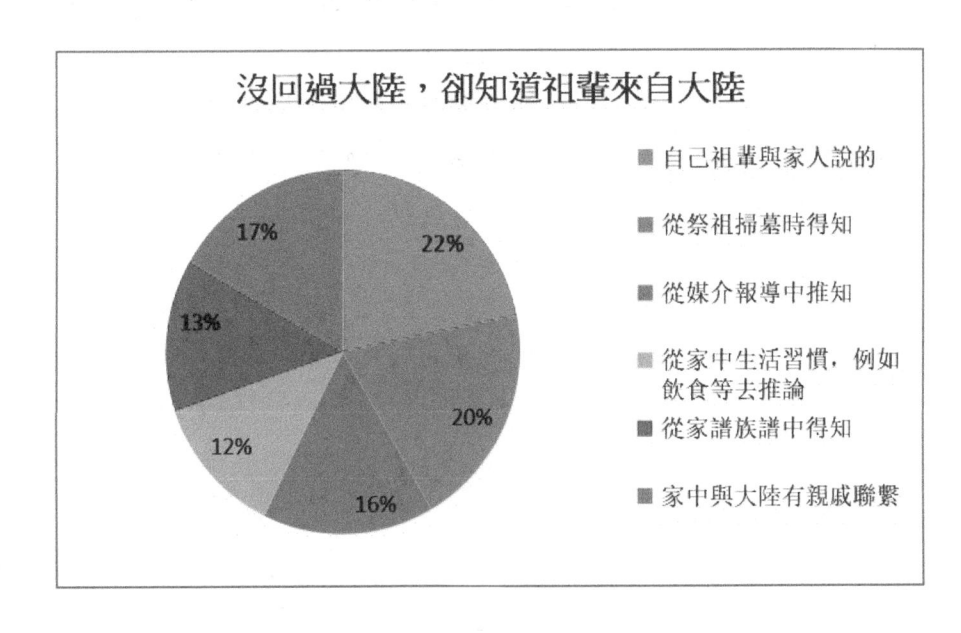

沒回過大陸，卻知道祖輩來自大陸

- 自己祖輩與家人說的　22%
- 從祭祖掃墓時得知　20%
- 從媒介報導中推知　16%
- 從家中生活習慣，例如飲食等去推論　12%
- 從家譜族譜中得知　13%
- 家中與大陸有親戚聯繫　17%

不過，仍有 46%（18 人）與祖輩曾回大陸尋根，並且這些回大陸尋根的受訪者，全數（100%）在返鄉後，完全同意兩岸的閩南文化或中華文化傳統，可以說是相當一致，可推論是同源同種，請詳見下圖。

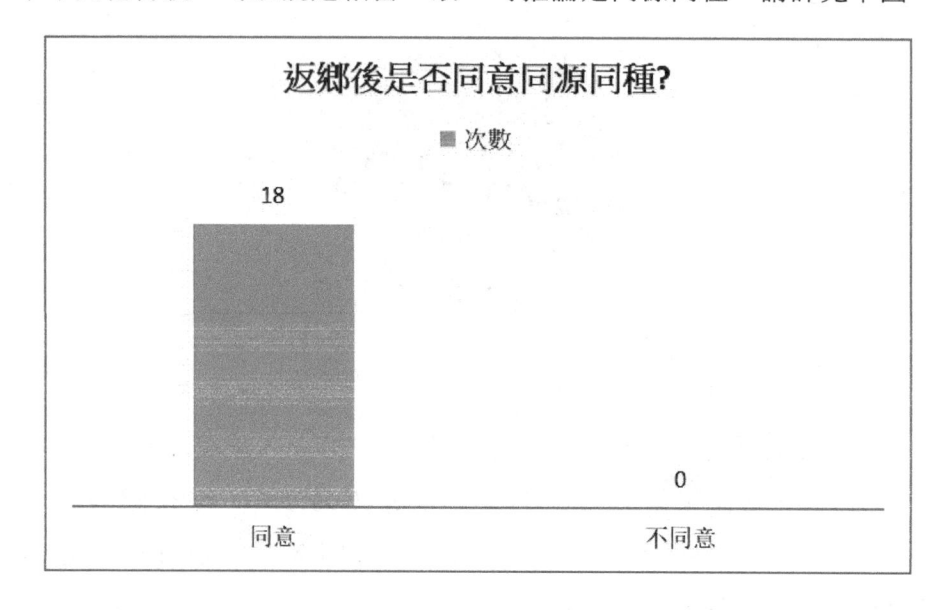

返鄉後是否同意同源同種?

同意	不同意
18	0

若再經深度訪談後發現，這些曾經返鄉的受訪者，依序從下列幾個方面感受兩岸一家親，首先是說話方式（鄉音）（29%）、從大陸親戚熱情感受一家人（21%）、從生活或擺設或飲食習慣（17%）、從家譜或祖譜中得知（16%）、回鄉去祠堂祭祖（13%），及最後從血脈中感受（5%）等方面，請詳見下圖。

返鄉後，為何感受到同源同種?

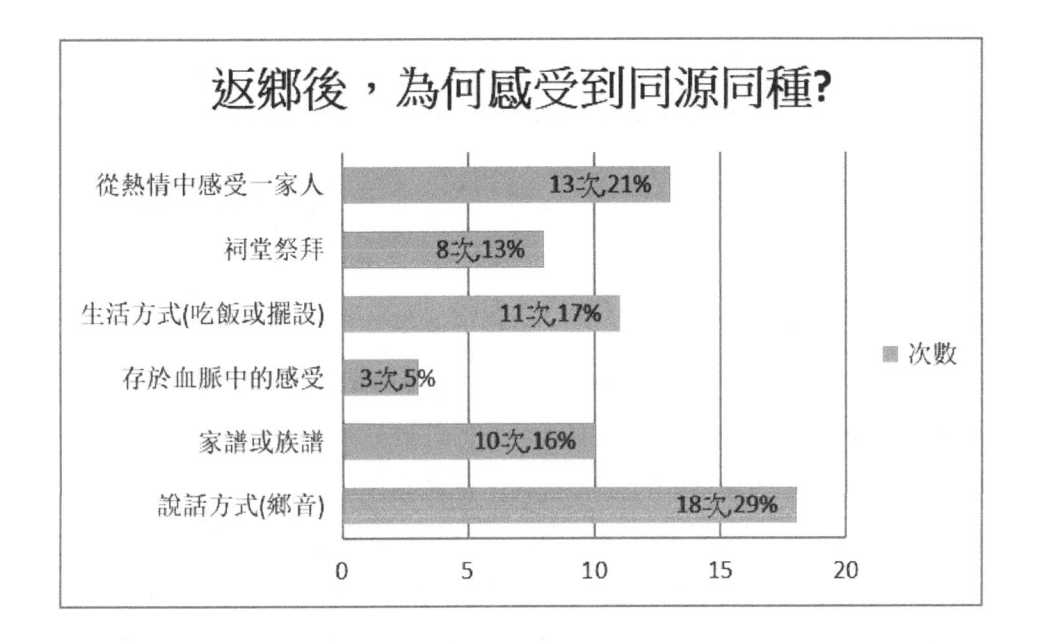

項目	次數	百分比
從熱情中感受一家人	13次	21%
祠堂祭拜	8次	13%
生活方式(吃飯或擺設)	11次	17%
存於血脈中的感受	3次	5%
家譜或族譜	10次	16%
說話方式(鄉音)	18次	29%

三、受訪者在風俗習慣認同方面

臺灣閩南人是臺灣最大的族群，主要文化習俗是以大陸閩南文化為基礎的臺灣漢人，母語主要是臺灣話，就是閩南語。閩南地區濱海面山耕地少，明朝末年以來，已經出現人口過剩的現象，掀起移民海外的潮流，因此出現「第一好過番，第二好過臺灣」的俚語。「過番」意指出海南洋，「過臺灣」則是不顧禁令，冒險強渡黑水溝，只因「為著顧三餐」、「為著顧嘴空」。事實上，閩南人士源自中原，自古以來，富涵移民他鄉的冒險犯難性格。因此，中原移民閩南之後，因地制宜，靠山吃山，靠海吃海，在地生根。然而承平多年、食指繁盛之後，原本農漁生產已經難以負荷，故而再度展開移民之旅，自然也就帶著閩南地區的飲食文化，從唐山到南洋，從唐山到臺灣。

臺灣的常民生活文化，是先民累積無數的時間與經驗的辛苦結晶，也是人們經由學習與教育而得來，往往表現在風俗習慣、語言文字、宗

教信仰等一切的生活方式。所以，臺灣「常民生活文化」，包含了在日常生活中傳承的物質生活文化，如服飾、飲食、居住、生產、交易、交通等習俗；還有社會生活、文化，如家族、鄉里、社會組織，生命禮俗、歲時節令、口傳文學、美術工藝、民間遊藝等；臺灣常民生活文化不但具有濃厚的閩南文化思想特色，更具有深刻的同源同種的祖籍情感等因素。所以，這樣的生活方式，是構成閩臺文化的主體與核心。其中以臺灣傳統建築大多是原鄉閩南風格，主要構造為磚厝、土埆厝、石厝、架筒厝、柱仔腳厝等。其中，常見的紅磚紅瓦，源自泉州一帶民居的「紅磚文化」，畢竟紅色討喜吉利。細數兩岸的閩南文化，除祖籍認同外，風俗習慣也是臺灣民眾認同閩南文化中比較重要的要素。

關於閩南文化風俗習慣認同方面，將透過「請問您是否知道或同意臺灣的某些重要的生活習慣，例如：飲食（蚵仔煎、鹵麵或三角粿），以及節慶活動（冬至吃湯圓、農曆過年、端午節划龍舟等），是源自於中國大陸閩南地區的生活習慣嗎？」、「在您印象中，您認為臺灣哪些閩南地區的風俗習慣，應該與大陸的閩南文化應該屬於同源同種的一家人？請舉例說明。」與「您對這些風俗習慣的印象，是從哪裡知道或感受到兩岸閩南文化屬於同源同種的呢？」等三題進行採擷數據。在「請問您是否知道或同意臺灣的某些重要的生活習慣，例如：飲食（蚵仔煎、鹵麵或三角粿），以及節慶活動（冬至吃湯圓、農曆過年、端午節划龍舟等），是源自於中國大陸閩南地區的生活習慣嗎？」該題目的回答中，超過 87%（53 人），不管其祖輩是否來自閩南地區，都知道且同意兩岸閩南風俗習慣是屬於同源同種，僅有 13%不知道。這些不知道受訪者（13%）不知道的理由與原因，跟前述部分題目結果類似，因受訪者較為年輕，加上已經習慣且認同這些日常生活的行為模式應該是屬於臺灣本土原創文化，雖然在媒介或者其他人嘴中的閩南文化可能來自中國大陸的閩南地區，但在認定上已有不確定、不清楚的狀態。

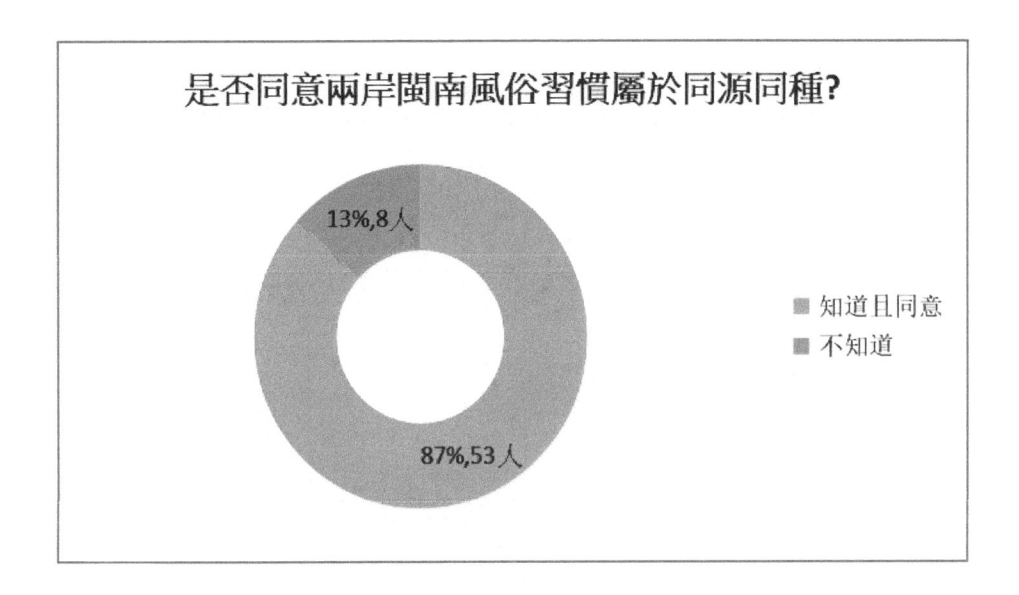

是否同意兩岸閩南風俗習慣屬於同源同種?

- 知道且同意
- 不知道

13%,8人
87%,53人

至於「在您印象中,您認為臺灣哪些閩南地區的風俗習慣,應該與大陸的閩南文化應該屬於同源同種的一家人?請舉例說明。」在本題目進行訪談時,大部分人並無法準確說出那些屬於兩岸共有且具閩南文化的風俗習慣,加上每位受訪者均會提起一兩項類似且相關的可能生活習慣,經過整理後發現,飲食習慣(例如:蚵仔煎、煎粿、滷麵等)(32%,61 位)與過年過節的氛圍(32%,61 位)並列第一,而十二節氣相關(24%,45 位)、婚喪喜慶(13%,24 位)則是第二、第三順位,請詳見下圖。

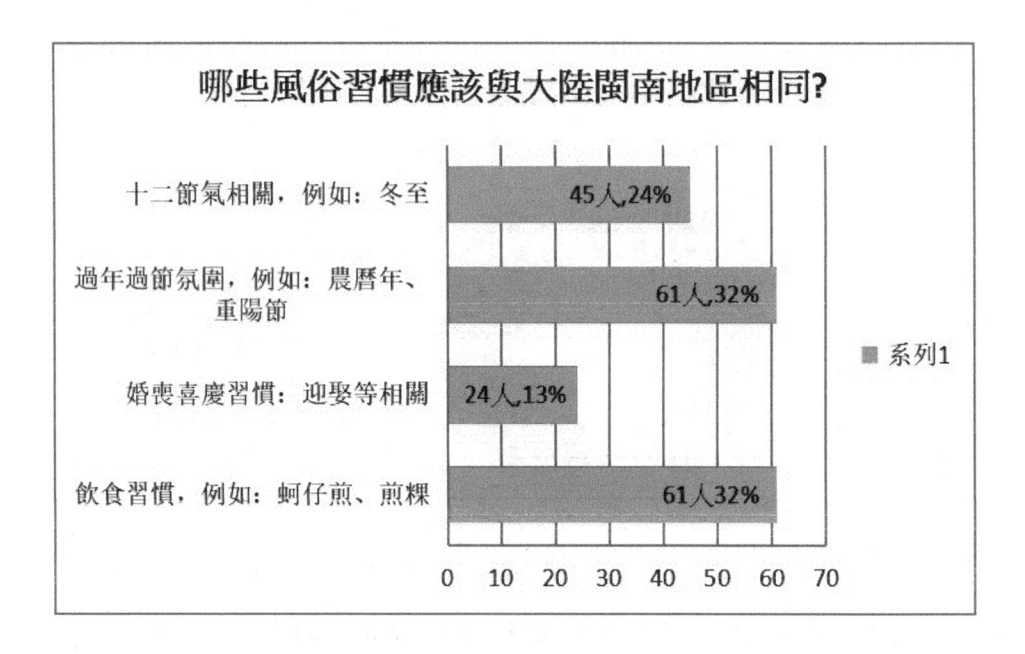

哪些風俗習慣應該與大陸閩南地區相同？

風俗習慣類別	人數	百分比
十二節氣相關，例如：冬至	45人	24%
過年過節氛圍，例如：農曆年、重陽節	61人	32%
婚喪喜慶習慣：迎娶等相關	24人	13%
飲食習慣，例如：蚵仔煎、煎粿	61人	32%

最後，「您對這些風俗習慣的印象，是從哪裡知道或感受到兩岸閩南文化屬於同源同種的呢？」該題目同樣屬於開放性的多重回答，在經過整理後，受訪者對於為何清楚或同意兩岸的閩南特色的風俗習慣是同源同種？來自下列幾個因素，其中影響最深且廣的是媒介曾經報導相關內容（占 32%），且經過內心自我比對後認定兩岸深具閩南特色的風俗習慣是屬於同源同種；另外則是有 28%的受訪者是來自於祖輩或者親戚朋友說的，屬於口語傳播；但自己親身來大陸的感受，則也有 23%的受訪者，最後則是從教育或者歷史因素得知的，占 17%。

為何清楚兩岸閩南文化屬於同源同種?

- 曾經來過大陸的感受
- 媒介曾報導相關內容
- 祖輩或親戚朋友說的
- 從教育或歷史因素得知

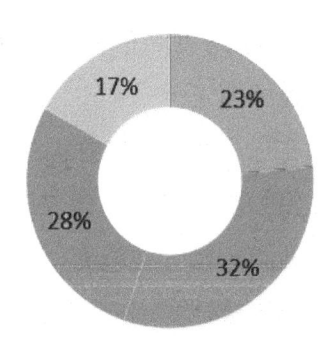

17%　23%　32%　28%

四、受訪者對閩南民間信仰認同

　　臺灣地區的民間信仰，有中國大陸的承傳，亦有臺灣本地發展出來的特色。早期移民從唐山到臺灣開墾建莊時，引進原鄉生活方式來建造新鄉的人文地理區域與環境，延續了漢人原有的文化景觀進行空間的經營與創造，不僅繼承農業生產的維生方式，也發揚了社會結構的文化理念與價值體系，除了重視文字傳承的經典知識外，更致力於祭典儀式的信仰活動，建構出聚落的神聖空間來整合民眾的歸屬感與立根處。民間信仰是漢人最為深層心理結構與文化形態，是日常生活的精神支柱與行動指南，以對宇宙的認知模式來確立生存的目的與歸宿，從中原到福建進而遷移到臺灣，空間的轉變切割不了時間累積的信仰情感與實踐，以高度的普遍性與穩定性重現其安身立命的文化功能。

　　閩南地區的民間信仰是閩南文化的重要組成部分，也是閩南地區最具特色的文化之一，更是唐山過臺灣的閩南臺人賴以維生的重要精神食

糧。在閩南地區民間信仰的認同上，透過「請問您是否知道或同意臺灣的某些重要的民間信仰，例如：媽祖或者關公，是源自於中國大陸閩南地區嗎？」、「在您印象中，臺灣哪些閩南地區的民間信仰，臺灣與大陸應該屬於同源同種的一家人嗎？請舉例說明。」與「您是如何從哪裡知道或者感受到兩岸閩南地區的民間信仰的同源同種的呢？請舉例說明。」等三道題目進行數據採擷。

根據臺灣地區「內政部」2020 年官方網站摘錄，臺灣的民間信仰具高度融合性，不論是古代的自然崇拜、儒家的倫理、釋家（佛）的慈悲或道家的儀式，都巧妙融為一體，並沒有一定界線；另外，具有強烈的地方色彩，許多源自大陸的神明，在先民遠渡重洋，來到臺灣定居後，除展現臺灣特色，更具有大陸祖廟相關場景。在「請問您是否知道或同意臺灣的某些重要的民間信仰，例如：媽祖或者關公，是源自於中國大陸閩南地區嗎？」題目訪談結果得知，所有受訪者（100%，61位）均認同臺灣具閩南特色的民間信仰，應該均來自於大陸的閩南地區或者福建省（臺灣地區部分民間信仰，可能來自福建省客家人聚集地區）。請詳見下圖。

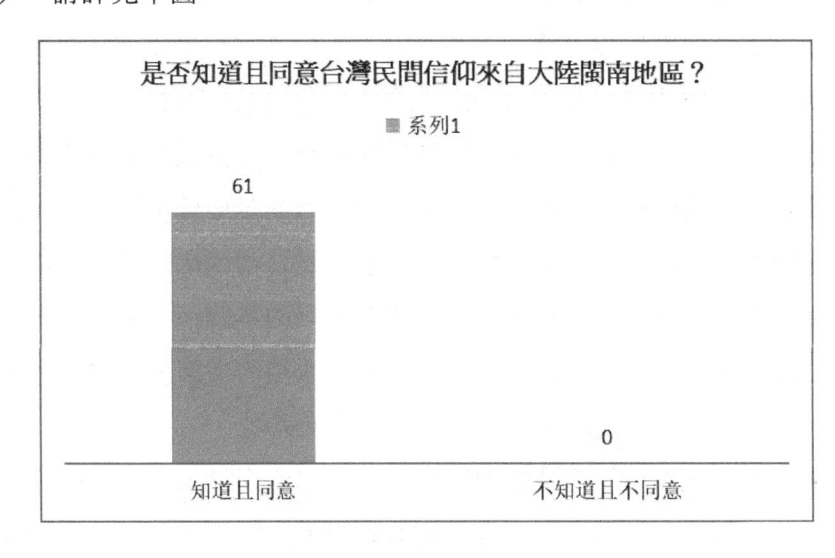

另外,「在您印象中,臺灣哪些閩南地區的民間信仰,臺灣與大陸應該屬於同源同種的一家人嗎?請舉例說明。」兩岸民間信仰本屬於同源同種,從上述調查結果可知,而在受訪者印象中,媽祖(19%)、保生大帝(18%)、關聖帝君(18%)、觀世音菩薩(13%)、清水祖師(11%)、開漳聖王(10%)、廣澤尊王(7%)與三山國王(4%)均是臺灣民眾在民間信仰認知中,屬於兩岸同源同種的。不過,仍有部分神祇,受訪者認為應該來自大陸地區,但有部分神祇,例如:關聖帝君(18%)、觀世音菩薩(13%)、廣澤尊王(7%)與三山國王(4%)等四位,是否來自大陸閩南地區,卻比較不確認。經過在深度訪談後發現,像關聖帝君是否來自閩南?以及觀世音菩薩應該來自南海普陀山,或者對於廣澤尊王的不熟悉,都是影響受訪者不確認這些神祇來源?詳情見下圖說明。

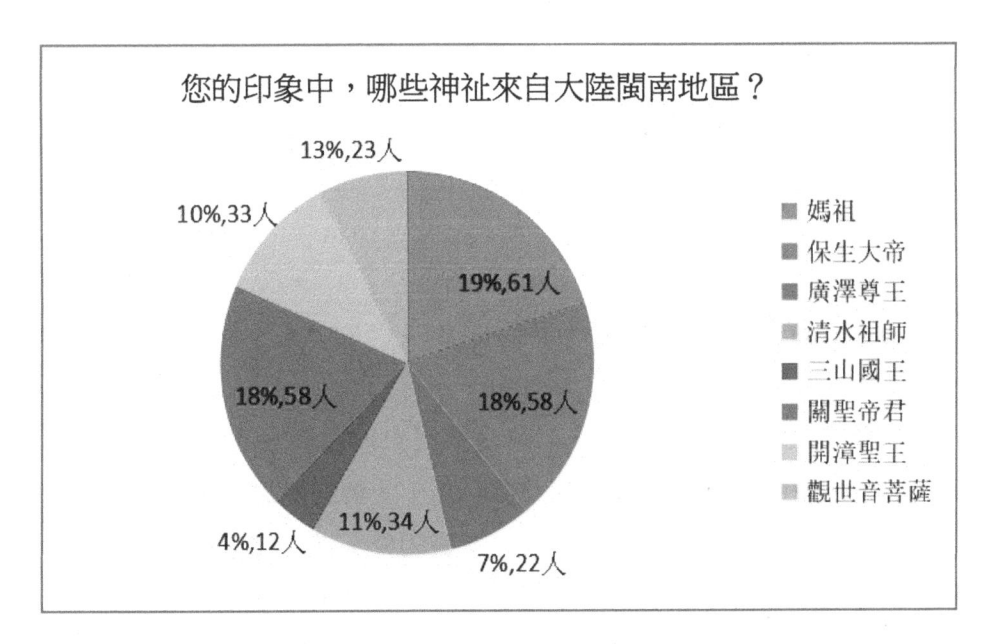

您的印象中,哪些神祇來自大陸閩南地區?

- 媽祖 19%,61人
- 保生大帝 18%,58人
- 廣澤尊王 7%,22人
- 清水祖師 11%,34人
- 三山國王 4%,12人
- 關聖帝君 18%,58人
- 開漳聖王 10%,33人
- 觀世音菩薩 13%,23人

最後,「您是如何從哪裡知道或者感受到兩岸閩南地區的民間信仰的同源同種的呢?請舉例說明。」受訪者大部分都是從媒介相關報導得

知（33%），臺灣地區部分神祇確實來自大陸閩南地區，而因為曾經在臺灣參加過相關神祇的廟會活動（31%）與祖輩或親戚朋友說的（29%），則是第二、第三的因素；不過，仍有部分受訪者曾經與相關神祇去過大陸參加活動（16%），而這部分的受訪者在年齡上偏高。詳情請見下圖。

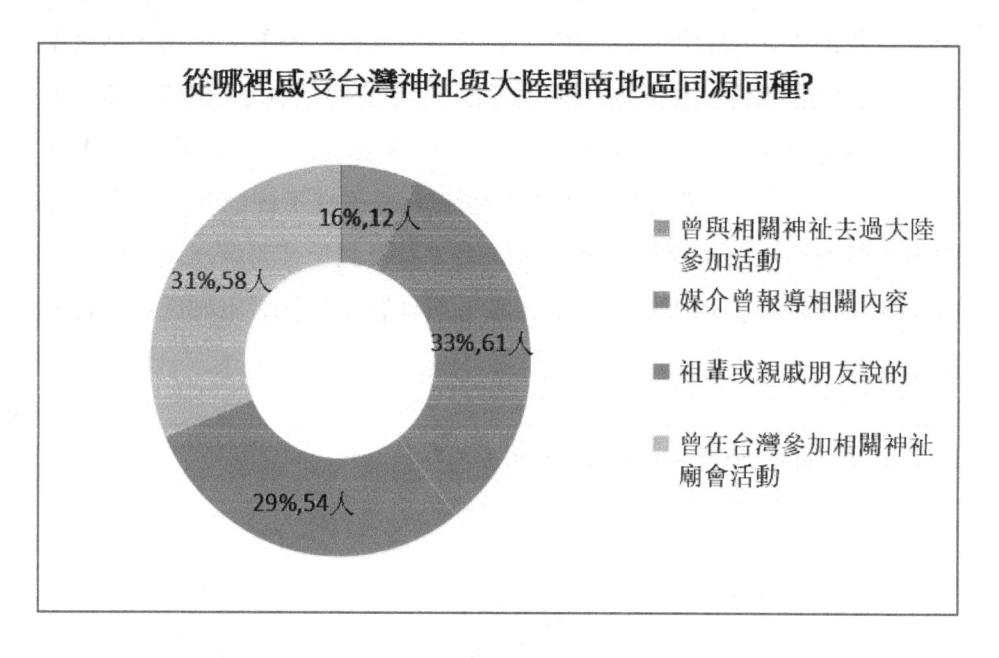

從哪裡感受台灣神祇與大陸閩南地區同源同種?

- 曾與相關神祇去過大陸參加活動：16%，12人
- 媒介曾報導相關內容：33%，61人
- 祖輩或親戚朋友說的：29%，54人
- 曾在台灣參加相關神祇廟會活動：31%，58人

五、受訪者對閩南傳統戲曲的認同

臺灣傳統戲曲的發展基本上和臺灣歷史的發展息息相關。十七世紀，約於明熹宗天啟元年（西元 1621 年），海盜顏思齊、鄭芝龍以臺灣做為經營據點，部分大陸移民隨之至臺開墾，漢人文化移入。臺灣早期移民主要來自於大陸福建及廣東地區，除了帶來原鄉的文化和語言，許多民間戲曲音樂更隨著移民來到臺灣。新移民以同鄉關係，取代了過去的血緣關係，組成新的互助團體。而各地方鄉音除了慰藉漂洋過海的

新居民們心中的鄉愁，表演場所更成了同鄉們的聯誼場合，戲曲社團也因此有了和地方勢力結合的機會，以「堂」、「社」為名的北管子弟館閣，就是家鄉戲和地方勢力結合的例子。

臺灣地區的閩南移民，除帶來原鄉的文化和語言，也伴隨著許多民間戲曲、音樂。在臺灣這塊小小的土地上，因移民社會緣故，蘊藏著各式各樣的傳統戲曲劇種。清代的南管與北管戲、清中葉後傳入的皮影戲、傀儡戲和布袋戲，以及日治時期的京劇、四平戲、九甲戲、潮州戲，以及客家戲、歌仔戲與木偶戲等。這些渡海來臺的各式劇種，也都曾在臺灣這塊土地上紮根，在原鄉的基礎上，融入在地的特色。傳統戲曲在臺灣早期農業社會中扮演寓教於樂的角色，不論是婚葬喜慶等生命禮俗，抑或是神明誕辰、廟宇慶典等宗教信仰活動之中，既是必備的娛樂項目，也承載著教忠教孝等教育責任。由此可見，臺灣傳統戲曲和真實生活密切相關。傳統戲劇在臺灣早期以農業為主的社會中，兼具娛樂和教化的功用。

針對臺灣戲曲與大陸閩南地區傳統戲曲的關聯性問題，將以「請問您是否知道或者同意臺灣地區的歌仔戲、布袋戲（或木偶戲）、傀儡戲等傳統戲曲，是源自於中國大陸閩南地區的當地戲曲呢？」、「若不同意臺灣地區傳統戲曲與大陸閩南地區的傳統戲曲不屬於同一來源，其理由為何呢？」、「在您印象中，臺灣地區哪些傳統戲曲來源，臺灣與大陸閩南地區應屬於同源同種的一家人呢？請舉例說明。」，以及「您是如何從從哪裡知道或者感受到兩岸具閩南特色的傳統戲曲，屬於同源同種的呢？」

在「請問您是否知道或者同意臺灣地區的歌仔戲、布袋戲（或木偶戲）、傀儡戲等傳統戲曲，是源自於中國大陸閩南地區的當地戲曲呢？」該題目中，僅有 72%（44 位）受訪者知道且同意臺灣戲曲源自大陸閩南地區；但其中不同意（15%，9 位）、其他（13%，8 位）兩

個回覆占超過 28%強,似乎對於臺灣傳統戲曲與大陸閩南地區傳統戲曲的關聯性不是很認同。請詳見下圖。

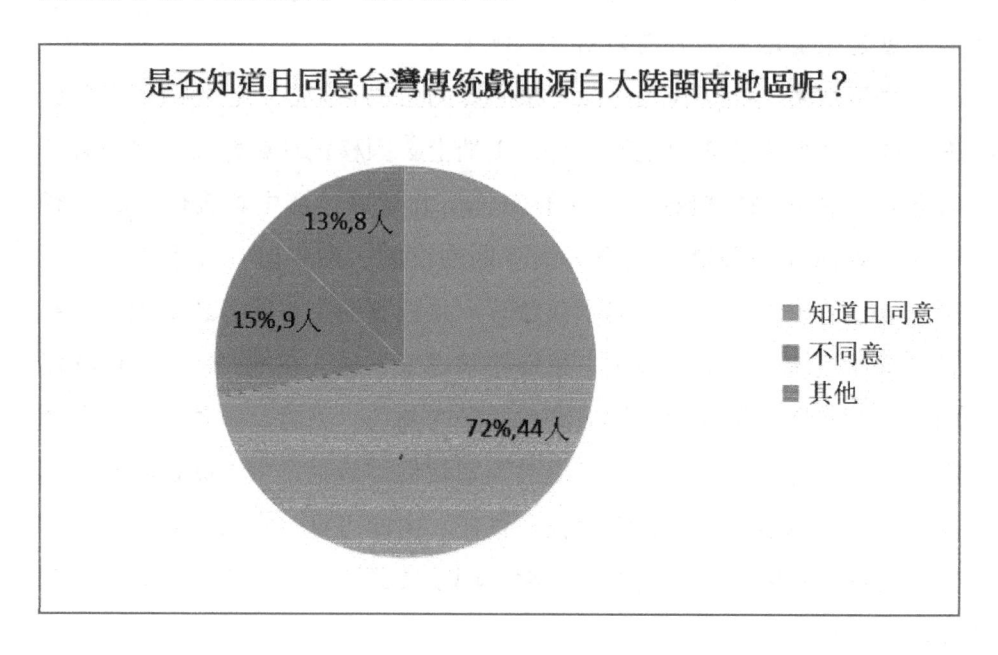

是否知道且同意台灣傳統戲曲源自大陸閩南地區呢?

- 13%,8人
- 15%,9人
- 72%,44人

■ 知道且同意
■ 不同意
■ 其他

若繼續追問這 28%的受訪者,為何不同意?以及有何其他因素不同意臺灣的傳統戲曲與大陸閩南地區傳統戲曲的關聯性不強,再度透過開放式詢問,發現有超過 42%(15 位)受訪者認為,臺灣的傳統戲曲具有原創性、地方性,例如:臺灣歌仔戲、布袋戲根本與閩南地區的歌仔戲、布袋戲截然不同;而有 36%(13 人)則認為,因為兩岸閩南人都是使用閩南語、都是以農耕為主要的族群,所以傳統戲曲只是相似,並非傳承;最後有 22%(8 人)則因為對於傳統戲曲的不了解,所以無法判定,更不清楚傳承或者同源同種的問題。請詳見下圖。

不同意台灣傳統戲曲與閩南地區的關聯性

- 傳統戲曲有原創性、地方性
- 台灣傳統戲曲只是相似，非傳承
- 對傳統戲曲不了解，無法回答

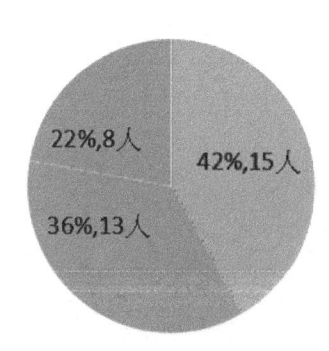

42%,15人
36%,13人
22%,8人

不過，「在您印象中，臺灣地區哪些傳統戲曲來源，臺灣與大陸閩南地區應屬於同源同種的一家人呢？請舉例說明。」該題組中，72%的受訪者中，其中歌仔戲（43%）是首推與大陸閩南地區的歌仔戲應該屬於同源同種，其次則是布袋戲（26%）則是第二位被認定與閩南地區傳統戲曲具有極大關聯性。不過，受訪者在回答歌仔戲或布袋戲時的反應時間比較短，其他的傀儡戲（11%）、皮影戲（13%）與鬥嘴鼓（7%）則花費較多時間去思考，這點跟臺灣目前社會對這些傳統戲曲推廣或保存的力度與商業化程度有關。另外，布袋戲其實商業化程度比歌仔戲更大，但部分受訪認為布袋戲（金光布袋戲）的發展程度，已經不建議歸類成傳統戲曲，所以已經跟閩南地區傳統布袋戲沒有太多的關聯性。請詳見下圖。

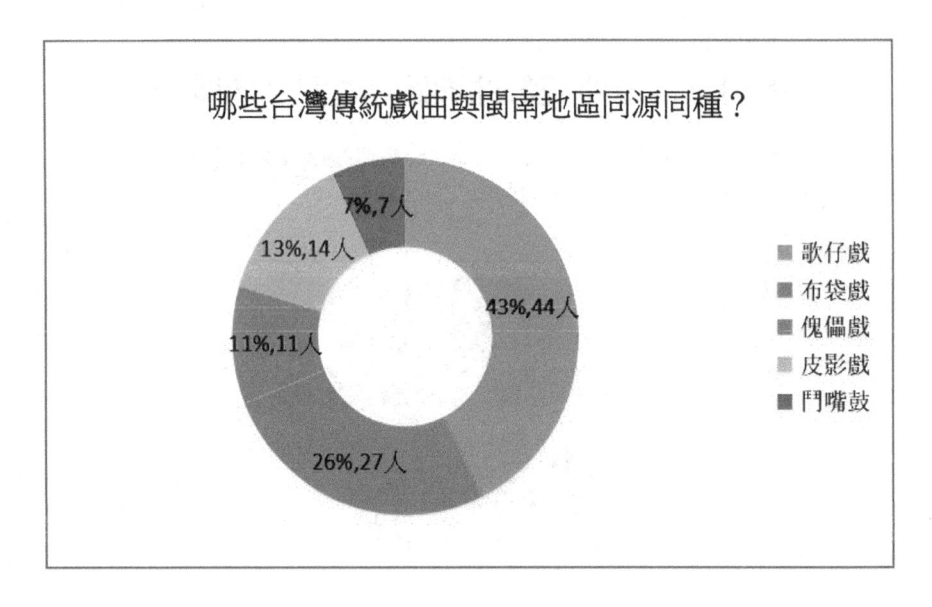

哪些台灣傳統戲曲與閩南地區同源同種？

- 歌仔戲：43%，44人
- 布袋戲：26%，27人
- 傀儡戲：11%，11人
- 皮影戲：13%，14人
- 鬥嘴鼓：7%，7人

最後，「您是如何從從哪裡知道或者感受到兩岸具閩南特色的傳統戲曲，屬於同源同種的呢？」大部分受訪者都是從媒介報導相關內容得知（40%，43位），其次則是參加學術相關研討（22%，23人）與從祖輩或親戚朋友口中得知（22%，23人），最後才是因為曾經到大陸參訪後得知（16%，17位）。

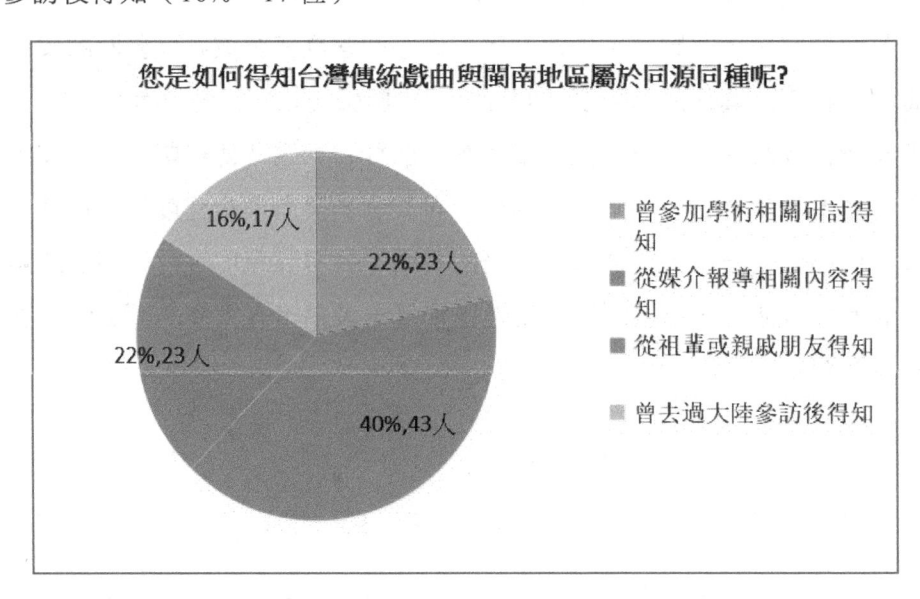

您是如何得知台灣傳統戲曲與閩南地區屬於同源同種呢？

- 曾參加學術相關研討得知：22%，23人
- 從媒介報導相關內容得知：40%，43人
- 從祖輩或親戚朋友得知：22%，23人
- 曾去過大陸參訪後得知：16%，17人

第三節　閩南文化調查結論

　　從歷史角度觀察，臺灣族群及文化歸根究柢是福建的開展和延續。臺灣主要族群及文化既然源自福建地區，其語言、宗教信仰及風俗習慣自然也與福建大致相同，進一步來說，閩南文化可能是增強臺灣同胞對中華文化認同感的主要基石，也是推進兩岸交流合作的紐帶和橋樑。在第二部分焦點團體訪談中，就閩南文化的整體文化、風俗習慣、民間信仰與傳統戲曲等面向的認同上，即便兩岸因政治分峙多年，但從數據上，仍有不低於 70%以上的臺灣地區閩南人，把閩南文化深深地紮根在臺灣民眾精神與物質生活中。從語言、生活習慣到民間習俗、民間信仰、民間藝術、人文性格等，無不帶著濃厚的閩南文化色彩。閩南文化對臺灣地區有著強大的輻射作用，對臺灣同胞仍有著強大的吸引和凝聚作用。

　　臺灣民眾對於閩南文化的意象與認知，至今仍保存高度相似性，雖經歷兩岸長期分治，也各自發展出特色，但兩岸閩南文化的「文化接近性」高度相關，讓本次焦點團體訪談過程中，臺灣民眾對閩南文化的文化認同程度，比在臺灣地區媒介上的表現更加真實。因此，海峽兩岸的交流更應以文化交流為主，尤其以高度相關的閩南文化，透過雙方人民的歷史經驗的分享，以奠定心靈互相了解的基礎。簡言之，兩岸透過文化交流的前提，應該是喚醒過去在兩岸人民內心深處的共同記憶與想像，而這種喚醒是基於兩岸擁有共同的閩南文化，這就是基於文化接近性進行交流。

第四章　研究結論與建議

第一節　研究結論

　　文化是有生命的，不過它必須經由傳播向四周擴散，才能被稱為是有生命的文化。龐志龍提出[25]，根據文化傳播理論，文化的傳播必須要有載體，而在現代社會中，大眾傳媒介入文化傳播完全改變了傳播的單向流通性質，它跨越了時空的限制，加快了文化傳播的速度，縮短了文化交流和更新的週期，並且打破了少數人對文化的壟斷，消除了普通人對文化的神秘感。「認同」，以社會層面來說：是個人以他人或其他團體的觀念、態度、行為模式，作為自己模仿、表同的對象，意即個人經由社會化歷程，歸屬、表同於某一領袖、族群、民族、政黨、國家的心理歷程，因此有族群認同、政黨認同、國家認同等，這是劉阿榮在〈全球在地化與文化認同——臺灣文化認同的轉化〉[26]一文中對於文化認同提出的看法。

　　郭曉川〈文化認同視域下的跨文化交際研究——以美國、歐洲（歐盟）為例〉一文中[27]說明，文化理論家雷蒙・威廉斯（Raymond Williams）認為，人們的社會地位和認同是由其所處環境決定的，文化具有傳遞認同訊息的功能。何平立[28]提到，當一種文化遇到另一種文化

---

[25] 同注 8。

[26] 劉阿榮，〈全球在地化與文化認同——臺灣文化認同的轉化〉[C]，全球在地化趨勢與議題國際學術研討會，元智大學社會暨政策科學系，2017.03。

[27] 郭曉川，〈文化認同視域下的跨文化交際研究〉[D]，上海外國語大學，2012。

[28] 何平立，〈認同政治與政治認同——「第三條道路」與西方社會政治文化變遷〉[J]，江

時,首先遇到的就是「認同」問題,「認同」需要一個建構的過程。在現代社會,文化與認同常結合起來形成特定的文化認同,作為個人或群體界定自我、區分他者、加強彼此同一感、擁有共同文化內涵的群體標誌(符號)。

以兩岸共通的媽祖文化為例,兩岸媽祖文化的傳播推廣和現代傳媒的創意表達,極大說明傳統文化一經與現代傳媒交融互動,有利於兩岸文化交流與閩南文化的保存,這點也從本調查研究中發現,幾乎全部的受訪者都認為臺灣較有名的神祉,都是來自中國大陸,而絕大部分也都來自閩南地區。而受訪者又是從哪裡知道或者感受到兩岸閩南地區的民間信仰的同源同種的呢?絕大部分都是從媒介相關報導得知、曾經在臺灣參加過相關神祉的廟會活動或曾與相關神祉去過大陸參加活動。這些結果都與上述文獻陳述結果相同,文化是有生命的,必須經由人為傳播向四周擴散,才能被稱為是有生命的文化。兩岸媽祖宗教信仰具有極為豐富的宗教故事、史詩神話和民間傳說,均是現代傳媒進行文化創意的絕佳資源和內容支撐。通過現代傳媒的創意表達賦予傳統文化以新的內涵,就有可能激發傳統文化的全新活力,構建具有區域特色的媽祖傳媒文化品牌。這點也與於劉軼、張琰[29]在《中國新時期動漫產業與動漫行銷》一書中提到,文化交流需要找一種最大影響力和最廣覆蓋面的傳播載體,則會形成最具感染力和說服力的全方位話語權。

媽祖文化作為閩南傳統文化之一,透過媽祖文化進行交流,不僅維繫著海峽兩岸在民間信仰間的互動,更因為彼此互動關係良好,逐漸解開長達半個世紀以來兩岸之間的糾結。民間信仰因兩岸文化接近性,也與政治體制與經濟層面的交流不同,確實是有些透過以媽祖文化交流作

淮論壇,2008,230(004):50-56。

[29] 劉軼、張琰,《中國新時期動漫產業與動漫行銷》[M],中國戲劇出版社,2005。

為兩岸之間的潤滑劑，彼此建立互信，並且多一些互動的關係，未來也能夠有效的磨合彼此間政治上的歧見，同時也能夠有效的帶動兩岸經濟的發展。這點似乎與本研究調查結果是相似的。

兩岸分治數十餘載，過程將近四十年未曾有過民間的交流，形成心理與實際的文化隔閡在所難免，但臺灣方面的生活習慣等仍承自中國大陸，仍可算在廣義的中華文化範疇之內，故兩岸的交流可能同時帶有一般的文化交流與跨不同文化的交流特色。人們在物質生產生活過程中形成了文化，文化既包括了人們凝結在各種物質產品上的精神，也包括了人類精神活動的產品。這點也跟兩岸閩南文化特色「文化接近性」相關。除上述民間信仰外，還包括了閩南語（臺語）、家族宗族、生活習慣等。

在本調查研究中發現，「是否知道或同意臺灣的某些重要的生活習慣，是源自於中國大陸閩南地區的生活習慣嗎？」超過 87%（53人），不管其祖輩是否來自閩南地區，都知道且同意兩岸閩南風俗習慣是屬於同源同種。其中飲食習慣、過年過節的氛圍、十二節氣相關、婚喪喜慶都是體現兩岸閩南文化在生活風俗習慣上，是屬於同源同種。而這個印象是媒介曾經報導相關內容，且經過內心自我比對與來自於祖輩或者親戚朋友告知的產生的認知。其實從民間信仰與生活習俗上的調查結果中發現，閩南文化的特殊「文化接近性」似乎有助於臺灣民眾對閩南文化的認同，不過，仍需要透過媒介進行報導傳播，加以過去家中祖父母的告知，方可認同兩岸閩南文化的同源同種。

另外，臺灣地區有不低於 75%的閩南語人口，最符合兩岸閩南人所共有的「文化接近性」，在經過調查結果後發現，仍有超過 77%（965 位）受訪者的自我族群認知，還是屬於閩南族群，而這些自我族群認知，有超過 71%（896 位）來自於父親告知或者其祖籍，這代表目前在臺灣地區，仍還有超過七成認知自己祖籍來自於大陸的閩南地區。

當然，仍有部分來自於媒介告知。這也代表臺灣地區民眾在語言部分，仍認同閩南語（臺語）是來自大陸閩南地區的語言；而且臺灣民眾在日常生活時，仍透過國語夾雜閩南語兩種語言（50%，635 位）進行交談最多，也有超過 51%受訪者很願意透過閩南語（臺語）與他人交流，這與目前臺灣地區多數縣市閩南語（臺語）通行比例最低達 50%差不多。不過，在本次調查研究中發現，本次發現臺灣民眾認定臺灣社會交往的結果指出，現今國語優先比閩南語優先為 1.64：1，該結果相較於 2002 年研究結果（國語優先比閩南語優先為 1.33：1），歷經 20 年後，認為閩南語優先的使用人口愈來愈低，幾乎下降 30%，這點也是臺灣地區相關研究單位所擔心的事情。

此外，在焦點團體訪談中，也詢問受訪者，閩南文化語言、風俗（民間信仰）、生活習慣、傳統戲曲的哪一部分，讓大家能夠比較強烈感受到兩岸閩南文化是屬於同源同種？其調查結果是 36%選擇閩南語言最代表兩岸閩南文化屬於同源同種，其次為 30%的民間信仰、15%風俗習慣，以及 11%家族宗譜，最後則是 8%傳統戲曲。鍾星星《現代文化認同問題研究》論文[30]中提到，文化是人類長期具體的、現實實踐的產物，是人們對物質生產實踐的直接反映。但文化又不僅僅是對現實的直接的反映，還是人們對現實的抽象性總結，反映了人們的理想和追求。因而，對文化的認同包含了雙重意義上的價值，一方面文化認同對人們的現實的生活具有一定的作用，另一方面對文化的認同還反映了人們的現實超越性，即對理想的追求。這點也直接反映到閩南語（臺語）的認同與使用，畢竟臺灣地區過去的「國語運動」，以及近期的「去中國化」，也使臺灣地區民眾不得不對現實生活低頭，但卻還仍保有對於理想的追求。不過，這觀點也驗證閩南文化中在家族血緣、傳統戲曲等

---

[30] 鐘星星，《現代文化認同問題研究》[D]，中共中央黨校，2014。

兩面向的文化認同,卻因臺灣現實環境悄悄的大幅度改變。

在家族血緣部分,超過 87%受訪者清楚自己祖先是來自於中國大陸,64%清楚知道自己祖先來自福建省,僅 39%受訪者明確表示自己祖先來自於閩南地區的廈門、漳州與泉州。清楚自己祖籍的受訪者們,大部分是因清明掃墓時,曾發現先人墓碑上大都清楚指出該祖輩是來自於同安、金浦等閩南地區,或者隴西等其他大陸地區,或者曾被祖父輩、父母所告知等。若相較於為何清楚自己家族來源,從調查結果中發現,也有因家裡與大陸親戚往來（17%）、媒介報導（16%）與從家中生活習慣去推論（12%）等因素,推論自己祖輩來自於中國大陸,這些數據也證明了臺灣地區民眾認同閩南文化或中國文化,還是屬於比較多數。

雖然部分重大政治事件可能會造成一定程度認同變遷,尤其是涉及敏感的身分認同,例如:「太陽花學運事件」、民進黨政府「去中國化」,或香港的「反送中」事件。但,為何在本次調查研究結果發現閩南文化的認同,卻不受重大政治事件影響呢?因為,臺灣地區民眾的中華民族認同是建立在閩南文化之上,可從臺灣社會隨處可見閩南文化的深遠影響,廟宇祭祀、祭祀先祖、歡慶中國傳統節日等,都是源於中國大陸的傳統文化之一。所以,臺灣地區民眾的中華民族認同,因奠基於閩南文化,故並不容易輕易受政治事件的衝擊,而有劇烈的變動[31]。本次調查結果也跟 2019 年臺灣地區民眾國族調查結果是一致的。這種情況某種程度代表,倘若在兩岸交流凍結情況下,閩南文化的特別「文化接近性」仍有可能作為連結兩岸的重要關聯。因此,持續推動兩岸在閩南文化方面的交流,在兩岸凍結的情況下,才有一絲暖流流過,促進兩岸持續交往的可能。

---

[31] 臺灣競爭力論壇學會,2019 臺灣民眾國族認同調查結果,http://www.chinatimes.com/newspapers/20191030000577-260118?chdtv.2019.10.30

不過，在閩南文化中，仍有比較各自獨立、各自發展的部分，那就是傳統戲曲部分。在「是否知道或者同意臺灣地區的傳統戲曲，是源自於中國大陸閩南地區的當地戲曲呢？」，僅有 72%受訪者知道且同意，但有 28%受訪者不認同臺灣傳統戲曲與大陸傳統戲曲的關聯性。不認同原因在於受訪者均認為，臺灣傳統戲曲具有原創、地方性，跟大陸傳統戲曲是相似，非傳承。例如：臺灣歌仔戲為發源於臺灣宜蘭的本土漢文劇種，約產生於臺灣日治時期 1900 年代前後。臺灣歌仔戲正式的雛形為宜蘭本地的落地掃，吸收車鼓弄等元素，慢慢發展成小戲；另外，臺灣的金光布袋戲，從 1950 年代在中南部各地的野臺戲中開始發展。除了在劇情上仍延續劍俠戲時期的武俠內容外，也開始新創劇情及主角。另外，在戲劇之外的表現手法上，金光戲採用華麗的佈景、金光閃閃的戲服，並以燈光或其他特效來增加武打的效果。雖說，布袋戲是中國大陸重要的戲劇之一，於清代中葉由泉州、漳洲、潮洲等地傳至臺灣，離今已有二百多年的歷史，但進入臺灣後，卻因臺灣的政治變遷、經濟發展、外來文化、社會風俗、科技進步等之影響，使得布袋戲在臺灣的發展獨樹一格，甚至產生了相當劇烈的變革，儼然已與中國大陸之布袋戲有很大的不同。這點，跟上述提到，文化認同與人們的現實的生活具有一定的交互作用。

　　文化在兩岸關係發展中始終扮演著重要的角色，並發揮著重要的作用。從臺灣開放民眾赴大陸探親旅遊後，兩岸民眾的探親訪友、尋根謁祖、旅遊觀光、訪問交流等文化交流活動就一直在進行著，從沒停止過。在兩岸和平發展的大背景下，兩岸文化的交流與合作更成長為兩岸交流中重要的一環。兩岸文化交流經過這些年的努力，已經取得了不少的成績，但從總體上看，在文化受眾、文化內容、文化傳播途徑、雙方

交流的密切程度等方面尚存缺失和不足[32]。從本調查研究結果中發現，若要從事文化交流，在受眾與內容上，應該還是要以具高度「文化接近性」的閩南文化內容，以及超過 75%的臺灣閩南人為主。讓兩岸文化交流是一種普世性的物品與狀態，讓文化交流深入到一般老百姓的日常生活中。讓兩岸閩南文化成為一種兩岸的共同經驗，從心裡已經有感，成為普遍接受的範式。

在文化傳播上，應透過方法重塑過去或恢復兩岸對閩南文化的特殊「場域」或者「語境」，再現兩岸在某一個時間（歷史）與空間（地區）上具有共同價值與意義的存在，喚起對中華文化的想像，通過交流慢慢拼湊歷史記憶，透過實踐活動達到兩岸共同傳承歷史，這樣的文化交流，才有機會去建構兩岸對閩南文化的共識。這個共識是屬於兩岸閩南地區人民去定義，而非單一方面的一廂情願。再現的閩南文化，讓文化接近性吸引臺灣民眾體驗參與，透過接觸了解，潛移默化形成文化認同，最後重塑臺灣民眾對閩南文化的感知與意象。

既然，歷史文化同源的提醒有助於提高臺灣民眾的「文化認同」，而本次研究調查也顯示臺灣民眾對於文化接近性高的閩南文化認同度不低，那該如何善用閩南文化去建構兩岸文化認同呢？要建構兩岸文化認同，首先要實現文化融合，透過不斷深化兩岸的交流與合作。文化融合，首先需要實現相互接觸、交流溝通，而文化融合，還需要先認知文化多元、消弭文化隔閡、凝聚文化共識、增進文化認同，最終才能實現文化之間相互吸收、滲透，進而融合。基於文化融合的要求，閩南文化的高度文化接近性，從內涵上，可以加快兩岸文化共同體的構建；從路徑上，也是兩岸閩南人透過閩南文化交流奠定兩岸融合的堅實基礎。也

---

[32] 廖中武、陳必修(2011)，〈和平發展視野下的兩岸文化交流狀況及其前瞻〉，《江蘇省社會主義學院學報》(2)，39-41。

只有透過閩南文化與臺灣民眾不斷地交流，方能事半功倍，可獲得更高的文化認同，並且在文化認同中找到雙方最大的目標，兩岸才能達到真正的融合。

第二節　研究建議

　　文化，具有動態本質，尤其在臺灣地區屬於全媒介社會，文化的形成可能隨時改變，因此在研究臺灣地區民眾對閩南文化認同，雖然不輕易改變，但極有可能會受到其他外力，或者政府政策的影響。此外，文化與世代（年齡）不同，應該會有所差異。世代概念在數據或調查分析上的有效性，不在於指出人們在生物學上的年齡一致或相近，而在於說明他們如何因為處於同一社會的特殊歷史過程，經歷類似的社會變遷力量，因此，會在生活經驗與反應上有某種的共同性，並使他們異於其他世代。一群人年齡相近，至多只是他們共同社會行動的必要條件，而非充分條件[33]。簡言之，本次「臺灣地區民眾對閩南文化認知現況調查」僅是個綜述性研究，屬於橫斷面研究，對於臺灣地區民眾的閩南文化認同，僅能是種概略性的分析與論述。

　　何謂橫斷性研究呢？橫斷性研究（cross-sectional study）常被應用於社會科學，是指在同一段時間內，觀察或實驗比較同一個年齡層或不同年齡層的受試者之心理或生理發展狀況，而社會科學中的橫斷性研究通常以調查法施行，因此也有學者將其歸為調查研究法的應用之一。橫斷性研究被設計來在特定的時間點上，調查研究對象的單一或多個行為

---

[33] 蕭阿勤，〈世代認同與歷史敘事：臺灣一九七〇年代「回歸現實」世代的形成〉[J]，《臺灣社會學》，2005。

或現象，例如：蓋洛普民意測驗（Gallup poll）即為典型的橫斷性研究。這樣的橫斷性研究，確實無法深入對臺灣地區民眾對閩南文化認知的研究。若能採用縱貫性研究，可能是較佳的研究途徑。

縱貫性研究（longitudinal research 或 longitudinal study），或稱長期性研究，係對一群研究對象進行長時間觀察或搜集資料的研究方式，主要為探討研究對象在不同時期的演變，目前已越來越普遍用於測量變化及解釋因果等研究。縱貫性研究的資料往往涵蓋多個時間點，在某些研究議題上，分析的資料甚至橫跨數十年。相對於橫斷性研究，縱貫性研究可以觀察事件發生時間的順序，探討隨時間變化的變項，特別有助於掌握社會變化。其中不管是時間序列研究（time-series research）、追蹤研究（panel study）或者世代研究（cohort study），都是較長時間去搜集數據，再加以比較。其中時間序列研究係指研究者每隔一段時間即搜集一次相同的橫斷面樣本資料，藉此了解這些資料在不同時間上所呈現的差異；追蹤研究則是在不同時間點針對相同人群或樣本進行橫斷面資料搜集。世代研究與追蹤研究相似，但主要針對在某特定時間有相似生命經驗的人群進行長時間研究，故研究樣本不一定是完全相同的一群人。世代研究屬宏觀分析，其重視的是整個世代或類型的特徵，而非特定的個人，故研究時必須先清楚定義哪些人擁有相同的生命經驗。

「臺灣地區民眾對閩南文化認知現況調查」應該屬於宏觀性分析研究，因此若在經費、時間與研究人力允許下，建議應該持續進行臺灣地區民眾對閩南文化認知調查，並針對不同世代、不同地理區域等變項加以交叉分析；並在不同重大事件時，進行追蹤調查，方可能更能精準地描繪臺灣地區民眾對閩南文化的真正認知狀態，這才是本研究的最後目標。

不過，這次「臺灣地區民眾對閩南文化認知現況調查」更可明顯的發現，閩南文化中的閩南語、民間信仰、風俗習慣等兩岸共有的閩南文

化共同經驗，還是兩岸文化交流最主要的繫帶，臺灣民眾大部分的日常生活，即便在兩岸政治因素不同下，還是一如往常的支持閩南文化。不過，在如何增進兩岸在閩南文化交流上，依據本研究結果，有下列兩點較具體的建議：

一、須持續增加對臺灣地區民眾對閩南文化認同各種面向的數據統計：除長時間追蹤調查外，文化認同的面向很多，更應該細化。可以從不同地理區域（北中、南、東，或者細到臺灣地區各種不同縣市）、不同文化傳承（閩南建築、閩南戲曲、閩南非物質遺產）等面向進行更科學的調研與搜集，才能更清楚了解兩岸在閩南文化的共識與交集為何？斷不可能僅憑藉媒介或者政治面向的判斷，而決定了兩岸閩南文化的交流方向。

二、除青少年體驗式交流外，更應持續強化對那些仍對閩南文化有強烈認同的民眾進行交流：目前大陸在臺灣地區青少年對於閩南文化的認同與體驗上持續強化作為，但因為臺灣地區青少年在臺灣地區政治干預與媒介偏頗報導的情形下，對於大陸在文化交流的活動與政策上，頗多抵抗與刻板印象，對於臺灣青少年的閩南文化認同之路，多所障礙。但，卻忽略了對於那些仍對閩南文化有強烈認同的民眾，例如：銀髮族或者少數閩南文化傳承者。為何仍需要對這些族群進行強化交流呢？仍有幾點理由：

1. 臺灣地區對於傳統美德仍保持完整，例如：孝道。如果可以透過這些青少年的父母祖輩們的努力與教導，似乎會比透過活動交流與媒介宣傳更有效果。即便在目前社會，青少年有其自己的想法，但是有其父母祖輩的言教身教，似乎可以在這些青少年心中留下閩南文化的某些文化記憶。

2. 目前閩南文化在臺灣地區僅停留於有，但沒有人去大力推廣：文化傳播不應該從上到下，而是由下到上，更有效果。如果這

些銀髮族或者少數閩南文化傳承者願意主動去推廣、宣傳閩南文化的特質與傳承，不會去在意臺灣地區政治干預，甚至可以激發那些沉默的少數大眾站出來發聲與參與，似乎更可將兩岸閩南文化的交集上有更多的幫助。如何多元去增加與強化兩岸交流，似乎也是本調查研究的最終目標。

▪第二部分▪

兩岸閩南文化交流對臺灣年輕人文化認同影響之研究

第一章　文化認同是第三條路

第二章　專案緣起

第三章　專案內容

第四章　第一階段：從文化接近性詮釋臺灣青少年對閩南文化認同現況調查

第五章　第二階段：體驗交流對臺灣青少年閩南文化認同影響之研究

第六章　發現、結論與建議

第一章　文化認同是第三條路

　　自 90 年代中期以來,中國大陸經濟發展迅猛,如今已成為世界第二大經濟體。面對這樣的中國大陸,世界上許多國家和地區無不以搭上其經濟快速發展的列車為目標,積極主動擴大與其經貿聯繫。歐美乃至韓國等國家對中國大陸投資就以市場佔領為著眼點,大陸的巨大市場也成為臺商不可忽視的重要因素。學界對兩岸經貿合作機制的研究始於 80 年代初,先後經歷了兩次研究高潮:第一次是 80 年代初至 90 年代中期,該時期討論重點在於提出多種兩岸可能的合作機制與模式;第二次是兩岸分別加入 WTO 之後,學術界再次掀起了研究兩岸經貿合作機制的熱潮。由於歷史原因,兩岸間政治分歧長期存在,但為了兩岸經貿關係的持續快速發展,兩岸經貿一貫希望秉持務實精神來推動經貿往來正常化,透過經貿交流帶動兩岸融合。

　　近年「歐洲聯盟」(European Union, EU)(簡稱歐盟)擴展迅速,已包括了 27 個國家在內,促成歐盟最主要的理論之一即是「新區域主義」。「新區域主義」說明了推動區域整合的動力,不單純是來自經濟整合的「擴散效應」(spill-over effect),更是來自各國的「政治企業家」一種由上而下的創議,故部分學者認為,新區域整合是一種「回歸政治」的行動,而新的區域體亦如民族國家,是一個「想像的共同體」[34]同樣地,臺灣學者魏鏞也提出「聯鎖社群」的觀點來說明經貿交流的重要性,他所指的聯鎖社群,乃是一個體系內的某一群人與另一

---

[34] Bjorn Hettne, "The New Regionalism Revisited." In Fredrik Soderbaum and Timothy Shaw (eds.), Theories of New Regionalism: A Palgrave Reader(London: Palgrave Macmillan, 2003), p.28.

個體系的人民及社群有廣泛的接觸，導致彼此發展出相當程度的了解與情感，而赴大陸投資的臺商所形成的社群就是聯鎖社群。透過該觀點，臺商乃是一個多體系國家內一方（臺灣）的人民，由於投資與經商關係前往另一方（大陸），而與當地人民與社群廣泛接觸，導致臺商跨越體系界線與對方體系的人民及社會發展出相當深入的了解與感情；另外，這群臺商不僅跨界與對方社群頻繁接觸，並且也能夠與臺灣政治體系內的人民密切聯繫。[35]

不過，儘管兩岸各種關係中經貿關係發展較快，但這一關係發展也並不是一帆風順或者特別有用。在 2008 年馬英九上臺提出政治上擱置爭議、經濟上追求雙贏，以務實的精神促進經貿交流，推動經貿往來朝向正常化方向前進之前，兩岸經貿關係經歷了八次較大的干擾，前七次是臺灣當局主導的對大陸經貿熱進行的降溫行動，即是發生在 2014 年 3、4 月間的所謂反服貿學生運動，該次運動以「學生運動」的名義，實質是對兩岸經貿關係往更深度發展的踩剎車行動，其影響所及遠遠超出了經貿範疇。對兩岸如何邁向統一而言，兩岸都期盼通過緊密的經貿交流，實現互利互惠，拉近雙方的政治距離，消弭政治差異。[36]2014 年 3 月的「太陽花」學運，強佔立法院，並抗議其審議《海峽兩岸服務貿易協定》，卻讓兩岸經濟社會互動陷入僵局，交流形勢急轉直下，迄今尚未恢復。

根據下表數據發現[37]，縱觀過往十餘載，臺灣民眾對兩岸經貿交流

---

[35] 魏鏞，〈邁向民族內共同體：臺海兩岸互動模式之建構、發展與檢驗〉[J]，《臺灣：中國大陸研究》，第 45 卷 5 期，2002 年 9 月，p17-18。

[36] 陳瑋、耿曙，〈經貿整合、利益認知與政治立場：臺灣民眾兩岸經貿態度的動態分析 (2004-2016)〉[J]，《臺灣研究集刊》，2019(02):1-12。

[37] 數據來源：「兩岸關係和國家安全民意調查」(2004、2008、2012)，主持人：牛銘實與 https://sites.duke.edu/pass/data/ ；「人格特質與政治態度和參與調查」(2016)，主持人：蔡佳泓。

的態度呈現穩定且變化不大，這點對於強化兩岸經貿交流將促進兩岸統合的願景，給於過度的美好。此外，馬英九上臺後，臺灣民眾質疑兩岸經貿且認為應降低開放交流在 2008 年僅有 22%，但 2012 年卻驟然上升到 35.81%。為何馬英九上臺後高喊「擱置爭議、追求雙贏」同時，卻不到 4 年時間，臺灣民意就從普遍歡迎經貿開放，迅速滑向疑慮，甚至引發 2014 年的抗議事件？更吊詭的是，2016 年原本在 2012 年上升的質疑態度比例再度降低，但當時卻是蔡英文上臺期間。而臺灣民眾態度傾向，卻沒有明顯的反對，只是重新停留在 2008 年馬英九上臺時的原點。為究竟為何因素讓兩岸經貿關係的發展呈現出斷斷續續的不穩定與不平衡狀態呢？部分學者認為，民間企業聯繫與發展是帶動兩岸經貿發展最為關鍵的一環，並且為兩岸關係的發展提供源源不斷的動力。因此，兩岸政府似乎應該繼續以經貿交流為主導，進一步激發民間企業的活力，在挖掘原有合作領域深度的同時，加強擴大兩岸經貿交流的廣度[38]。這樣的說法，正確嗎？

時間（年）	2004	2008	2012	2016
降低兩岸經貿	28.23%（419）	22.31%（240）	35.81%（385）	20.22%（216）
無明顯立場	24.20%（359）	21.79%（234）	22.83%（245）	24.64%（263）
加強兩岸經貿	47.57%（706）	55.90%（602）	41.36%（445）	55.14%（590）
總觀察值（個案）	1,484	1,076	1,075	1,069

兩岸的經貿交流，離不開政治與「一中原則」，而「一中原則」已成為發展兩岸關係中一個無法被人忽略的事實，而此一事實並非一「確

---

[38] 謝瑞明(Jui-Ming Hsieh)，〈兩岸經貿關係發展之研究〉[J]，《中華行政學報》2011(9)：91-110。

切不移」的存在，而是「受到內外相關政經網路的制約」的產物；換言之，「一中原則」在兩岸之間，乃是兩岸「持著不同立場者，在實踐中互相覺察彼此處境，並透過交互主觀形成彼此的共用觀念」；再加上臺商本身的公民身分與其本身與臺灣群族內部對國家認同環境的關係，導致臺灣內部的「國家認同」環境影響了臺商的認同，進而影響臺商的「國家認同」[39]。有關臺商「國家認同」相關文獻，可從臺灣銘傳大學在職班就讀的臺商吳賢卿，透過學術調查，對於上海一帶臺商的生活方式與情感認同，作了初步統計分析。據吳賢卿的調查[40]，在大陸，臺商生活孤獨幾乎是常態，臺商交往的對象七成八是臺灣人，這與《遠見雜誌》在 2003 年委託大陸的徵信公司在大上海地區所做調查的結果幾乎完全相同；吳賢卿的調查並顯示，在大陸經商的臺商儘管基於經商所需或有遷居大陸者，臺商仍以「以臺灣為家者」占多數（51%），「兩邊都有家」的則居次（34.3%），其餘不到 15%的臺商「以大陸為家」；此外，據一位大陸臺商表示，「其實商人是無國界的，什麼地方成本低就去什麼地方，就算愛國，也不是拿生意來愛國，我可以賺了錢再捐出去，但不能說因為愛國，明明大陸成本便宜，我還是要在臺灣做[41]。」

當數據證明兩岸經貿交流熱烈與否不會影響民眾對大陸的認同與否，加上從文獻的調查結果中，也顯示出臺商本質與兩岸統合並無直接相關時，發現臺灣非但不能從兩岸經貿關係中獲得比其他國家和地區更多的利益，「一中原則」的緊箍咒還使臺灣經濟在對兩岸經貿往來的種種限制中開始了「自我邊緣化」的進程。儘管兩岸的經濟體量不同，但

---

[39] 衛民(Min Wei)，〈「一中原則」與大陸臺商國家認同之芻探〉[J]，《聯大學報》，2011，8(1)：25-49。

[40] 吳賢卿，《新歡與舊愛：大上海臺商認同轉移之研究》[D]，臺北：銘傳大學國際發展研究所碩專班碩士論文，2004。

[41] 同注 7。

只要兩岸經貿關係發展仍存在相當多的障礙,其發展仍處於不平衡、不對稱與不公平的狀態,更遑論透過兩岸經貿縮短兩岸統合的可能期程,這點似乎是想像的美好。

近年來,即便在政治、經濟交流上並未讓臺灣同胞堅定認同「一中原則」,但中國大陸單方面卻從未放棄全面推進對臺灣工作理論和實踐創新,牢牢把握兩岸關係主導權和主動權,致力維護臺海和平穩定,扎實推進下的統一進程。不僅推動兩岸領導人首次會晤、直接對話溝通,將兩岸交流互動提升到新高度,更讓在大陸臺胞逐步享受同等待遇和發展機遇,踐行「兩岸一家親」的理念,以兩岸同胞福祉為依歸,推動兩岸關係和平發展、融合發展,完善促進兩岸交流合作、保障臺灣同胞福祉的制度安排和政策措施,實行卡式臺胞證,實現福建向金門供水,製發臺灣居民居住證,逐步為臺灣同胞在大陸學習、創業、就業、生活提供同等待遇,持續率先同臺灣同胞分享大陸發展機遇。並且在兩岸貿易和臺商對大陸投資也顯著增長,大陸穩居臺灣地區最大出口市場、最大貿易順差來源地、臺商島外投資第一大目的地。即便在疫情時期,仍堅持兩岸人員往來和各界交流持續擴大。推動兩岸各領域交流合作和人員往來走深走實,舉辦海峽論壇、上海臺北城市論壇、海峽青年論壇等一系列兩岸交流活動,保持了兩岸同胞交流合作的發展態勢。這些作法並不完全是符合政治、經濟利益,仍有部分屬於踐行「兩岸一家親」的理念,保障臺灣同胞福祉的制度安排和政策措施,逐步為臺灣同胞在大陸學習、創業、就業、生活提供同等待遇,以期待用相等國民待遇,加上讓臺灣同胞可以在大陸安居樂業,用環境與文化的力量去驅使臺灣民眾對於「一中原則」的認同。

2015 年 5 月 4 日,習近平在會見國民黨主席朱立倫率領的中國國民黨大陸訪問團時指出:「兩岸同胞要以心相交、尊重差異、增進理解,不斷增強民族認同、文化認同、國家認同。」由此可見,增強文化

認同，共建兩岸共同的精神家園，實現兩岸國家價值觀的重塑，增進心靈契合，正式促進兩岸和平發展的重要根基與第三條路。和平與發展是兩岸人民的共同期待和美好願景，然而由於臺灣問題的複雜性以及臺灣政治社會的不確定性，兩岸關係存在一定的變數，且具有長期性。增強兩岸關係，亟需從文化溝通交流的維度入手，以文化領域的深度交流和互相理解來規避政治上的分歧，進而彌合文化之間的差異與裂痕，從而實現兩岸「命運共同體」的價值再造。[42]臺灣文化是中華文化的重要組成部分，海峽兩岸文化同宗同源。由於歷史和現實原因，海峽兩岸分離，導致兩岸文化存在差異性。基於和平與發展的共同願景以及「命運共同體」的價值旨歸，有必要對兩岸文化同一性和差異性進行梳理，深入剖析海峽兩岸文化認同所面臨的困境。兩岸文化認同需以政治交流為主線、以經貿往來為基礎、以文化交流為重點、以民間交流為關鍵、以「文化台獨」為靶心，進一步激發兩岸文化交流的正能量，為實現中華民族和平統一大業厚實根基。

　　文化認同是民族認同的基礎，是創造民族認同的必要條件[43]。文化是一個國家、一個民族存在和發展的基礎，任何民族都不能離開文化而存在，民族認同通過語言、宗教、圖騰崇拜、神話史詩、節日習俗等一系列的文化要素表現出來。臺灣文化源於大陸，在語言文字、哲學理念、宗教信仰、風俗習慣等方面與中華傳統文化高度一致。臺灣和中國大陸，歷來都使用共同的漢字和語言。臺灣的漢字，無論是筆劃筆順還是字形字音都和大陸一樣，唯一的區別在於臺灣還是沿用古老的繁體漢字。臺灣所謂的「國語」其實就是大陸的普通話，而閩南語、客家話等臺灣的民間語言，則是由大陸的福建閩南和廣東潮州、梅縣等地區傳播

---

[42] 陳文華，〈海峽兩岸文化認同的現實考量與因應之策〉[J]，《福建江夏學院學報》，2017.12:7(6)。

[43] 劉相平，〈兩岸認同之基本要素及達成路徑探析〉[J]，《臺灣研究》，2011(1)。

到臺灣島內的。在哲學理念方面，作為中華文化最重要組成部分的儒家學說在 17 世紀傳入臺灣，並通過書院、詩社、文學社等途徑進行儒學教育，灌輸儒家思想，最終確立了儒學在臺灣的正統地位。在宗教信仰方面，臺灣和大陸閩南地區一樣信奉媽祖、開漳聖王、保生大帝等福建本土的神仙。在風俗習慣方面，臺灣保持著和福建、廣東等地相同的節日習俗、飲食習慣，以及婚喪嫁娶、祭祀祖先等各種禮儀。[44]

臺灣文化無論在語言文字、哲學理念，還是在宗教信仰、風俗習慣等方面都與中華傳統文化保持高度一致，臺灣文化和大陸文化都是中華文化不可分割的組成部分。因此，就這一層面而言，海峽兩岸幾乎不存在所謂文化認同問題。然而，由於近代以來兩岸不同的發展軌跡，兩岸文化逐漸出現差異，在文化認同上存在一定的差異性，這也是不爭的事實。總體來看，海峽兩岸文化認同中的同一性還是大於差異性，兩岸文化認同中「樹枝型」的「差異性」，也是海峽兩岸必須正視並共同尋求解決的。海峽兩岸人民同根同源、同文同種，兩岸文化交流大有文章可做，更是促進和平統一大業早日實現的最可貴因素之一。必須看到，文化交流是實現海峽兩岸人民文化認同和共用文化傳統的重要方式。全球化的滲入，「美國因素」「日本因素」在臺灣文化中的「不甘退卻」，給海峽兩岸文化認同帶來負面影響。

因此，須以中華民族文化或者閩南文化作為兩岸交流發展的紐帶，不斷創新文化交流與體驗的模式，舉辦諸如族譜文化、民俗文化、祭祀文化等兩岸人民共同參加的傳統閩南文化活動。同時，在教育交流和學術交流上不斷深化，讓海峽兩岸人民共同體驗、體悟中華民族傳統文化的魅力，進而增強對中華民族文化的歸屬感和自豪感，這就是以文化接

---

[44] 劉克曼，盧梭，〈以文化認同促進臺灣民眾的民族認同和國家認同〉[J]，《廣東省社會主義學院學報》，2014(4):71-75。

近性所創造的體驗式交流。[45]此外，要積極利用互聯網平臺與新媒體客戶端，加大兩岸一家親宣傳力度，以更多優秀文化作品來充實文化交流內容，創造更多屬於閩南文化的文化場域與語境，切實改善兩岸文化交流的效果，真正打開臺灣人民了解大陸的「窗口」，從而有力促進兩岸人民文化認同的深化。

兩岸交流最好儘量避開政治因素，不要僅依賴兩岸的貿易與經濟發展，憑藉著海峽兩岸文化同宗同源，同屬於中華文化大家庭，而且在兩岸閩南文化高度的文化接近性特點下，如何增加臺灣民眾對閩南文化、中華文化的認同，已經成為兩岸關係目前可能最好的終南捷徑，是政治、經濟交流之外的第三條路。海峽兩岸分離是既成事實也是現況，兩岸關係 70 年來，從交戰到交流、從對峙到對話、從隔絕到往來，有明爭暗鬥、有敵視對峙、有緊張僵滯、有和平發展。在各種狀態都經歷過後，兩岸各方應該都有深切感受和明確認知，兩岸關係的發展，適合發展更深層、更起作用的內在動力，這就是文化。所以，實現兩岸和平統一的強大基礎是促進文化認同，通過文化認同來加深臺灣人民的文化歸屬感和自豪感，進而在情感上、行動上促進文化自覺。這也正是本研究專案期待透過閩南文化接近性，透過體驗式交流，促進臺灣地區民眾的文化自覺，進而對閩南文化與中華文化的認同強化，進而身分認同、集體認同，最後國族認同。

海峽兩岸的文化本就所屬同源，同樣繼承了中國傳統優秀文化，只是兩岸閩南文化在原有的基礎之上不斷的被繼承和發展，形成了現在的地域文化。通過海峽兩岸閩南文化的接近性，可以充分的對兩個區域的文化傳播與交流進行闡釋，進而減少文化落差等因素所帶來的文化折扣

---

[45] 袁曙霞，〈兩岸文化大交流對臺灣同胞認同的影響研究〉[J]，《貴州師範學院學報》，2011(10)。

障礙。因此兩岸同胞可以以「趨近」的閩南文化為媒介，使彼此雙方感受閩南文化內涵從而產生親近感和認同感，進而不斷加深加廣海峽兩岸的交流與認同。閩南文化的文化接近性為構建兩岸同胞的文化認同，促進兩岸關係和諧發展提供了更多的可能。習近平在講話中強調，「實現同胞心靈契合，增進和平統一認同。國家之魂，文以化之，文以鑄之。兩岸同胞同根同源、同文同種，中華文化是兩岸同胞心靈的根脈和歸屬。」[46]因此在促進兩岸關係和諧發展、國家統一的過程中，我們要以中華文化鑄造認同之路，建構兩岸文化共同體，逐步打破「臺灣命運共同體」狹隘意識，建立「兩岸命運共同體」價值追求。閩南文化是閩臺交流的共用文化，憑藉語言、信仰、宗族、風俗等方面的文化接近性，將成為構建兩岸文化認同、構築兩岸同胞心靈契合的基礎。未來以閩南文化為依託，加深兩岸交流和資源共用，有意識的推動兩岸語言深度融合，構建具有兩岸特色的文化認同，塑造民族認同，最後強化國家認同，實現真正意義上的國家統一。

---

[46] 新華社《習近平主席出席《告臺灣同胞書》紀念會並講話：兩岸同胞要共同傳承中華優秀傳統文化》，《法音》，2019 年第 1 期。

第二章　專案緣起

第一節　兩岸的文化接近性

　　文化研究學者 Hall（1990）強調，文化認同的思考模式至少有兩種詮釋，一種是視文化認同為聚合共用某一特定歷史、文化的族群，反映出共同的歷史經驗與文化符碼，使族群成為單一特有的民族（one people），具有不變持久的意涵，這點是閩南文化形成的主因。而另一種文化認同的定義，不從相似（sameness）來看認同的意義，反從差異來定義文化認同，指出透過差異的政治（politics of difference），建構我們所認知的自我，認同提供我們在眾多不同的立場中站駐我們的位置，思考在歷史的轉變中「我們已經變成什麼？」（what we have become）的認同問題，而非「我們是什麼？」的問題。這種定義則充分對兩岸對閩南文化產生認同差異提出解釋。這些差異源自於不同環境影響，產出不同政策與文化內涵，而有閩南文化與閩臺文化的些微變異。

　　兩岸雖有許多文化交流，但部分存在政治目的，能否促進兩岸文化合作與身分認同，雖然大多數研究仍然主張交流接觸具有正面效應，但其效果仍然無法彰顯。另外，臺灣學者楊開煌認為：「臺灣民眾對大陸的原始印象都是負面的，這些負面事實，似乎很多來自媒體報導，和臺灣地區政府的政治社會化內容方向上相對一致。而這些現況，都導致臺灣民眾對文化認同的主體性是被建構的，是一個變成什麼（becoming）的議題，而非單純的「我是誰」（being）的主體性問

題。換言之，過去在身體印記上所認同的傳統、歷史、文化、記憶等，不僅是相似的聚合，更是差異的政治，不是穩固不變的，而是可能隨著所感知的社會經驗而有所改變。這點在隔海相望最近的閩南地區，其文化接近性，在分峙多年的臺海兩岸間，更有明顯例子與證據。例如：臺灣特定立場政黨上臺執政後，就採取的文化手段化約成「文化根源的斷鏈」。談及閩南文化時，直接將閩南文化轉化為「臺灣獨有的文化」，如閩南語——源自閩南地區的地方方言被刻意稱為「臺語」，從生活中常用的「語言」面開始進行文化斷鏈，避談臺灣主要的閩南文化之根源。潘峰[47]指出，臺灣「閩臺文化」與大陸地區「閩南文化」可能就本質來說，在文化同源沒有顯著的差異，但由於兩岸經歷分治數十載，「閩」之於「臺」某種程度可能有「外」的成分。

不過，閩南文化可說是種特殊文化形成的標誌，其中包括：獨特的語言、獨特的風俗與共同的信仰，不容易被輕易改變變動。從區域來說，包括廈、漳、泉、臺灣與海外地區，以閩南方言為主的區域文化，它既是中國傳統文化重要組成部分，更富有鮮明的區域文化特色。因此，即便臺灣地區有明顯政治因素介入，利用「文化根源的斷鏈」因素去切割文化一致性，但閩南文化那種深植人心的生活習慣與宗教信仰，卻仍舊被兩岸民眾所認同與保留。換句話說，閩南文化仍舊是兩岸比較接近的文化，其中包含語言、習俗、宗教等，將過去兩岸人民彼此身體上的印記，彼此間的認同傳統、歷史、文化、記憶，均在閩南文化中被保存。所以，閩南文化可謂是一個具有歷史連續性的文化共同體，同時也是一個地緣、血緣共同體。閩南文化的特性，將兩岸民眾各種認同融合其中，並且最大化避免了因非文化因素產生的相異特性而發生的矛盾

---

[47] 潘峰，〈閩臺合作專案下赴臺交換生的文化認同——基於個體——群體的整合視角〉[J]，《臺灣研究》，2017(4):9。

甚至衝突。

目前臺灣人口的族群比例依照臺灣地區「行政院《國情簡介》」網頁的說明，以漢人為最大族群，約占總人口 97%，其他 2%為 16 族的臺灣原住民族，另外 1%包括來自中國大陸的少數民族、大陸港澳配偶及外籍配偶。在漢人族群中，閩南人約占 77%，客家人和外省人各約 10%[48]。所以，海峽兩岸基本上同文同種是無可否認的事實，同時，無論是血緣根脈或文化傳承，如語言使用和風俗習慣，臺灣和福建閩南地區的連結都特深厚。長久以來，以閩南方言為語言載體的閩南文化始終保存古漢語精髓，成為連接海峽兩岸人民情感的重要橋樑。因有共通的閩南方言，閩臺兩地使用閩南方言進行傳播的南音、梨園戲、高甲戲、歌仔戲、民間「講古」、提線木偶和布袋戲等等藝術形式，才始終保持著長久不衰的生命力和傳統文化底蘊。從兩岸閩南人所使用的閩南方言中，我們可以看到，承載於閩南方言之上的閩臺文化豐富而多元，是閩臺兩地人民日常生活智慧的結晶，也是閩臺兩地建立良性溝通和穩固關係的媒介，具有豐富而獨特的文化風貌和內涵[49]。

閩南語是閩南文化的載體，對發展閩南文化具有重要意義，由於過去臺灣地區整個社會過分推廣普通話，閩南語有漸漸衰微的趨勢。另外，兩岸間的交流，包括各種領域，除了最早開啟的經貿往來之外，還有文化、學術、教育等領域的交流，這些交流有許多是由民間推動，少了官方色彩，比較容易擺脫束縛，接上地氣。兩岸自開放探親以來，兩岸試著用民間交流的方式，讓分治數十載的兩岸人民開始相互了解，官方互動敏感而牽涉甚廣，從雙方社會（民間）率先交流，有助於日後兩岸的和平發展，文化方面的交流亦是由此開展。臺灣自有史

---

[48] 「臺灣地區行政院」，國情簡介 https://www.ey.gov.tw/state/99B2E89521FC31E1/2820610c-e97f-4d33-aa1e-e7b15222e45a。上網檢視日期：2020 年 8 月 24 日。

[49] 劉桂茹，〈以閩南文化為載體開拓兩岸交流新局面〉[J]，《學術評論》，2016(1):6。

記載以來，便為廣納多元文化之地。從區域來說，臺灣的移民多從閩南地區移入，相當大程度的受閩南文化影響，閩南文化在臺灣幾乎無處不在，包括語言、習俗、宗教等，這就使得臺灣和閩南地區產生了「文化接近性」（cultural proximity）的連結。如閩南語即為臺灣人民（尤其是臺灣南部）日常生活溝通常用的方言，抑或是南部仍舊保存完整的閩式傳統建築，實實在在的展現出已被內化於臺灣整體的閩南基因。

　　文化交流是軟性的、互相理解的，甚為一種雙向且隱性的訊息交流。在兩岸受政治力影響而緊張情勢有所升高的情況下，如果能夠透過強化文化交流促進兩岸人民相互理解，乃至於願意為保存兩岸共用之傳統文化（即閩南文化）共同努力，多少可以減輕兩岸民間的敵意，成為避免兩岸政府政治對抗升高的緩衝。從歷史角度來看，由於臺灣和閩南地區擁有語言、習俗和宗教信仰上頗多共同元素，在文化接近性的基礎上，開展閩南地區的文化交流活動，應該會有助於參加過活動的臺灣民眾增強「兩岸一家親」的文化認同感[50]。施懿琳《閩南文化概論》所述，兩岸關係發展研究以文化交流、族系語言及宗族聚落背景狀況，及文學、戲劇、教育、宗教信仰、風俗習慣、飲食文化、工藝技術及建築特色等等，說明臺灣與大陸地區互動及流通具體。如潘峰《兩岸同根同源的文化展演研究：以臺灣民俗村和閩臺緣博物館為例》[51]一書，書中指出臺灣的「閩南文化」與大陸地區的「閩南文化」就本質來說，在文化同源沒有顯著的差異，舉閩臺緣博物館和臺灣民俗村來說，前述兩者在兩岸關係的糾結中，將閩南地方的文化知識、建築、文物展示暨陳列關聯在一起，將相遙望的海峽兩岸牽在一起，其建築物、搜藏品、研究

---

[50] 陳建安，〈從文化接近性到文化認同建構兩岸文化共識〉[J]，《臺灣：區域與文化研究》，2020:1(2)。

[51] 潘峰，《兩岸同根同源的文化展演研究：以臺灣民俗村和閩臺緣博物館為例》[M]，九州出版社，2011。

與展示宣傳教育可以說是一種相揉合的思考方式，因而兩岸間有著明顯相同之處。

但由於兩岸經歷分治數十載，「閩」之於「臺」某種程度可能也有了「外」的成分；臺灣本身又由於特殊的歷史因素，臺灣的文化素有多元文化融合的影子，特別是歷經近代日本殖民的影響最深，故臺灣早已形成特有的「閩南文化」。然而因歷史的環境而有所改變，但以臺灣目前的經驗來看的話，移民社會的文化淵源、社會組織型態的轉型、海洋文化的移植這三個因素來說的話，臺灣與大陸地區的關係有著當地特有的文化與環境的結合，更呈現出多元的面貌。文化接近性（Cultural Proximity）是經常被用來研究跨國文化流動的概念之一，不過，「文化接近性」一詞大多使用在傳播學領域，在美國學者斯特勞哈爾（Joseph D.Straubhaar）於 2009 年發表《超越媒介帝國主義：不對稱交互依賴與文化接近性》論文[52]後，被廣泛的應用。「文化接近性」認為，地方的閱聽眾（或可引申為文化的接收眾）基於對本地文化、語言等環境的熟悉，較易傾向於接受與該文化、語言、風俗習慣接近的事物──這通常是指電視節目。美國學者斯特勞哈爾（Joseph D.Straubhaar）這樣描述：「雖然先前認為美國電視節目因具有一種『萬國性』（cosmopolitan），但觀眾仍偏愛那些和本身語言、文化、歷史、宗教價值較為接近的電視節目，因這些節目更具文化鄰近性和能力。」證明「文化接近性」在國際傳播過程中影響，以及全球化下的趨勢仍存在「區域化」現象。

張軒豪《本土化產業的全球化──以霹靂木偶戲為例》[53]的碩士論

---

[52] Straubhaar, J. D. (1991). Beyond media imperialism: Asymmetrical interdependence and cultural proximity. Critical Studies in Mass Communication, 8(1), 39-59.

[53] 張軒豪，《本土化產業的全球化──以霹靂木偶戲為例》[D]，臺灣：交通大學傳播研究所，2004。

文研究中發現，在臺灣本土文化霹靂木偶戲邁向海外的過程中，本土的文化奇妙的具有外來特質，回過頭重作用於原文化，促成「逆向文化移轉」。在文化傳播交流的過程中，各種文化的成分相對比較各有不同，但人們總還是較為容易接受在語言和文化情境上更為接近的本土文化。從「文化接近性」的視角切入，就地域來說，閩南文化是臺閩共同的文化根源，包含語言、習俗、宗教等等，其中有著兩岸人民彼此身體上的印記，共有的傳統、歷史、文化、記憶等。不過，長期分治的結果，兩岸人民的文化認同難免會因為差異的政治而改變，更可能隨著媒體經驗而有所變化。從過去兩岸交流的經驗看來，兩岸的文化認同和民族認同不是固定不變的。認同往往因為生活經驗和歷史記憶「持續不斷的形成與轉變」而出現分歧。前述和「文化接近性」有關的文獻中，大多數將「文化接近性」概念化，但實際上卻缺乏了針對概念形成脈絡的探討。直到魏玓於〈跨國文化流動的理論裝備檢查：拆解與修整「文化接近性」〉一文中所提，透過對於文化的批判與假設，對於「文化接近性」進行理論上不足及錯誤的部分進行解釋，探討與釐清概念的內涵與適用性，更進行知識上脈絡的延伸與探討[54]，來說明對於跨國文化流動相關研究與文化接近性帶來的重要與嶄新連結與重要的課題。

認同往往因為生活經驗和歷史記憶「持續不斷的形成與轉變」而出現分歧。所以，如何基於臺灣和閩南文化接近性的特質，透過適當的文化交流活動規劃設計，增進臺灣年輕人對於臺灣和閩南文化關聯性的認識，提升「兩岸一家親」的文化乃至於民族認同，是作為兩岸關係和平發展新途徑值得探討的課題。「認同」，以社會層面來說：是個人以他人或其他團體的觀念、態度、行為模式，作為自己模仿、表同的對象，

---

[54] 魏玓，〈跨國文化流動的理論裝備檢查：拆解與修整「文化接近性」〉，《中華傳播學刊》，第 31 期，2017 年 06 月，頁 17。

意即個人經由社會化歷程，歸屬、表同於某一領袖、族群、民族、政黨、國家的心理歷程，因此有族群認同、政黨認同、國家認同等[55]，這是劉阿榮在〈全球在地化與文化認同──臺灣文化認同的轉化〉一文中對於文化認同提出的看法。郭曉川於〈文化認同視域下的跨文化交際研究──以美國、歐洲（歐盟）為例〉一文中說明，文化理論家雷蒙·威廉斯（Raymond Williams）認為，人們的社會地位和認同是由其所處環境決定的，文化具有傳遞認同訊息的功能[56]。何平立提到，當一種文化遇到另一種文化時，首先遇到的就是「認同」問題，「認同」需要一個建構的過程。在現代社會，文化與認同常結合起來形成特定的文化認同，作為個人或群體界定自我、區分他者、加強彼此同一感、擁有共同文化內涵的群體標誌（符號）[57]。交際（交流）又是指人們相互交換訊息、相互影響、共同建構意義與身分的過程。跨文化交際是指不同的文化群體以及不同的文化成員相互交換資訊、相互溝通、共同建構意義與身分的過程。科裡爾和托馬斯（Collier and Thomas）認為，跨文化交際是指認同於不同文化的交際者之間的交往[58]。交際者之間的認同是跨文化交際的主要符號，如果認同於各自文化的交際者以各自文化代言人的角色進行交流，這種交流即為跨文化交流。

　　蘭林友於〈論族群與族群認同理論〉表示，文化認同的構建過程，就是一個民族、一個族群、一個社會中，個體跨文化交際過程中所發生

---

[55] 劉阿榮，〈全球在地化與文化認同──臺灣文化認同的轉化〉，《全球文化在地研究》，2008年5月，頁123-129。

[56] 郭曉川，《文化認同視域下的跨文化交際研究──以美國、歐洲(歐盟)為例》（上海：上海外國語大學英語語言文學博士論文，2012年），頁8。

[57] 何平立，〈認同政治與政治認同──「第三條道路」與西方社會政治文化變邊〉，《江淮論壇》，2008年，第4期，頁51-57。

[58] 孫麗娟、時耀紅，〈淺析語碼轉換與跨文化交際能力的培養〉，《江西科技師範學院學報》，2008年12月，第6期，頁76。

的思想與實踐的矛盾、衝突、相互和解甚至結合相互認同的過程。文化的認同主要是內部選擇，而非外力可以強加。外部的影響必然會起到客觀上影響的作用。對個體文化認同而言，就是其內心的選擇，每個人的個體文化感受，以及相應的個體的跨文化交際活動。它們集中起來後就變成集體文化認同，就會影響一個國家的主流文化價值觀。一旦上升到國家文化認同，它們就成為主流人群的集體文化認同[59]。喬曉華於《初任非滬籍教師對學校教師文化的認同研究——以滬松小學為例》碩士論文中提到，一個具有歷史連續性的文化共同體同時也是一個地緣、血緣共同體，它們將人的各種認同融合其中，避免了這些不同的認同之間因跨文化交際過程中出現的相異特性而發生的矛盾甚至衝突。文化的這種特性實際上使它嵌入了人的內在，對某種文化的否定，在心理上實際上已等同於對某個體和某共同體的存在價值的否定[60]。

人們在物質生產生活過程中形成了文化。文化既包括了人們凝結在各種物質產品上的精神，也包括了人類精神活動的產品，泰勒在《原始文化》書中提到「知識、信仰、藝術、道德、法律、習俗和任何人作為一名社會成員而獲得的能力和習慣在內的複雜整體」[61]。鍾星星在《現代文化認同問題研究》論文中提到，文化是人類長期具體的、現實實踐的產物，是人們對物質生產實踐的直接反映。但文化又不僅僅是對現實的直接的反映，還是人們對現實的抽象性總結，反映了人們的理想和追求。因而，對文化的認同包含了雙重意義上的價值，一方面文化認同對人們的現實的生活具有一定的作用，另一方面對文化的認同還反映了人

---

[59] 蘭林友，〈論族群與族群認同理論〉，《廣西民族學院學報：哲學社會科學版》，2003年5月，第3期，頁26。

[60] 喬曉華，《初任非滬籍教師對學校教師文化的認同研究——以滬松小學為例》(南京市：南京師範大學碩士論文，2008年)，頁76。

[61] Sir Edward Burnett Tylor，《原始文化》(桂林市：廣西師範大學出版社，2005年1月)。

們的現實超越性,即對理想的追求[62]。人類生活意義首先是現實生活意義,人類的生物性決定了人類生活首先只能是一種受外部環境和人自身條件制約的有限的現實生活。這種現實性不僅表現在人與自然的關係上,亦表現在人與人的關係上。文化是人們長期物質生產生活實踐的產物,首先就是為人們的現實生活服務。其次,人們不滿於現實的局限性,一直在試圖擺脫現實世界的束縛,去追求無限的可能,於是就形成了文化認同的理想層次,也體現了人的精神追求。文化是自身本質力量的對象化所設定的具有至真至善至美取向的生存情態,亦是人對自身存在和發展的模式所希冀和憧憬的最高目標[63]。對文化的認同體現了人們對真、善、美和最高目標的理想追求,文化認同體現了人對現實的創造追求。

文化認同(Cultural Identity)主要是指個人對於自身文化特質或偏好屬於某個社會群體的認同感。文化認同是文化社會學的一個課題,與心理學也有密切相關。這種認同感的對象往往與國籍、民族、宗教、社會階層、世代、定居地方或者任何類型具有其獨特文化的社會群體有關。文化認同不但是個人的特徵,也是具有相同的文化認同或教養的人所組成的群體的特徵。文化認同與民族認同相似並有重疊,但兩者意義並不相同。當一個人可以接納並且認同某個民族具有的文化,並不代表自身屬於某個民族。不過,因為海峽兩岸同文同種,文化認同和民族認同的重疊性較高,文化認同的增強應該有助於民族認同的提升文化認同是人們對社會上存在的文化模式的接受、認可和實踐,人們根據文化認同構建自身的思想認識、價值觀念和理想信念,根據共同的思想認識、價值觀念和理想信念相互承認、相互合作進而結成群體以及確認群體之

---

[62] 鍾星星,《現代文化認同問題研究》(北京:中共中央黨校博士論文,2014年),頁 50。
[63] 李金齊,〈文化理想、文化批判、文化創造與文化自覺〉,《思想戰線》,2009 年 01 月,第 1 期,頁 87。

外的「他者」。在現實實踐中,是什麼造成了人們的文化認同?是共同的生活決定了人們的文化認同。共同的生活決定了人們共同的利益、共同的政治制度、共同的理想追求,而共同的利益、共同的政治制度、共同的理想追求又決定了人們的共同思想、價值和理想。總之,共同的活動造就人們共同的命運,決定了人們的文化認同[64]。共同理想作為一個社會共同體全體成員共同的價值追求、價值取向和價值目標,是民族、國家的精神支柱,有了共同理想才會有強大的凝聚力和向心力,才能實現社會發展的共同目標。共同理想是凝聚人與社會共同體的精神樞紐,是社會共同文化價值觀念的重要體現,引導著社會公眾進行科學合理的價值判斷。

　　人是情感的動物,有情就有感。情是先天的文化接近性;感是後天的文化體驗。所以,理論上或直覺上,我們可以借著文化接近性作為基礎,辦理體驗式交流活動,以增強文化認同乃至於民族認同。這是大陸方面會在福建,特別是閩南地區成立臺灣青年體驗式交流中心,邀請臺灣年輕人前往閩南地區參加體驗式文化交流活動的用意。文化是有生命的,不過它必須經由傳播向四周擴散,才能被稱為是有生命的文化。龐志龍提出[65],《文化認同:臺灣媽祖文化傳播與兩岸關係互動研究》中說明,根據文化傳播的理論,文化的傳播必須要有載體,而在現代社會中,大眾傳媒介入文化傳播完全改變了傳播的單向流通性質,它跨越了時空的限制,加快了文化傳播的速度,縮短了文化交流和更新的週期,並且打破了少數人對文化的壟斷,消除了普通人對文化的神秘感。這就是一種透過文化傳播方式強化文化認同的最顯著的例子。文化是一個民族產生和發展最穩定的因素,也是最重要的凝聚力;但文化認同不等於

---

[64] 鍾星星,《現代文化認同問題研究》(北京:中共中央黨校博士論文,2014年),頁55。

[65] 龐志龍,〈文化認同:臺灣媽祖文化傳播與「兩岸」關係互動研究〉[D],蘇州大學,2016。

民族認同，不過，文化認同卻能長期存在並影響廣泛。文化認同具有強大的向心力，從而使人們產生共同的文化歸屬感。總之，在臺灣不論是物質生活方面還是精神生活方面，只要有閩南籍臺灣同胞居住的地方，處處浸潤著濃重的閩南文化色彩，處處都能領略到閩南文化濃厚的氣息和深刻的內涵。閩南文化在臺灣的傳播影響及閩臺兩地共同構建的神緣、血緣等五緣關係，已成為海峽兩岸一條無形的永遠無法割斷的精神紐帶。這一切既體現閩南人的強烈的根脈意識，又體現了閩南文化對閩南籍臺灣同胞所具有的吸引力和凝聚力，更體現了中華民族優秀文化所具有的強大吸引力和向心力[66]。

　　兩岸閩南文化雖相似結合，但因差異政治制度產生改變，也隨著不同社會文化經驗而有所變化。從過去兩岸交流及研究發現，兩岸對閩南文化的認同不是固定不變，往往因為「持續不斷的形成與轉變」，進而會對閩南文化認同產生不小的變遷。這些文化變遷，可能是對原有閩南文化進行創新、重組，或重新整合、解釋。導致兩岸閩南文化變遷的主要驅力，可能來自於外部的社會文化環境的變化，如遷徙，或者政治制度的改變等而引起。從理論上說，兩岸閩南文化從高度文化接近性到外部驅力產生部分的文化變遷，均會反映在臺灣民眾對閩南文化認同程度大小狀況。這種現況反映，不應只限於學術與文獻上的論證，更應有直接調查與追蹤資料佐證，方可釐清臺灣民眾對閩南文化認同程度變異的真正原因。

---

[66] 林曉峰、曾萱，〈閩南文化在推進兩岸「心靈契合」中的作用及路徑〉[J]，《閩臺文化研究》，2018(2):8。

第二節　體驗交流與學習

「體驗」若是從字面上解釋，即實際生活中的親身經歷，也可能是一種當事人的主觀感受、觀察等。Schmitt, B. H.在〈體驗行銷〉（Experiential Marketing）一文提到 [67]，體驗是一種發生於某些刺激回應的個別事件，包含整個生活本質，並由事件的直接觀察或是參與造成，而體驗被視為複雜的、正萌芽的結構，明確的說，沒有兩個體驗是完全一樣的。李文富認為，體驗是一種通過身體去與自我、他人及世界互動，而認知、理解、感悟、感動與反思內化的過程，[68]而這過程心智是基於身體經驗，意義是基於身體體驗的，思維也是基於身體經驗的。體驗式交流其實是指個體透過體驗，進行交流學習而建構知識，跳脫傳統單向的知識傳遞，在情境中體驗，以獲得技能和提升自我價值之過程。

因此，本課題認為，若兩岸在具高度的文化接近性前提下進行更多的體驗交流與互動，應該會產生更多的互動與美好。畢竟這種良好的文化互動，有助於兩個群體破除因相互不了解所導致的誤會，文化接觸與大量社會交流，會讓接觸的雙方彼此都降低歧視，對於兩岸的和平發展、穩定互動等，增加互利的基礎及幫助。2016 年政黨再次輪替之後，由於民進黨當局不肯承認「九二共識」，使得海基和海協兩會的協商中止，官方接觸中斷，不過民間的交流活動仍然持續。在官方往來無以為繼的情況下，大陸方面仍然以「寄希望於臺灣人民」的思維，持續

---

[67] Schmitt, B. H, 1999, "Experiential Marketing," *Journal of Marketing Management*, Vol .15, pp.53-67。

[68] 李文富，〈戶外教育的理論基礎〉，《戶外教育實施指引》，2015 年 10 月。https://www.naer.edu.tw/ezfiles/0/1000/img/67/107069369.pdf。上網檢視日期：2020 年 6 月 5 日。

推動兩岸之間的經濟和文化交流，希望經由「融合發展」的途徑，推進兩岸「和平統一」。特別是面對「去中國化」教育環境中成長的臺灣「天然獨」年輕世代，大陸方面企圖以具有新意的文化交流活動來影響臺灣年輕人的文化乃至於民族認同，臺灣青年體驗式交流中心的成立和閩南地區體驗式交流活動的舉辦乃應運而生。

文化交流是軟性的、互相理解的，甚為一種雙向且隱性的訊息交流。在兩岸受政治力影響而緊張情勢有所升高的情況下，如果能夠透過體驗式交流促進兩岸人民相互理解，乃至於願意為保存兩岸共用之傳統文化（即閩南文化）共同努力，多少可以減輕兩岸民間的敵意，成為避免兩岸政府政治對抗升高的緩衝。理論上，由於臺灣和閩南地區擁有語言、習俗和宗教信仰上頗多共同元素，在文化接近性的基礎上，開展閩南地區的體驗式交流活動，應該會有助於參加過活動的臺灣青年增強「兩岸一家親」的文化認同感。然而，實際上這會否只是大陸單方面的想法呢？今天臺灣的年輕世代，主要成長在「去中國化」的教育環境中，再加上民進黨執政後，媒體不斷渲染「恐中」、「反中」的氛圍，在這種情況下，透過閩南地區的體驗式交流，是否真能增強參加過活動的臺灣青年對於臺灣和閩南文化連帶關係的認識，並因而提升「兩岸一家親」的文化認同，其實是一個需要經過實證研究來檢驗的課題。

所以，本課題希望的兩岸文化交流是基於閩南文化的文化接近性，透過體驗方式，將文化接近性中的特點發揮，將參與者帶入情境，再現閩南文化，讓參與者融入後，產生有情有感，最後認同兩岸一家親，提高文化認同。體驗，是更深層的感知。文化，透過符號或者媒介進行建立共識，是某種感知與意象。文化接近性已充分把兩岸人民對於代表閩南文化的部分符號，例如：閩南語、民間信仰等拉近距離；但若能再透過體驗去觸摸，是否可以更提高他們的感知。誠如在傳播學受眾研究中所提及，透過比較沒有目地性的接觸，例如：文化交流體驗，讓臺灣年

輕人先以行動來多認識閩南文化,在行動中了解認知閩南文化,透過學習體驗閩南文化,改變原本在臺灣對於閩南文化錯誤的認知,最終在態度與情緒上,就會慢慢接受閩南文化同屬兩岸的事實。這就是一種文化認同的過程與程序。

　　兩岸文化有著高度相似性,臺灣的文化亦是中華文化的延續與傳承,但經歷兩岸長期分治,也各自發展出特色。體驗式交流的設想是經由文化種類、認識方式、宣傳模式及其它層面予以分類後,再帶到「體驗」。再來由「體驗」將參與者帶入「情境」,與「情境」互動並產生一定程度的共鳴,形成互動又交流的效果,藉以提高對大至中華文化、微觀至閩南文化的認同,進一步產生利於閩南文化的保存。而閩南文化的保存又與「文化接近性」高度相關、相互影響,形成嚴密之研究架構。文化因由人類之行為產生,並經由一段時間的累積,形成一定之體系。文化有相同之處,亦有相異之處,故可從而區分出種類、方式、「宣傳」、其他的層面等,而「宣傳」乃是建立在「試圖吸引人與之交流」的前提之上,會透過某些行銷方式,提高有關之文化能見度。而這種「宣傳」並非建立在營利導向的商業之上,而是公開卻不營利、公開又鼓勵人們與有關之文化互動的前提,由此會進入到下一個階段──「體驗」。

　　人們通過「體驗」有關之文化內外在意涵,譬如飲食、服裝、紀念品等,甚而鼓勵外來於有關文化、正在參與「體驗」的人們,搜集該文化相關的「符號」,如貨幣、圖騰製品,進而提高對於該文化的「認同」。「認同」利於文化的「保存」,原因在於文化的「保存」主要奠基於「有人正在此種文化體系當中」,或者是「有人正在使用或體驗文化相關一切」,前者較偏向原本便身處在文化體系的社會成員;後者則是「原本不屬於該特定文化體系的社會成員」經由某些方式,譬如旅遊、交流又或者是「近似於國民外交」的方式,認識到文化及由其而生

的產物後，對文化產生認同，對後續的文化保存產生益處。

除了某些因地理因素或本身文化本就排外的特殊文化外，大部分文化體系並非封閉而拒絕交流，反而具有公開、消極或積極的鼓勵與不同文化間的交流，消極的部分可能是「不排斥交流」，有外來的文化進入，與之互動的文化，原先文化並不會形成一股社會力量將之「驅除」；積極的部分則是，不但鼓勵，甚至由原先文化的社會成員，主動向外尋求交流，促成不同文化間的交融，以強化原本的文化，或為了保存文化而積極的交流。學習本身亦具有文化傳播暨交流功能。學習這方面的功能體現在中國大陸設立孔子學院，除了推廣漢語教學之外，同時帶有跨文化傳播的功能。如果，過去相當長的一段時間主要把對外漢語教學作為「純粹的語言教學」的話，那麼，現在的漢語國際推廣則是讓外國的漢語學習者在習得漢語的同時，更多地了解中國文化，包括中國的文學與藝術等等[69]。

畢竟語言不僅是交際工具，亦在文化傳遞上產生效果，一個人對周遭事務的了解一大部分由其使用的語言決定，特別是漢語中含有相當豐富的文化訊息，也積累著民族文化傳統與民族心態特點[70]。既然學習都具備文化傳播暨交流功能，可能更加帶著「主動性質」的體驗式學習，會強化學習的文化傳播暨交流功能，且體驗式學習跟經驗息息相關。在多數的經驗學習理論中，通常會強調經驗的重要性，經驗有利於學習，大部分經驗學習計畫的信念均認為，在個人成長的過程中，欲產生學習或行為上的改變，須透過「直接性經驗」（direct experience）[71]，而所有的改變均需要某種形式的經驗當作是基礎，學習者必須盡可能地接近

---

[69] 亓華，《漢語國際教育跨文化交流理論與實踐》[M]，北京師範大學出版社，2016。

[70] 嶽方遂、孫洪德、阮顯忠，〈試論搞活現代漢語教學[J]，《語言文字應用》，1994(4):5。

[71] Dewey, John, Experience and education. New York, Macmillan Co., 1938.

此基礎，這種知識轉換的過程將比其他形式的學習更有價值[72]，此即為經驗的重要性。經驗教育不是學習的結果產品，而是一種學習過程，必須在適當的情境下實施，更強調學習者須有自發性動機並對學習本身負責，它是積極主動而非被動的過程。

綜上所言，體驗式學習強調經驗，意即透過體驗，進而建構經驗，而後建立共識，形成行動的過程。而這種學習論，早已被運用在許多場域裡。一般學習對學生來說都是外在的，體驗式學習卻像生活中，其他任何一種體驗一樣，是內在的，是個人在形體、情緒、知識上參與的所得。文化是一種「群體與眾不同的生活方式、生存的完整態樣」，因此文化是由後天學習的，文化是人類的「社會遺傳」，而非「自然遺傳」。從兩岸的觀點來看，特別是透過地域來說，閩南文化是主要兩岸比較接近的文化，包含語言、習俗、宗教等等，甚至彼此間的認同傳統、歷史、文化、記憶等，更會因差異的政治而改變，隨著媒體經驗而有所變化。

假若兩岸的歧異，是源自於「相互不了解」、加上媒體操作的話，透過體驗式學習或者體驗式交流的方式，或可改善此類情況。體驗式學習或體驗式交流的「創新」，應可說是一種「奠基於科技進步、可跨地域、跨時間的工具，藉以促進兩岸交流」的「深化」。工具性的革新，包括視訊、互聯網的應用，原本傳統的交流形式——例如座談會、學術研討、兩岸學子的促膝長談等，都可應用視訊、互聯網等新穎資通訊傳播工具，藉以在新冠肺炎疫情徹底斷絕兩岸往來，加上政治力的強力介入的情況下，繼續推展兩岸交流，尤其是兩岸閩南地區的文化交流。這類的文化交流如若繼續維持下去，至少可讓兩岸民間維持一定的互相了

---

[72] 郭金龍，《探索教育課程對企業員工人際溝通效果之影響研究》(朝陽科技大學休閒事業管理系碩士在職專班，2001 年)，頁 17-29。

解之基礎，多少可為兩岸和平貢獻微薄心力。換句話說，若只單純談及體驗式學習的創新，理論內涵及強調經驗的學習歷程是根本不夠的，但藉由工具類別的創新，達成一定程度的學習暨交流深化，甚至可以思考，當兩岸重新實際接觸、開展交流活動之後，新媒介與 AR、VR 等更為前瞻的科技技術，如何運用在兩岸的閩南文化交流，擴展交流效果，正是本課題最期待看到的結果。

閩南文化，是中國傳統文化重要組成部分。就區域來說，閩南文化的區域主要包括廈、漳、泉、臺灣與海外地區，且是以閩南方言為主的區域文化，富有鮮明的區域文化特色。閩南文化是一種特殊文化形成的標誌，其中包括：獨特的語言、獨特的風俗與共同的信仰。閩南文化具有上承下傳的雙重傳播性特徵，主體文化由中原傳播而來，融合土著文化形成富有地方特色的閩南文化，爾後又通過移民臺灣傳播到臺灣及通過移居國外的華僑華人傳播到國外。兩岸若是善用福建閩南文化的特徵，加速「兩岸一家親」的共識建立，進而形成中華文化的認同，這或許將會是兩岸透過逐漸消除歧異的交流途徑。某種程度而言，「體驗式交流」可以與「體驗式學習」相互代換，交流某種層面上，不也正是在學習對方？

兩岸高度的文化相似性、文化接近性，展現在臺灣生活的每個角落，比如民間信仰、風俗、宮廟、具有特定神祇祭祀的文化、俗稱「臺語」的閩南地方方言等，不停的在日常生活中，連結著兩岸，此間連結兩岸的便是閩南文化。閩南文化的重要性在於連結著兩岸的「中華民族認同」。比起涉及敏感的「中國人認同」此類的身分認同（可能也帶有國族認同的意味），較為軟性、佈滿日常生活中的文化，與建構於文化、語言、風俗等等要素之上的「中華民族認同」，反而更能在此時此刻讓臺灣人「接納」，更不涉及具有相當政治意味的其他認同。倘若少了閩南文化的連結，在歷經兩岸數十年的分治後，兩岸實也很難找到其

他更直接的連結，閩南文化的重要性便在這裡。

兩岸的閩南文化為連結兩岸的橋樑，對兩岸閩南文化予以創新，以利於兩岸的文化交流，其中應從「體驗」切入。體驗在於雙向的互動，提供體驗的那方可藉由創造情境的方式，讓另一方於情境中，進行文化、經驗交流，甚或學習。更重要的是，「體驗」可能創造「相互了解的機會」。「體驗」的效果或可參考有無赴陸經驗之於個人的影響，有赴陸經驗者可能較容易因為「曾經體驗過」，而對於閩南文化以及與之附隨的文化認同產生強連結。要能強化兩岸閩南文化之連結，或是更進一步的建構兩岸的閩南文化認同，「體驗」都是不可或缺的重要路徑。尤以要針對閩南文化進行「創新」，「體驗」的要素亦是不可或缺。藉由「體驗」式的事物，營造出「情境」或者是與「情境」相類似的情況，更有利於兩岸的閩南文化交流。

關於當前兩岸青年交流工作的內容、形式、效果等仍有不足，其中包括兩岸青年交流規模不對等，兩岸對交流重視程度不對等；再者，官方多民間少。大部分是由各級統戰部門、涉臺部門及涉臺團體組織的，或者由各高校之間開展的以交流生為名義的交流。純民間的團體想要舉辦此類活動，困難較大。三則是青年交流活動「熟臉」多「生臉」少。在不同單位組織的青年交流活動中，常常能發現一些「老面孔」，有精英化趨勢[73]。很多交流活動都交由臺灣本地具有一定政治影響力的個人或團體負責，一定程度上讓交流機會淪為資源分配的機會，導致交流對象同質化。存在城市青年多，政治立場「泛藍」或「偏藍」的多，中、南部地區以及鄉鎮青年少等現象，代表性不夠廣泛，難深入基層；四是觀光訪問多，體驗交流少，重宣傳形式，輕交流內容。大部分兩岸青年交流專案以參觀走訪為主，交流時間很短，兩岸青年有些剛認識活動就

---

[73] 張雅倩，〈讓「體驗式」交流深入兩岸青年〉[J]，《臺聲》，2016。

結束了,導致臺灣青年和大陸青年各自抱團現象比較嚴重,並沒有達到加強相互之間了解的交流目的;或是過於追求交流的人數和規模,注重活動的宣傳和包裝,更看重「新聞效應」,對交流內容和主題的提升不夠重視。

另外,重前期準備,缺乏後續追蹤回饋,與本研究專案在研究建議中所提,需持續長期追蹤,才能建立兩岸年輕人交流的最佳模式。兩岸青年的交流活動大部分精力都花在前期準備上,活動辦完宣傳結束就結束了,對活動後續兩岸青年的溝通效果以及臺灣青年的回饋缺乏及時跟進,也難以對兩岸青少年群體的日常生活和思維習慣產生影響,制約了兩岸交流的更深入發展。還有,過度重視大陸官方需求,忽略臺灣年輕人的民意變化。有的活動從官方視角出發,難以有效地吸引臺灣青年主動投入到交流中來。交流內容多圍繞中華歷史文化、教育等方面設立主題,對於經濟、科技、社會管理等領域更深層次的交流較少涉及。但是近幾年,臺灣青年的需求發生了很大的變化,有些交流活動的吸引力開始退化。根據臺灣媒體調查的數據,想到大陸工作的臺灣青年從過去的15%提高到 30%,單純的旅遊對很多臺灣青年的吸引力逐漸下降,而創業就業的吸引力在逐漸上升。

最後,重短期分散,輕長期規劃,各地各單位都在開展涉臺青年活動,但從整體戰略層面來看,這種分散辦活動的方式,所聯繫的臺灣青年也比較零散,活動缺乏計劃性針對性,很容易出現主題重複、資源浪費、經驗不可複製等現象,嚴重影響交流效益。

習近平曾經指出:「兩岸青少年身上寄託著兩岸關係的未來。要多想些辦法,多創造些條件,讓他們多來往、多交流,感悟到兩岸關係和平發展的潮流,感悟到中華民族偉大復興的趨勢,以後能夠擔當起開拓兩岸關係前景、實現民族偉大復興的重任」。本研究專案所提出的閩南文化體驗交流之路,正好也符合習近平所提。體驗式交流是指臺灣青年

通過以更「接地氣」的方式在各種交流活動中進行主體性參與，經過當下的互動實踐真正融入大陸的生活，逐漸形成對大陸的客觀認知與理解，並最終達到兩岸青年彼此心靈契合的一種新型青年交流形式[74]。因為青年們都是帶著一定的經驗進入交流的，體驗式交流對大陸的對臺工作提出了更高的要求，需要更細緻化的情境設計，引導兩岸青年主動參與，發揮創造力，完成價值的內化和意義的建構。這種體驗式交流與過去一般交流的不同之處在於，一般交流把認知作為主要目的，重在透過交流讓臺灣青年了解大陸，重視的是理性理解，但體驗式交流是情感、意志與認知的結合，重在情感、意志的體驗，尤其是過程中的意義建構。

這種體驗式交流的創新性主要體現在以下四個部分，分別是情境設計，重視通過對空間、產品或活動主題的設計營造一種氛圍，引發兩岸青年的文化共鳴並獲得認同。兩岸青年由於生活背景的不同，在思考兩岸問題時有著各自不同的方式，由主辦方或者兩岸青年參與者共同創設一種舒適又有活力和適當壓力的情境，有助於正視差異，放下偏見，在更日常的、深入的互動過程中了解彼此，信任彼此；再者是相互協作，交流過程中，將指定任務和自由任務有機結合，增加參與者尤其是臺灣青年在過程中的主觀能動性和參與感。要完成哪些任務，如何完成，要拓展什麼體驗，怎麼體驗，都由參與交流的兩岸青年自己選擇。讓他們在完成任務的過程中，時刻保持新鮮感和積極性，享受完成任務的過程，獲得成就感；第三是資訊搜集，大陸官方和活動主辦方應透過多種方法開展意見搜集，從而為體驗模式的改進提供好的借鑒。一部分意見的搜集可以通過分析用戶體驗等量化指標來完成；另一部分可以透過與活動中的臺灣青年進行深入訪談、調查問卷和隨機採訪等方式進行意見

---

[74] 唐樺，《建構主義視角下的兩岸青年「體驗式交流」研究》[J]，2021(2018-6):71-77。

搜集。這樣可以更好地更細緻地了解臺灣青年的需求，而臺灣青年在回想和分析自己的活動行為和收穫時，也是獲得體驗成長的方式，最後則是意義建構，為兩岸青年提供了自由創造和集體發現的空間和機會，讓他們在交流和理解中生成領悟和意義。通過交流表達自己不同的感受，通過理解加深對事物和自我的認知，在交流和理解中創建事物更大的意義。這就是種體驗式學習。

第三節　「以文化人」作法

　　由於兩岸情勢特殊，民眾互相交流的管道與方式，在臺灣地區領導人蔣經國總統開放大陸探親以及中共改革開放之後，才從早期封閉轉為有溝通與交流的管道。陳水扁政府執政時，正值世紀之交，我方前往大陸旅遊觀光、經商、求學等目的的民眾日益增多，大陸地區也因改革開放後邁入較好的發展，民眾收入與生活條件改善，來臺的條件與意願增加，因此，在陳水扁總統執政時期，立法院針對「臺灣地區與大陸地區人民關係條例」，分別在 2000 年 12 月、2002 年 4 月、2003 年 10 月、2006 年 6 月通過四次條文內容修正。

　　其中，影響兩岸青年交流較為深刻的修法主要為：首先，2000 年三讀通過的部分條文修正案，主要包含：放寬大陸地區人民來臺從事商務、觀光活動，以及凡在臺設有戶籍的大陸人民，得依法擔任大學教職、學術研究機構研究人員或社會教育機構專業人員。[75]其次，2003 年 10 月三讀通過的修正內容也至關重要。其中第四條修正，訂下委託民

---

[75] 大陸委員會，〈海峽兩岸關係紀要〉，https://www.mac.gov.tw/News_Content.aspx?n=3D7C9BFC4F86BF4A&sms=CDA642B408087E65&s=8859E82FE02BF7C4#004。上網檢視日期：2020 年 12 月 7 日。

間團體處理兩岸人民往來有關之事務,並且必要時得委託其代為簽署協議[76]:

「行政院得設立或指定機構,處理臺灣地區與大陸地區人民往來有關之事務。
行政院大陸委員會處理臺灣地區與大陸地區人民往來有關事務,得委託前項之機構或符合下列要件之民間團體為之:
一、設立時,政府捐助財產總額逾二分之一。
二、設立目的為處理臺灣地區與大陸地區人民往來有關事務,並以行政院大陸委員會為中央主管機關或目的事業主管機關。行政院大陸委員會或第四條之二第一項經行政院同意之各該主管機關,得依所處理事務之性質及需要,逐案委託前二項規定以外,具有公信力、專業能力及經驗之其他具公益性質之法人,協助處理臺灣地區與大陸地區人民往來有關之事務;必要時,並得委託其代為簽署協議。
第一項及第二項之機構或民間團體,經委托機關同意,得複委託前項之其他具公益性質之法人,協助處理臺灣地區與大陸地區人民往來有關之事務。」

除此之外,這次修法的第三十三條,提到「臺灣地區人民、法人、團體或其他機構,除法律另有規定外,得擔任大陸地區法人、團體或其他機構之職務或為其成員。臺灣地區人民、法人、團體或其他機構,不得擔任經行政院大陸委員會會商各該主管機關公告禁止之大陸地區黨務、軍事、行政或具政治性機關(構)、團體之職務或為其成員。」等

---

[76] 立法院法律系統,〈臺灣地區與大陸地區人民關係條例,民國 92 年 10 月 9 日異動條文及理由〉,https://lis.ly.gov.tw/lglawc/lawsingle?002D054C387A0000000000000000014000000004FFFFFA00^01825092100900^00085001001。上網檢視日期:2020 年 12 月 7 日。

規定，相當程度放寬臺灣民眾與對岸進行交流時所會遭遇到的限制。另外，與青年最切身相關的教學單位交流活動的法定框架，在這次修法中也多有著墨，主要體現在第三十三條之三[77]：

> 「臺灣地區各級學校與大陸地區學校締結聯盟或為書面約定之合作行為，應先向教育部申報，於教育部受理其提出完整申報之日起三十日內，不得為該締結聯盟或書面約定之合作行為；教育部未於三十日內決定者，視為同意。
> 前項締結聯盟或書面約定之合作內容，不得違反法令規定或涉有政治性內容。
> 本條例修正施行前，已從事第一項之行為，且於本條例修正施行後仍持續進行者，應自本條例修正施行之日起三個月內向主管機關申報；屆期未申報或申報未經同意者，以未經申報論。」

除了學術與教育交流外，此次修法也放寬大陸地區非營利等機構來臺設立辦事處等規定，增列第四十條之二規定：

> 「大陸地區之非營利法人、團體或其他機構，非經各該主管機關許可，不得在臺灣地區設立辦事處或分支機構，從事業務活動。經許可在臺從事業務活動之大陸地區非營利法人、團體或其他機構，不得從事與許可範圍不符之活動。
> 第一項之許可範圍、許可條件、申請程序、申報事項、應備文件、審核方式、管理事項、限制及其他應遵行事項之辦法，由各該主管機關擬訂，報請行政院核定之。」

就整體法律框架來看，陳水扁時期雖然兩岸互信仍低，但是民眾交

---

[77] 同前註。

流的需求與日俱增，關係到兩岸交流的根本大法《臺灣地區與大陸地區人民關係條例》也在這個時期，根據陳水扁政府在 2000 年所訂下的「積極開放、有效管理」以及 2006 年的「積極管理、有效開放」，在立法院完成四次條文修正，對於日後關係青年交流的活動、組織、型態等，奠定了一定程度的法律基礎。在陳水扁總統執政時期，組團互訪、研討會、大型論壇、寒暑令營等由官方與半官方主辦的軟性活動，是當時兩岸青年主要的交流型態。首先，組團互訪通常涉及到官方組織，且多會搭配研討會等配套行程，例如 2001 年 2 月，中共全國政協常委、全國青年聯合會主席巴音朝魯帶領「大陸傑出青年元宵訪問團」參加救國團中華青年交流協會於臺北舉行的「新紀元新趨勢：兩岸傑出青年座談會」，隨行主要成員還包括中共國家文物局副局長董保華、中國法官協會秘書長劉會生、全國青聯常委兼秘書長胡偉，國台辦交流局局長張啟勝等[78]；2002 年 6 月，北京清華大學公共管理學院訪問團由清大公共管理學院常務副院長田芊率領數位重要青年學者，抵臺訪問，期間與政治大學商學院、臺大國家發展研究所、兩岸共同市場基金會董事長蕭萬長、淡江大學大陸研究所等院校與重要人士進行交流座談[79]。

其次，大型論壇或是大型聯誼活動，是中共官方偏好的青年交流方式，例如從 2003 年開辦的「海峽青年論壇」即是針對兩岸四地青年所舉行的大型論壇性活動，以 2005 年在福建省福州舉辦的第三屆為例，當時聚集共 6 百多位華人青年與專家學者，參與海峽青年精英論壇、亞太青年商業領袖峰會、中國青年創業國際計畫（YBC）3 個分組論壇，

---

[78] 大陸委員會，〈海峽兩岸關係紀要〉，https://www.mac.gov.tw/News_Content.aspx?n=3D7C9BFC4F86BF4A&sms=CDA642B408087E65&s=32D9DA7591EA15F7#014。上網檢視日期，2020 年 12 月 7 日。

[79] 大陸委員會，〈海峽兩岸關係紀要〉，https://www.mac.gov.tw/News_Content.aspx?n=3D7C9BFC4F86BF4A&sms=CDA642B408087E65&s=8CEB2B5F5436B997#025。上網檢視日期，2020 年 12 月 7 日。

經討論通過「海峽青年論壇青年創業宣言」，並簽署有關青少年交流與合作的備忘錄[80]；2006 年 4 月在上海市舉辦的「我們共同邁向世界」青年論壇，彙聚了 1,800 多名來自上海、香港、澳門和臺灣的青年，也屬於規模較為龐大的論壇活動[81]。

除了大型論壇，大型聯誼交流活動也屬常見，例如：2005 年 6 月，山東省在濟南舉辦「2005 魯臺青年創業交流周」，邀集我方的中國青年創業協會所組成臺灣青年創業交流團，前往參加交流活動，與山東省、濟南市多位青年企業家進行訪談會、聯誼、參訪等交流活動[82]；2005 年 7 月，海峽兩岸共計 4 千多名大學生在北京人民大會堂參加，主題為舉行「牽手未來、牽手希望」的大型聯歡活動，其中包含來自臺灣 121 所大專院校的 2500 名學生與大陸 20 所大專院校 1,500 名學生共同參與[83]；2006 年的首屆兩岸大學生領袖論壇，在北京人民大會堂舉行。來自兩岸 70 多所大學的近 200 名學生參加，針對「建立兩岸青年互動機制的意義及途徑」的主題，並以中華文化的傳承與發展、全球化下的兩岸經貿關係和兩岸關係的遠景展望等三個分議題，提出論文 93 篇，從不同角度、不同層面論述兩岸青年互動平臺的意義和內涵[84]。

---

[80] 大陸委員會，〈海峽兩岸關係紀要〉，https://www.mac.gov.tw/News_Content.aspx?n=3D7C9BFC4F86BF4A&sms=CDA642B408087E65&s=AEC54CE1BB842CD0#008。上網檢視日期，2020 年 12 月 7 日。

[81] 大陸委員會，〈海峽兩岸關係紀要〉，https://www.mac.gov.tw/News_Content.aspx?n=3D7C9BFC4F86BF4A&sms=CDA642B408087E65&s=AEC54CE1BB842CD0#008。上網檢視日期，2020 年 12 月 7 日。

[82] 大陸委員會，〈海峽兩岸關係紀要〉，https://www.mac.gov.tw/News_Content.aspx?n=3D7C9BFC4F86BF4A&sms=CDA642B408087E65&s=24F0ACFE428B49C1#010。上網檢視日期，2020 年 12 月 7 日。

[83] 趙成儀，《現階段中共加強兩岸青年交流之分析，展望與探索》，2005 年，第 3 卷第 10 期，頁 16-18。

[84] 大陸委員會，〈海峽兩岸關係紀要〉，https://www.mac.gov.tw/News_Content.aspx?n=3D7C9BFC4F86BF4A&sms=CDA642B408087E65&s=5715464F025572FF#001。上網檢視日期，2020 年 12 月 7 日。

暑期與寒假期間的各種軟性營隊與知性研習活動,也是兩岸雙方在陳水扁政府時期經常舉辦的青年交流活動,主要目的透過輕鬆的活動,加強雙方的認識與認同,例如:2002 年 8 月在臺北舉辦的吳大猷科學營生命科學探索之旅,即邀集兩岸三地共計 65 名大學生與研究生與會[85];2004 年中共擴大舉辦臺灣學生北國風情冬令營,邀集臺灣各大學師生 2 百餘人參與[86];2005 年 7 月臺灣在大陸的「中華全國臺灣同胞聯誼會」主辦「2005 年臺胞青年千人夏令營」,邀請來自臺灣 113 所大學、香港、海外及在大陸求學的臺灣學生共 1,123 人參加;同月,北京市官方舉辦「第六屆京臺青少年交流周」,邀集成功大學、元智大學、清華中學、明倫高中等 20 餘所大學與高中的 380 名師生參加為期一周的交流活動[87];2006 年大陸全國臺聯主辦臺胞青年千人夏令營,計有我方 135 所大學的 1,248 名學生參加,主題活動有兩岸青年論壇、北京大學生活全體驗、參觀航太城、千人拓展運動、登長城大賽,以及參觀故宮、頤和園等古跡[88]。

　　青年交流通常與教育息息相關,陳水扁主政時期,兩岸的學術與教育交流也進入一個較為突破的階段,前述所說 2003 年 10 月三讀通過的《臺灣地區與大陸地區人民關係條例》修正內容,奠定了兩岸學術合作

---

[85] 大陸委員會,〈海峽兩岸關係紀要〉,https://www.mac.gov.tw/News_Content.aspx?n=3D7C9BFC4F86BF4A&sms=CDA642B408087E65&s=6357834932B83C83#010。上網檢視日期,2020 年 12 月 7 日。

[86] 大陸委員會,〈海峽兩岸關係紀要〉,https://www.mac.gov.tw/News_Content.aspx?n=3D7C9BFC4F86BF4A&sms=CDA642B408087E65&s=B10A30ECDDA3B93D#008。上網檢視日期,2020 年 12 月 7 日。

[87] 大陸委員會,〈海峽兩岸關係紀要〉,https://www.mac.gov.tw/News_Content.aspx?n=3D7C9BFC4F86BF4A&sms=CDA642B408087E65&s=AEC54CE1BB842CD0#008。上網檢視日期,2020 年 12 月 7 日。

[88] 大陸委員會,〈海峽兩岸關係紀要〉,https://www.mac.gov.tw/News_Content.aspx?n=3D7C9BFC4F86BF4A&sms=CDA642B408087E65&s=BD83162EA2048623#010。上網檢視日期,2020 年 12 月 7 日。

與交流的法制基礎。不過，一般的學術與教育交流活動，要更早於此。值得一書的是，2003 年 9 月臺灣政治大學中山人文社會科學研究所在北京與北京大學國際關係學院簽訂定期學術交流合作協議，是兩岸高等學府間首次正式交流協議，內容包含互派學生與教授進行為期四個月的學習與講課，定期參訪團互訪，各類學術交流活動等。[89]

2003 年修正《臺灣地區與大陸地區人民關係條例》後，教育部針對兩岸高等教育交流召開 12 次審查會，截至 2004 年已有 54 所國內大學校院申報 311 件與大陸地區 129 所學校簽署之合作協議書，通過審查的協議書有 168 件；未通過需修正後再行申報之協議書有 132 件，原因包括：未以學校全銜簽署、協議書有相互承認學分、授予學位等違反有關法令規定內容。[90]在兩岸學術與教育交流活動頻繁的氛圍下，當時臺灣內部不斷有提出開放陸生來臺就讀的看法，2004 年 7 月，時任陸委會主委的吳釗燮便釋放出陸委會正研擬開放大陸學生來臺就學政策的訊號[91]。2005 年 3 月，陸委會副主委邱太三再度釋出消息，說明陸委會和教育部當時正在研擬開放大陸學生來臺就讀學分班，自由貿易港區廠商與跨國企業雇用的大陸籍員工子女，亦可就近在臺求學，並且陸委會也打算進一步開放國內大專院校及研究所，赴大陸開設學分班，方便臺商或臺籍幹部就近在大陸上課等深化兩岸教育整合的訊息[92]。

---

[89] 大陸委員會，〈海峽兩岸關係紀要〉，https://www.mac.gov.tw/News_Content.aspx?n=3D7C9BFC4F86BF4A&sms=CDA642B408087E65&s=5BD9411B71680621#003。上網檢視日期，2020 年 12 月 7 日。

[90] 江仕德，〈各級學校與大陸地區學校締結聯盟或為書面約定之合作行為現況分析，大陸與兩岸情勢簡報〉，https://www.mac.gov.tw/News_Content.aspx?n=78702647C7A5B61B&sms=25D4C64CAEE1E128&s=D7B9F1DAF6192D32。上網檢視日期，2020 年 12 月 7 日。

[91] 大陸委員會，〈海峽兩岸關係紀要〉，https://www.mac.gov.tw/News_Content.aspx?n=3D7C9BFC4F86BF4A&sms=CDA642B408087E65&s=6238587B9CCFA6AE#017。上網檢視日期，2020 年 12 月 7 日。

[92] 大陸委員會，〈海峽兩岸關係紀要〉，https://www.mac.gov.tw/News_Content.aspx?n=3D7C9BFC4F86BF4A&sms=CDA642B408087E65&s=7DF35490B9267167#020。上網檢視日

但是，陸生來臺就讀的政策當時並未付諸實踐，甚至陸委會態度轉而保守，2007 年第 3 屆國共「兩岸經貿文化論壇」以「直航、教育、旅遊觀光」為主題，其中觸及到開放大陸學生來臺就讀議題，引起陸委會高調表達保留態度，強調「需由政府相關部會通盤評估、審慎規劃。中國大陸學生來臺就讀雖有助臺灣部分大學的招生需要，亦可增加中國大陸年輕一代對臺灣社會民主、自由、多元的認識，但同時恐將衍生諸多問題（包括中國大陸學生申請進入臺灣之保證人、責任規範、生活照顧輔導、打工、保險、結社及後續衍生之定居、求職、結婚與非法居留及國家安全等），因此仍須由兩岸政府主管部門或公權力授權委託單位事先進行充分的溝通磋商、達成共識，並且各自訂定相關的配套管理法規，方能使得兩岸教育交流能井然有序地推動。」[93]

當臺灣方面仍堅持不開放陸生來臺就讀，中共在同時期採取逐步增加臺生赴陸就讀的名額以及鬆綁各項限制，例如：2003 年 5 月，中共教育部將廣東、福建原有對臺招生的四所大學（廣州暨南大學、福州華僑大學、福建師範大學、福建中醫學院）再增加五所，分別是廈門大學中醫系、集美大學、福州大學、福建農林大學、福建醫科大學，擴大招收臺灣學生的管道等措施[94]；2006 年大陸「普通高等院校聯合招收華僑、港澳臺地區學生考試」（以下簡稱「聯招考試」）共錄取港、澳、臺、僑本預科學生 2,019 名。其中，臺灣學生報考 746 名，最終錄取

期，2020 年 12 月 7 日。

[93] 大陸委員會，〈政府對國共「兩岸經貿文化論壇」之政策立場，大陸與兩岸情勢簡報〉，https://www.mac.gov.tw/News_Content.aspx?n=78702647C7A5B61B&sms=25D4C64CAEE1E128&s=FF87AB3AC4507DE3。上網檢視日期，2020 年 12 月 7 日。

[94] 大陸委員會，〈海峽兩岸關係紀要〉，https://www.mac.gov.tw/News_Content.aspx?n=3D7C9BFC4F86BF4A&sms=CDA642B408087E65&s=69EE7CEA8C7550BB#009。上網檢視日期，2020 年 12 月 7 日。

339 名，至 2006 年 8 月止，在大陸就讀的臺灣學生已達 4,842 名[95]。特別是 2005 年連宋訪問大陸之後，大陸官方推出一系列吸引臺灣青年赴大陸就業或就學的措施，包含由國台辦宣佈的對在大陸高等院校就讀的臺生學雜費比照大陸學生標準同等收費、針對臺灣大學生設立獎學金及放寬臺生在大陸就業限制等措施。[96]總體而言，陳水扁政府時期的兩岸青年交流，主要特色如同當時政府對於兩岸關係「積極開放、有效管理」以及後來「積極管理、有效開放」的定調相似，官方態度相當保守，修正的法律框架也多是回應當時整體變遷的需求，並未做出前瞻性的修正。同時，兩岸青年交流在該時期，主要體現在組團互訪、研討會、論壇、聯誼活動、寒暑期營隊等活動類型。兩岸各級學校也在該時期進入較為頻繁的交流，但是並非官方主導，仍是以各學校主動進行的交流活動，隨著兩岸關係人民條例的修正，合作深度也逐步增加。

兩岸關係在馬英九政府執政後，進入顯著改善期，兩岸青年交流也得以快速且蓬勃的發展，規模與人數迅速擴大、增多，層次和形式大為提高、豐富，都達到前所未有程度，是 1949 年以來兩岸青年交流的最好時期。[97]馬英九時期《臺灣地區與大陸地區人民關係條例》歷經 7 次修訂，其中與兩岸青年交流最為關鍵的是 2010 年 8 月所修訂的版本，為開放陸生來臺就學搭起制度化的法律框架，該內容修改在第二十二條[98]：

---

[95] 大陸委員會，〈海峽兩岸關係紀要〉，https://www.mac.gov.tw/News_Content.aspx?n=3D7C9BFC4F86BF4A&sms=CDA642B408087E65&s=5715464F025572FF#001。上網檢視日期，2020 年 12 月 7 日。

[96] 趙成儀，《現階段中共加強兩岸青年交流之分析，展望與探索》，2005 年，第 3 卷第 10 期，頁 16-18。

[97] 陳曉曉，〈兩岸青年交流能突破困境嗎？〉，http://www.huaxia-forum.org/?p=2223。上網檢視日期，2020 年 12 月 8 日。

[98] 立法院法律系統，〈臺灣地區與大陸地區人民關係條例〉，https://lis.ly.gov.tw/lglawc/lawsingle?0045101182960000000000000000014000000004FFFFFD^01825099081900^0001B0

「在大陸地區接受教育之學歷，除屬醫療法所稱醫事人員相關之高等學校學歷外，得予採認；其適用對象、採認原則、認定程序及其他應遵行事項之辦法，由教育部擬訂，報請行政院核定之。大陸地區人民非經許可在臺灣地區設有戶籍者，不得參加公務人員考試、專門職業及技術人員考試之資格。

大陸地區人民經許可得來臺就學，其適用對象、申請程序、許可條件、停留期間及其他應遵行事項之辦法，由教育部擬訂，報請行政院核定之。」

依據此條條文修正，立法院也三讀通過《大學法》、《專科學校法》的配套內容，禁止陸生修讀國家安全機密相關的系所或學位；教育部在 2011 年亦相繼訂定出《大陸地區人民來臺就讀專科以上學校辦法》詳細規定大陸地區學生來臺就讀二年制專科以上學校的相關作業規範，以及修正《大陸地區學歷採認辦法》等規範調整。雖然陸生來臺就讀已建立法源基礎，但是當時社會對於陸生來臺就讀一事仍有疑慮，因此根據所規範的法源依據，當時政府規劃出「漸進開放」的原則，制定出所謂的的「三限六不」政策，其規定與法源依據如下表所示。

「三限六不」政策內容與法源基礎		
三限		
政策	內容	法源依據
限制採認的高等學校	僅認可學術聲望卓著、辦學品質績優的大陸地區高等學校	1. 臺灣地區與大陸地區人民關係條例第 22 條第 1 項 2. 大陸地區學歷採認辦法第 2 條第 6 款」

01001。上網檢視日期，2020 年 12 月 8 日。

「三限六不」政策內容與法源基礎		
限制來臺陸生總量	全國招收大陸地區學生總數將有所限制,以全國招生總量的0.5-1%(約1000-2000名)為原則	1. 大學法第25條第3項 2. 專科學校法第26條第3項 3. 大陸地區人民來臺就讀專科以上學校辦法第4條
限制醫事學歷採認	限制大陸地區所有涉及我國醫事人員證照考試的學歷採認	1. 臺灣地區與大陸地區人民關係條例第22條第1項 2. 大陸地區學歷採認辦法第8條
六不		
政策	內容	法源依據
不加分優待	陸生來臺就學或考試,不給予加分優待	大陸地區人民來臺就讀專科以上學校辦法第20條第2項
不會影響國內招生名額	陸生來臺就學的管道將與國內學生有所區隔,採外加名額方式辦理,不影響國內學生升學機會	大陸地區人民來臺就讀專科以上學校辦法第4條第1項
不編列獎助學金	政府不編列預算作為陸生獎助學金	大陸地區人民來臺就讀專科以上學校辦法第16條第3項
不允許在學期間工作	陸生必須符合來臺就學目的,在學期間不得從事專職或兼職的工作	大陸地區人民來臺就讀專科以上學校辦法第19條
不會有在臺就業問題	陸生停止修業或畢業後不得續留臺灣	大陸地區人民來臺就讀專科以上學校辦法第21條第1項
不得報考公職人員考試	大陸地區人民依法不得報告我國「公務人員考試」與「專門職業及技術人員考試」	臺灣地區與大陸地區人民關係條例第22條第2項

資料來源:吳秀玲、王智盛,2013年,陸生來臺政策之評估,國立臺灣大學公共政策與法律研究中心101年度研究計畫案。

網址:http://www.cppl.ntu.edu.tw/research/2012research/10105white.pdf

除此之外，馬政府時期所開放的陸客自由行，也相當程度促進兩岸青年進行非正式的交流活動，2008 年 6 月 13 日兩岸簽署「海峽兩岸關於大陸居民赴臺灣旅遊協議」，並在同年 7 月正式開放中國大陸旅客來臺觀光；2011 年中國大陸相繼制定《大陸居民赴臺灣地區個人旅遊注意事項》、《大陸居民赴臺灣地區旅遊管理辦法》等，開啟臺灣自由行政策[99]；我方也要依據《臺灣地區與大陸地區人民關係條例》，針對自由行進行《大陸地區人民來臺從事觀光活動許可辦法》的規範鬆綁。同時，大陸方面也因應馬政府的善意，並積極推動針對臺灣的大交流、大合作、大發展策略，其中以大陸中央到地方各地成立的對臺交流或合作基地，屬於重中之重，透過科技、文化、農業、經貿等面向，吸引臺灣人才與產業的合作。根據臺灣陸委會 2014 年的統計規劃，當時大陸地區設立的交流合作基地見下表，主要可以分為兩大類型[100]：

一、海峽兩岸交流基地：以國台辦（或地方政府）為成立主體，2009 年底起陸續於部分省市設立「全國性」對臺工作重點地區──「海峽兩岸交流基地」。基地主要服務與推廣內容，包括「對日抗戰歷史」、「宗教」、「族群」及「青少年交流」等領域；其設立目標多強調擴展兩岸交流深度與廣度，促進兩岸關係和平發展與「和平統一」，聯繫兩岸人民感情；並且會定期或不定期舉辦論壇、研討會等交流活動，以及推動文化產業、休閒旅遊產業等方面發展。

二、其他主題式交流基地：此類交流基地係除了國台辦主辦之外，針對不同領域或主題設立的交流基地，例如：大陸文化部根據「文化部

---

[99] 國家旅遊局資訊中心，〈大陸居民赴臺個人遊正式啟──首批 290 名遊客今抵臺，中華人民共和國國家旅遊局〉，http://www.cnta.gov.cn/xxfb/jdxwnew2/201506/t20150625_460655.shtml。上網檢視日期，2020 年 12 月 8 日。

[100] 大陸委員會，〈近年大陸成立對臺交流合作基地概況，兩岸及大陸情勢簡報〉，https://www.mac.gov.tw/News_Content.aspx?n=78702647C7A5B61B&sms=25D4C64CAEE1E128&s=3C5207E631F457B5。上網檢視日期，2020 年 12 月 8 日。

關於加強對臺文化交流基地建設的通知」、「文化部關於加強新形勢下對臺文化工作的指導意見」等公函，於 2008 年在福建省永安設立「對臺文化交流基地」；大陸中央與地方政府陸續成立涵蓋科技、體育、文化、少數民族、財政（會計）、農業等各領域的交流基地，例如福建廈門「對臺科技合作與交流基地」。此類基地多數為大陸單方面設立，少數為兩岸合作成立；多數為大陸地方政府申請、中央政府批准，或由中央政府設立，少數為地方政府自行成立；多數設於鄰近臺灣或沿海地區，發揮對臺交流合作優勢，例如：福建、廣東、海南、山東等地。

此外，大陸地區根據「文化部關於加強對臺文化交流基地建設的通知」、「文化部關於加強新形勢下對臺文化工作的指導意見」、「文化部關於加強文化入島統籌規劃的通知」等公函，將福建、浙江、江蘇、河南、上海市及廈門市定位為「對臺文化交流基地」，這些地區的研究與高等教育單位也成為兩岸文化交流理論研究與推動的重鎮。

2008-2011 大陸主要對臺交流合作基地列表			
成立時間	成立單位	基地名稱與地點	重點領域
2008-2010	文化部	對臺文化交流基地（廈門市、上海市、江蘇、浙江、福建與河南省）	文化交流
2009.08	科技部	對臺科技合作與交流基地（福建廈門市）	科技產業、花卉育種、生物醫學、海洋科技等。
2009.12	國台辦	山東省棗莊市臺兒莊「海峽兩岸交流基地」	抗戰歷史、經濟、文化、青少年教育等交流活動。
2010.01	國家體育總局、國台辦	對臺體育交流與合作基地（福建廈門）	體育領域（游泳、田徑、高爾夫、慢速壘球

2008-2011 大陸主要對臺交流合作基地列表			
成立時間	成立單位	基地名稱與地點	重點領域
			等)
2010.06	重慶市政府	重慶市「海峽兩岸交流基地」	抗戰歷史、經貿、文化、青少年教育等交流活動。
2010.08	國台辦、海南省台辦	瓊臺少數民族交流基地（海南省保亭黎族苗族自治縣）	少數民族之互訪、省親、交流活動。
2010.11	國台辦	湖北省十堰市武當山「海峽兩岸交流基地」	道教文化交流活動
2010.12	財政部	對臺會計合作與交流基地（福建廈門）	對臺會計合作與交流主要平臺
2011.03	中國農科院、福建省政府、農科院、臺灣 21 世紀基金會	國家對臺農業交流合作基地（福建廈門，內含在海峽現代農研院中）	農業科技領域（農業科研、食品加工、創意農業、精準園藝等）
2011.05	中國農學會葡萄分會、臺灣 21 世紀基金會、福建省農業廳、福建省農科院、福建省農學會	海峽兩岸葡萄科技合作基地（福建福安）	葡萄產業
2011.06	文化部	對臺文化交流研究基地（中國藝術研究院、北京大學臺灣研究院）；兩岸文化產業合作研究基地（上海交通大學）	文化產業

2008-2011 大陸主要對臺交流合作基地列表			
成立時間	成立單位	基地名稱與地點	重點領域
2011.06	國台辦	湄洲媽祖祖廟（福建莆田）「海峽兩岸交流基地」	媽祖文化交流
2011.06	國台辦	福建馬尾「海峽兩岸交流基地」	媽祖文化與歷史考察交流
2011.06	國台辦	福建青礁慈濟宮、白礁慈濟宮「海峽兩岸交流基地」	民間信仰交流
2011.06	國台辦	廣東梅州「海峽兩岸交流基地」	客家文化交流
2011.06	國台辦	湖南芷江「海峽兩岸交流基地」	飛虎隊、抗戰文化、歷史考察
2011.06	國台辦	山東威海「海峽兩岸交流基地」	歷史文化、旅遊等交流活動
2011.06	國台辦	中國閩臺緣博物館（福建泉州，海峽兩岸交流基地）	青少年教育、歷史文化
2011.09	廣東省科技廳、省台辦、廣東惠州	「粵臺科技合作與交流基地」、「粵臺石化合作基地」、「粵臺光電合作基地」（廣東惠州）	光電科技、石化產業、現代服務業、現代農業
2011.10	山東省台辦	海峽兩岸書畫藝術交流基地（山東高唐）	兩岸書畫藝術交流
資料來源：大陸委員會，近年大陸成立對臺交流合作基地概況，兩岸及大陸情勢簡報，2012 年 3 月，網址：https://www.mac.gov.tw/News_Content.aspx?n=78702647C7A5B61B&sms=25D4C64CAEE1E128&s=3C5207E631F457B5			

此外，在馬政府時期，大陸地區對於兩岸青年活動較為顯著的是惠臺政策力度增加以及福建成為交流重鎮。在惠臺力度上，早在 2009 年當時大陸地區的國台辦主任王毅，即提出八大利多，包含推動大陸企業赴臺投資、擴大對臺產品採購、鼓勵和支持有條件的台資企業拓展大陸市場並參與大陸擴大內需的基礎設施和重大工程建設、增加大陸居民赴臺旅遊、推動協商建立兩岸經濟合作機制、進一步向臺灣居民開放專業技術人員資格考試專案、加強兩岸農業合作平臺建設、許可臺灣地區律師事務所在福州、廈門兩地試點設立分支機構，從事涉臺民事法律諮詢服務等[101]。隨著馬政府上臺，兩岸關係和緩，福建沿海局勢轉為穩定，加上地緣鄰近，中共也將福建地區規劃成對臺交流的重鎮之一。例如，在 2008 年兩會期間，做出決議，突顯福建對台獨特工作地位，制頒與「海西」基礎建設、福建對臺交流的支持措施，提出「讓『海西』成為對臺先行先試的實驗區的建議」、「將『海西』列入全國主體功能區重點開發區域」、「將『海西區』作為『大中華經濟共同體試驗區』」等提案[102]；前述的兩岸交流基地，也以福建省居多，可見中共規劃的重心所在。

馬政府時期，兩岸青年交流的主要活動特徵仍不脫扁政府時代的組團互訪、研討會、大型論壇、寒暑期營隊、教育與學術合作等方式，例如：2010 年「沈春池文教基金會」和大陸「中華文化聯誼會」聯合在臺北舉辦的「把握契機・開創新局——2010 年兩岸文化論壇」，即是高層級官方帶動交流活動的典範之一。當時出席與會的兩岸重要人物包

---

[101] 中國評論新聞網，〈大陸惠臺八大利多　馬英九：當然歡迎〉，http://hk.crntt.com/doc/1009/7/3/2/100973258.html?coluid=7&kindid=0&docid=100973258。上網檢視日期，2020 年 12 月 8 日

[102] 陸委會，〈中共「兩會」對臺言論簡析，大陸與兩岸情勢簡報〉，https://www.mac.gov.tw/News_Content.aspx?n=78702647C7A5B61B&sms=25D4C64CAEE1E128&s=

含，行政院前院長劉兆玄，時任文建會主委的盛治仁，大陸文化部部長、中華文化聯誼會名譽會長蔡武等一百五十多位學者、專家及相關部門首長、代表參加論壇[103]；2007 年 12 月，文化大學與福州大學、福建農林大學簽署締結姐妹學校合作意向書，雙方在教師互派、學生互派、教學科研交流、開展專業技術培訓等領域展開密切合作[104]。

開放陸生來臺就讀是馬政府時期最為重要的，關乎青年交流的政策措施，自 2010 年修訂《臺灣地區與大陸地區人民關係條例》開放大陸學生來臺就讀以來，2011 年起開始招收大陸地區新生，就讀人數逐年成長，到了 2016 年研修生加學位生的數量已經達到 41,975 名，人數可觀，對於兩岸青年相互認識有不小程度的提升。

不過，一切美好都在 2016 年蔡英文總統當選後，兩岸關係急凍，在 2016 年 5 月 20 日就職演說中，蔡英文總統沒有使用「九二共識」，而只提到了「九二會談」，中國大陸則對此次演講內容解讀為，「在兩岸同胞最關切的兩岸關係性質這一根本問題上採取模糊態度，沒有明確承認『九二共識』和認同其核心意涵」。[105] 但是，中共在其陸「兩會」期間，反而由全國政協主席俞正聲正式提出要「開展面向臺灣青少年的體驗式交流」，之後「體驗式交流」成為大陸對臺青年工作的新重點，再結合「千人計畫」、「百人計畫」、「雙百計畫」、「大眾創業、萬眾創新」與福建自貿區等重大經貿政策與法規鬆綁，中共在蔡政

---

[103] 蔡國裕，〈從「兩岸文化論壇」探討兩岸文化交流，展望與探索〉，2010 年 10 月，第 10 期，頁 17-23。

[104] 陸委會，〈海峽兩岸關係紀要〉，https://www.mac.gov.tw/News_Content.aspx?n=3D7C9BFC4F86BF4A&sms=CDA642B408087E65&s=CE963A3254FF9C22#001。上網檢視日期，2020 年 12 月 8 日。

[105] BBC，〈分析：撥開「九二共識」與「九二會談」的迷霧〉，https://www.bbc.com/zhongwen/trad/taiwan_letters/2016/05/160521_china_taiwan_92_analysis。上網檢視日期，2020 年 12 月 8 日。

府上臺後，反而在兩岸青年交流策略上持續推陳出新，甚至加大力度。由於中共策略的轉變，兩岸青年交流模式更趨多元，除了陳水扁與馬英九時期已經時常舉辦的論壇對話、旅遊參訪、冬夏令營、研討會、交換學生等活動，新的體驗式交流也開始注重，例如競賽、創業及就業實習等活動[106]。

兩岸青年交流在蔡英文主政時期，逐漸由雙方互有來往傾向至中共單方加強力道的方向前進。其中以中共在 2018 年推出的「惠臺 31 條」以及 2019 年加碼的「26 條措施」最為顯著。其中關係到臺灣青年的措施內容，涵蓋就業、創業、科研、活動等幾大方向，整理內容詳見下表。

2018 年惠臺 31 條中與臺灣青年權益相關之規定列表
• 臺灣同胞可報名參加 53 項專業技術人員職業資格考試和 81 項技能人員職業資格考試（《向臺灣居民開放的國家職業資格考試目錄》附後，具體執業辦法由有關部門另行制定）。
• 臺灣專業人才可申請參與國家「千人計畫」。在大陸工作的臺灣專業人才，可申請參與國家「萬人計畫」。
• 臺灣同胞可申報國家自然科學基金、國家社會科學基金、國家傑出青年科學基金、國家藝術基金等各類基金專案。具體辦法由相關主管部門制定。
• 鼓勵臺灣同胞參與中華經典誦讀工程、文化遺產保護工程、非物質文化遺產傳承發展工程等中華優秀傳統文化傳承發展工程。支持臺灣文化藝術界團體和人士參與大陸在海外舉辦的感知中國、中國文化年（節）、歡樂春節等品牌活動，參加「中華文化走出去」計畫。符合條件的兩岸文化專案可納入海外中國文化中心專案資源庫。
• 支持中華慈善獎、梅花獎、金鷹獎等經濟科技文化社會領域各類評獎專案提名涵蓋臺灣地區。在大陸工作的臺灣同胞可參加當地勞動模範、「五一」勞動獎章、技術能手、「三八」紅旗手等榮譽稱號評選。
• 臺灣人士參與大陸廣播電視節目和電影、電視劇製作可不受數量限制。

---

[106] 黃奕維，《中國大陸對臺青年學生工作成效影響因素分析》，2017。

2018 年惠臺 31 條中與臺灣青年權益相關之規定列表
• 大陸電影發行機構、廣播電視臺、視聽網站和有線電視網引進臺灣生產的電影、電視劇不做數量限制。 • 放寬兩岸合拍電影、電視劇在主創人員比例、大陸元素、投資比例等方面的限制；取消收取兩岸電影合拍立項申報費用；縮短兩岸電視劇合拍立項階段故事梗概的審批時限。 • 對臺灣圖書進口業務建立綠色通道，簡化進口審批流程。同時段進口的臺灣圖書可優先辦理相關手續。 • 鼓勵臺灣同胞加入大陸經濟、科技、文化、藝術類專業性社團組織、行業協會，參加相關活動。 • 支持鼓勵兩岸教育文化科研機構開展中國文化、歷史、民族等領域研究和成果應用。 • 臺灣地區從事兩岸民間交流的機構可申請兩岸交流基金專案。 • 鼓勵臺灣同胞和相關社團參與大陸扶貧、支教、公益、社區建設等基層工作。 • 在大陸高校就讀臨床醫學專業碩士學位的臺灣學生，在參加研究生學習一年後，可按照大陸醫師資格考試報名的相關規定申請參加考試。 • 取得大陸醫師資格證書的臺灣同胞，可按照相關規定在大陸申請執業註冊。 • 符合條件的臺灣醫師，可通過認定方式獲得大陸醫師資格。符合條件的臺灣醫師，可按照相關規定在大陸申請註冊短期行醫，期滿後可重新辦理註冊手續。 • 在臺灣已獲取相應資格的臺灣同胞在大陸申請證券、期貨、基金從業資格時，只需通過大陸法律法規考試，無需參加專業知識考試。 • 鼓勵臺灣教師來大陸高校任教，其在臺灣取得的學術成果可納入工作評價體系。 • 為方便臺灣同胞在大陸應聘工作，推動各類人事人才網站和企業線上招聘做好系統升級，支持使用臺胞證註冊登錄。

資料來源：中共中央台辦，關於印發《關於促進兩岸經濟文化交流合作的若干措施》的通知，2018 年 2 月 28 日，網址：http://www.gwytb.gov.cn/wyly/201802/t20180228_11928139.htm

2019 年 26 條措施中與臺灣青年權益相關之規定列表
• 臺灣同胞可在中華人民共和國駐外使領館尋求領事保護與協助，申請旅行證件。
• 臺灣同胞可申請成為農民專業合作社成員，可申請符合條件的農業基本建設專案和財政專案。
• 臺灣同胞可同等使用交通運輸新業態企業提供的交通出行等產品。
• 試點在福建對持臺灣居民居住證的臺胞使用大陸移動電話業務給予資費優惠。
• 持臺灣居民居住證的臺灣同胞在購房資格方面與大陸居民享受同等待遇。
• 臺灣文創機構、單位或個人可參與大陸文創園區建設營運、參加大陸各類文創賽事、文藝展演展示活動。臺灣文藝工作者可進入大陸文藝院團、研究機構工作或研學。
• 在大陸工作的臺灣同胞可申報中國文化藝術政府獎動漫獎。
• 在大陸高校、科研機構、公立醫院、高科技企業從事專業技術工作的臺灣同胞，符合條件的可同等參加相應系列、級別職稱評審，其在臺灣地區參與的專案、取得的成果等同等視為專業工作業績，在臺灣地區從事技術工作的年限同等視為專業技術工作年限。
• 臺商子女高中畢業後，在大陸獲得高中、中等職業學校畢業證書可以在大陸參加相關高職院校分類招考。
• 進一步擴大招收臺灣學生的院校範圍，提高中西部院校和非部屬院校比例。
• 臺灣學生可持臺灣居民居住證按照有關規定向所在大陸高校同等申請享受各類資助政策。在大陸高校任教、就讀的臺灣教師和學生可持臺灣居民居住證同等申請公派留學資格。
• 歡迎臺灣運動員來大陸參加全國性體育比賽和職業聯賽，積極為臺灣運動員、教練員、專業人員來大陸考察、訓練、參賽、工作、交流等提供便利條件，為臺灣運動員備戰 2022 年北京冬奧會和杭州亞運會提供協助。
• 臺灣運動員可以內援身分參加大陸足球、籃球、乒乓球、圍棋等職業聯賽，符合條件的臺灣體育團隊、俱樂部亦可參與大陸相關職業聯賽。大陸單項體育運動協會可向臺灣同胞授予運動技術等級證書。歡迎臺灣運動員報考大陸體育院校。
資料來源：新華社，《關於進一步促進兩岸經濟文化交流合作的若干措施》，2019 年 11 月 04 日，網址：http://www.mod.gov.cn/big5/topnews/2019-11/04/content_4854414.htm

由於兩岸關係在蔡英文執政後急凍，臺灣內部青年民眾的態度逐漸傾向反中，加上臺灣地區政府對於兩岸交流一事未展現出高度興趣，因此自 2016 年後，除了維持現有的交流活動，例如例行性論壇或研討會等，並未對大陸地區青年做出進一步的交流突破。不過，中共官方自從 2016 年後，反而在對臺青年交流上，採取更為主動與創新的作法，例如：2017 年的海峽論壇，主要議程分為為論壇大會、青年交流、基層交流、經貿交流等四大板塊，在論壇舉辦前設立網路平臺，向臺灣民眾公開徵選海峽論壇活動創意，以及舉辦海峽論壇金點子大賽活動，徵選臺灣民眾的優秀創意納入活動。[107]可見中共在青年交流上，不只將青年議題列為核心，更採用臺灣青年熟悉的網路徵集模式，可以說中共對臺的青年交流策略，反應相當靈活。

　　另外，隨著資通訊科技發達，數位化與網路高速化，造就許多線上平臺、社群與通訊媒介的興起，例如 Youtube、Facebook、Twitter、Bilibili、WeChat、QQ、Line、Tiktok 等平臺，甚至線上遊戲皆成為兩岸青年直接溝通的管道，這些多元線上管道，進而帶動兩岸青年之間透過網路管道進行新型態的直接交流模式，成為除了正式活動外的重要交流方式之一。

第四節　背景梳理

　　兩岸分治六十年以上，在臺灣解嚴、開放大陸探親之後，兩岸的交流始趨頻繁，由此作為兩岸和平交流的開端，不再像過去隨時都有可能

---

[107] 顏建發，〈從第 9 屆海峽論壇透視北京對臺戰略佈局，大陸與兩岸情勢簡報〉，https://www.mac.gov.tw/News_Content.aspx?n=78702647C7A5B61B&sms=25D4C64CAEE1E128&s=5E662AA787517981。上網檢視日期：2020 年 12 月 8 日。

劍拔弩張、武力衝突，取而代之的是和平往來。2010 年時，在當時的臺灣地區領導人馬英九暨政府執政下，兩岸達成一定的共識並簽署 ECFA，除了旨在規範兩岸經貿事項之外，另有兩岸的文化交流以及擴大文創產業的合作之相關規範，深化兩岸文化上的交流亦是主要的工作。文化是人類活動、且成為彼此之間共同符號的符號化結構。文化包含文字、聲調、圖騰、語言乃至於文學、繪畫等，皆可包含在文化的範疇當中。另一方面，文化同時指涉了同一歷史時期的遺跡與遺物的綜合體，同樣的工具、用具、製造技術等是同一種文化的特徵自然的、自願的文化交流，而非文化殖民或侵略，其功能和成效，概括而言，主要有以下三者：

　　a. 促進了解彼此的文化，乃至尊重彼此的文化，包括相同與不同部分；

　　b. 吸收、學習對方優良或實用的文化，同時檢討、改進不良或不合時宜的文化；

　　c. 促進彼此文化融合與文化發展，發展出豐富、燦爛、多彩多姿的多元文化。

　　綜上所言，良好的文化互動有助於文化汰除陋習或其他尚須革新的成分，亦助於本是同根卻因政治、社會等因素而分歧的兩個群體破除因相互不了解所致之誤會。因此，文化交流對於兩岸的和平發展、穩定互動等，增加互利的利基，具有相當幫助。臺灣社會因政治的因素，使本應追根溯源的文化互動、探尋交流等，逐漸與大陸漸行漸遠，甚至發展出與史不符的文化認同，這可說是一種偏見。倘欲消弭上述所說偏見的影響，則須從強化文化交流及互動方面著手。無有文化，則無身分認同，價值混亂之下的認同容易被他者價值填充，反而稱了某些有心人士的如意算盤。「文化接近性」（Cultural Proximity）是最符合本課題的關鍵概念，因為從區域來說，臺灣移民大多從閩南地區移入，生活與風

俗習慣相當程度受閩南文化影響，換言之，閩南文化在臺灣地區幾乎無處不在，包括語言、習俗、宗教等。另外，從學科研究來說，「文化接近性」一詞大多在傳播學領域所運用，且是經常被用來研究對於跨地區文化流動的重要概念之一。以臺灣地區從 1993 年至 2021 年的 25 篇學術期刊論文與 70 本碩士論文的研究成果來看，大多把文化接近性一詞運用在傳播學研究領域，但卻欠缺運用在兩岸文化交流研究方面。

在基於兩岸閩南文化接近性條件，兩岸應該在許多生活方面擁有交集，但是近年來因疫情、政治因素，讓文化接近卻無法發揮較大功能，更因為人員流動限制，導致無法證明文化接近性對兩岸民眾產生有無影響。有鑑於此，本課題「兩岸閩南文化交流對臺灣年輕人文化認同影響之研究」特別提出，基於閩南文化的接近性前提下，對「那些曾經在中國大陸福建省（閩南地區）旅遊、求學或者工作的青年們，是否會更因為親自體驗、用手觸摸，進而感受閩南文化的溫度，產生更多的文化認同呢？」雖然，兩岸部分文化交流活動存在太多政治目的，也存在許多偶然與不連續性，讓兩岸文化交流僅能爆發出瞬間的火花。不過，部分歐美相關研究仍認為，透過社會接觸與交流，會讓接觸雙方降低彼此歧視。另外，臺灣相關研究也指出，透過兩岸人民不斷地交流與接觸，同樣可以建立兩岸人民間的友誼關係。當然，仍有臺灣部分相關學術調查認為，臺灣青少年對大陸「他者」定位，形成了刻板印象，並對大陸刻板印象多是負面的，從而形成偏見與歧視。這種偏見認知主要是對大陸了解不足、觀感不佳、顧慮深重。

這種結果也與兩岸關係與發展有關，自 2000 年到 2022 年的兩岸青年交流是否順暢，其實都是來自政治因素，尤其是隨著臺灣地區的執政政府更迭大致上分為三大階段。第一階段是指 2000-2008 年的陳水扁總統執政期，我方對於兩岸交流態度呈現漸進式改變，奠定主要法律框架的修正，官方邀集民間參與的交流活動還算熱絡。第二階段是指 2008-

2016 年馬英九總統執政時期，兩岸因為關係和解，交流活動升溫，尤其我方開放陸生來臺就讀，大陸方面大力建設交流平臺等作為，可稱為青年交流最好的時期。第二階段在馬英九總統上臺後，大陸方面積極推動針對臺灣的大交流、大合作、大發展策略，其中以大陸中央到地方各地成立的對臺交流或合作基地，屬於重中之重，透過科技、文化、農業、經貿等面向，吸引臺灣人才與產業的合作。第三階段則是從 2016 年開始到現在，自 2016 年蔡英文總統執政後，兩岸關係急凍，進而影響青年交流，主要體現在臺灣地區官方的消極態度。自此兩岸關係從暖轉冷，北京方面進入觀察模式，雖然民間交流在蔡英文執政初期並未有顯著阻礙，甚至臺灣學生赴大陸就讀的人數仍持續增加，但是由於兩岸關係日益緊張，尤其是 2019 年後隨著香港反送中、中美貿易戰、臺灣反中情緒受到挑撥，兩岸逐漸進入對峙狀態，例如解放軍軍機繞臺、我國加大對陸資投資臺灣的限制等，兩岸青年交流雖仍有所活動，但潛在阻礙已現。

　　文化是一個民族產生和發展最穩定的因素，也是最重要的凝聚力。如何「以文化人」對人們產生同化作用，正是本計畫想透過研究找出的因果。但又該如何以文化人呢？文化體驗，或許是有效減少和降低臺灣青年刻板印象的重要方向。包爾斯（Daniel A. Powers）和埃利森（Christopher G. Ellison）等人相關研究亦指出，重複的社會接觸行為，的確可以減少對個人偏見或族群歧視。何謂文化體驗？本課題認為，中國大陸既有的對臺政策，本就鼓勵臺灣青年來大陸旅遊、求學與工作，試圖透過社會接觸，進而以文化人，爭取臺灣青年對中國大陸在文化身分上的認同。重視文化資源與體驗，可能強化臺灣青年的社會接觸影響與效果，進而讓臺灣青年對大陸的社會因接觸的量變產生質變，個人認同產生社會認同。但，這個方法是否僅是大陸單方面的想法呢？

　　從臺灣媒體與相關學術調查中發現，臺灣青少年對大陸「他者」定

位，形成了刻板印象。當代臺灣已經形成「臺灣人群體」，而視大陸人為「他群」，他們對大陸的刻板印象多是負面的，從而形成偏見與歧視。這種偏見認知可分為兩大部分，第一部分在於對大陸綜合實力和發展前景的認知偏差對此，臺灣青年有三種認知傾向：一是積極評價、樂見其成。二是認可大陸對臺灣的重要性，接受和平發展的現實，但謹慎保守、心態矛盾。三是對大陸了解不足、觀感不佳、顧慮深重。從綠營智庫民調顯示，臺灣地區 20-29 歲人群中，有近七成年輕人最不喜歡的是中國大陸。第二部分偏見認知在於對大陸同胞的了解度和好感度。這主要指大陸同胞的行為表現、精神面貌等在臺灣人心目中的抽象反映和得到的認識和評價。這種認識與評價雖屬於單方面的想像，但反映在對「陸客」負面認知持續增加，以及對大陸政府的認知較為固化。而造成臺灣青少年的認知偏差，綜合有下列幾點，詳列如下：

1. 心理因素：
    （1） 焦慮感，主要是中國大陸崛起——外部心理衝擊與島內經濟發展困難緩慢——內部「相對剝奪感」增強。
    （2） 失落感，臺灣民眾曾擁有高於大陸的優越感與自信心，隨著大陸在經濟、軍事、國際地位與政治影響力等方面實力全面躍升，兩岸實力的消長不僅臺灣讓青年無法繼承祖輩原有的優越感，反而在面對兩岸互信不足、政治對立尚未結束現狀時，心中的失衡感與不安全感與日俱增。
    （3） 恐懼感。島內分裂勢力不斷操弄「大陸導彈對準臺灣」、「大陸封殺臺灣國際空間」等議題，將中國大陸貼上「打壓者」、「壓迫者」標籤，造成臺灣青年產生恐懼感，擔心臺灣被大陸「吞併」，失去原有生活方式與「民主自由」。
2. 物質因素：臺灣青年在近幾年經濟不景氣情況下，社會貧富分化加大，臺灣青年對兩岸關係「無感」甚至「冷感」，忙於考慮和應付

自身事情，對兩岸關係忽略或無視或者責任轉移，將自身物質困境的原因轉嫁給兩岸關係和大陸。在民進黨與綠媒的刻意扭曲下，原本由於臺灣內部分配、政府治理所產生的貧富分化和就業等問題，都被統統歸咎為兩岸關係發展帶來的負面衝擊。

3. 媒體因素：臺灣學者楊開煌認為：「臺灣民眾對大陸的原始印象都是負面的，這些負面事實，似乎很多來自媒體報導，和政府的政治社會化內容在方向上相對一致，因為不論國民黨的『反共教育』或目前執政黨的『去中國化』教育，都以殘暴、不民主、無法治、黑暗大陸來塑造中國。」此外，作為臺灣青年資訊重要來源的新媒體傳播大量碎片化、片面化甚至是錯誤不實的資訊，這些導致臺灣青年對大陸難以獲得系統、全面、正確的資訊。

在這些「刻板印象尚不能被消除」情況下，必須透過有效的方式，減少和降低臺灣青年刻板印象的工作。這正是本課題的獨到學術與應用價值所在。文化是一個民族產生和發展最穩定的因素，也是最重要的凝聚力；但文化認同不等於民族認同，不過，文化認同卻能長期存在並影響廣泛。文化認同具有強大的向心力，從而使人們產生共同的文化歸屬感。「以文化人」對人們產生同化作用，正是本課題提出的最重要核心價值。但，又該如何以文化人呢？利用社會接觸與文化體驗，或許是臺灣青少年對大陸認同感的新路徑。若以上述臺灣部分研究結果，似乎大陸的「以文化人」成效不彰。不過，臺灣這種刻板印象的結果，並非全然事實。臺灣新聞與政治環境是相互掛勾的，臺灣研究媒體的學者們發現，媒體報導容易偏離真實原則，緣於本島政治傳承的因素形成了媒體政治站隊。加上部分研究的對象本身就刻意「反中」，結果不可盡信。本課題認為，人是情感的動物，有情就有感。情，是先天的文化接近性；感，是後天的文化體驗。透過文化接近性的交流活動，利用文化資源善盡文化體驗，最後形成文化認同。但這個推論是否正確，正是本課

題想透過研究想找出的答案。這個答案，若能真實反映中國大陸對臺政策的「以文化人」核心原則，就可以清楚知道文化接近性是否可以促成文化認同。

　　這種「以文化人」就是一種文化體驗。此外，何謂文化體驗？本課題認為，透過鼓勵臺灣年青人來大陸求學、就業、參與各種活動，或者旅遊等，不以政治角度出發，而以文化人，爭取臺灣青少年對中國大陸在文化身分上的認同，正是本課題最重要的學術與應用價值。因為，旅遊體驗，會直接影響旅遊者對某種觀念或者想像產生改變。重視文化資源的運用，以及透過三種方式，包括：具物化的體驗性、習俗上的參與性與精神上的感知性，這就是一種文化體驗，這種文化體驗可能會強化社會接觸的影響與效果，進而讓社會因接觸的量變，產生質變。這也正是本課題研究的最終目標。

第三章 專案內容

第一節 研究主題與對象

　　本課題總體框架認為大陸的「以文化人」的對臺政策，在文化接近性高的閩南地區，透過大量的文化接觸，應該會對臺灣年輕人在文化認同上有所成效。誠如上述論點，良好的文化互動，有助於兩個群體破除因相互不了解所致之誤會。文化接觸與大量的社會交流，會讓接觸雙方降低彼此歧視。此外，兩岸人民不斷地交流與接觸，同樣可以建立兩岸人民間的友誼關係，對於兩岸的和平發展、穩定互動等，增加互利的利基，具有相當幫助。所以，本課題將基於上述的總體框架與思路，針對研究對象進行調查訪問，並試圖從中釐清文化接近性、文化接觸與文化認同三者變項間的關係。任何一項政策都必須有檢驗機制，大陸「以文化人」的對臺政策是否適合臺灣年輕人？而邀請大量臺灣年輕人來大陸福建省參與文化接觸活動，或者用手感受閩南文化的接近，能否真正改變臺灣青年對大陸態度與印象嗎？這點正是本研究課題的主要重點之一。透過文化接近性的大量交流活動，利用文化資源善盡各種文化體驗，最後形成文化認同，這個推論是否正確，正是本課題另一項的研究重點。

　　另外，本課題研究的難點在於，個人認同到社會認同、文化認同是屬於心理層面的發酵與成長，絕非透過單一調查訪問就可明白文化接近性、文化體驗與文化認同三者間的關係；更有可能該臺灣青年本身的個人背景、教育程度或者同儕關係，都可能會是影響本課題研究的信度大

小。若要解決該課題難點，則必須進行擴大範圍與長時間的追蹤調查，方可以比較清楚知悉產生文化認同的原因為何？以及文化接近性、文化體驗與文化認同三者間的可能真正關係。因此，本課題的主要研究目標有三，詳細說明如下。

　　a.透過調查訪問研究，了解「以文化人」的對臺政策是否適合臺灣年輕人？

　　b.透過調查訪問研究，找出文化接近性、文化體驗與文化認同三變項之間的可能關係？

　　c.透過調查訪問研究，釐清臺灣青年是否會因文化體驗影響文化認同？

　　本課題基本思路認為，青年屬於自我思想與價值判斷容易受外面環境因素改變的一群，透過文化接近性的大量交流活動，利用文化資源善盡各種文化體驗，最後形成文化認同，這個思路應該是正確，但目前鮮有數據可進行佐證。「以文化人」是否會對臺灣青年產生文化認同作用，按照過去那些大量社會接觸與文化體驗文獻，目前尚未有實證研究。因此，透過兩次雙邊對青少年的問卷調查方式，先釐清文化接近性是否還是影響臺灣青少年對閩南文化的認同；另外，再針對已經在陸臺灣青少年做第二次的網路問卷訪談，去試圖證明臺灣青年來大陸福建省參與文化接觸活動，或用手感受閩南文化的接近性，能否真正改變臺灣青年對大陸的文化認同感，這正是本課題最主要的研究思路。簡言之，參加大陸所舉辦的文化體驗活動多寡，是否會影響臺灣青年對大陸的文化認同感？

　　為求兩次問卷調查的受訪青少年在年齡上有較精準定義，兩次調查對象都以 18 歲到 45 歲的青少年人為主要研究對象。不過第二次的在陸青少年則是以那些曾經在中國大陸福建省（閩南地區）進行旅遊、求學或者工作的青年們為母群進行立意抽樣。這群人主要特點往往缺少社會

經驗，感性用事大於理性思考，所以在兩岸關係認知與對大陸的身分認同上，有別於其他年齡層。加上年輕人感性用事大於理性，透過外在方式（體驗交流或者媒介報導）可能有機會改變他們的認知與態度。另外，本次課題將採回溯與追蹤方式，透過研究方法與問卷調查驗證「以文化人」是否產生效果？輔以企業行銷的「體驗」觀點，去找出在文化接近性的背景下，文化接觸是否會直接影響臺灣青年的文化認同。這在過去的兩岸研究成果來說，的確較為少見。進一步地說，本課題更希望透過「文化體驗」的成果回饋，進而達到有目的性的文化認同的建立，滿足「兩岸一家親」的真正內涵。透過體驗式交流，把口號與觀念落實到實際的參與，或者社會接觸，讓文化交流可以連續，讓兩岸人民以文化仲介更進一步理解，或者這才是真正實際兩岸一家親的最佳途徑。體驗，本屬於企業行銷慣用的手法，比較少運用在兩岸交流中。但，若把體驗結合文化，或許就是另一種兩岸文化交流的最新路徑。這個觀點跟過去單純以研究兩岸交流活動的數量或者意義來說，更側重於方法的驗證。

第二節　研究方法

　　過去許多研究臺灣青年對大陸文化認同感相關文獻與成果，往往屬於橫斷研究方式，針對單一或者多種問題在單一時間點上進行研究分析。但本課題屬於縱貫與追蹤回溯研究。針對某個議題或者某個研究對象，在經過一定時間發酵後，進行追蹤研究，以期找到可能的影響因數，與可能的因果相關。此外，本課題更採用「雙重兩階段」的研究方法執行本研究專案。第一階段，在臺灣地區進行訪談，先針對文化接近性對臺灣地區青少年對閩南文化認同程度調查，並加以分析背後可能的

原因；第二階段則採用立意抽樣（特定對象：在陸臺青）進行問卷調查，針對目前在陸的臺灣青年，是否會因「體驗交流」後，增加或者強化對閩南文化的認同，這個是屬於雙重研究，也將會得到雙重數據與結論。

　　至於，因兩次問卷調查得到的各種數據與結果，也將透過把量化與質性兩種研究方法交換運用，更能找出影響臺灣青年對大陸文化認同相關變項與因素，並進一步去說明或者驗證「以文化人」的效果。結合定性與混合研究方式，指在單一個研究或多個研究中，同時間或依序的採用質化和量化的方法，以形成研究問題、搜集資料、分析資料或詮釋結果[108]。不同的研究者對於混合研究的定義及看法並不一致。例如：質化和量化的方法應在研究過程的哪一個階段加以整合？或是整合發生在哪一個研究過程中是構成混合研究所必須的？因此常會在何種研究形式屬於「混合研究」的認定寬嚴不一。部分學者認為，所謂混合研究必須要在質和量的取向中各有一個完整的問題形成、資料搜集、資料分析和詮釋結果的歷程，並且在結果詮釋上充分將質化取向和量化取向結果之間的關係加以連結和討論，才稱為混合研究。

　　質化和量化取向兩種研究方法各有其優、缺點，同時採用可以互相彌補彼此之不足。量化設計的假設較嚴謹，一般是透過適當地取樣，探討變項之間的相關關係或因果關係，其結果也被預期具有普遍性；而質化設計的特點在於針對探究的對象做更深入與全面的接觸，進而建構出對所探究對象的個人理解與詮釋。兩者的取向與目的不同，可對同一研究現象的重疊或不同的面向（facets）得到不同的理解，進而豐富、精緻了對現象的探究結果。關於本次為何要採用混合研究方式呢？主要原

---

[108] 宋曜廷、潘佩好，〈混合研究在教育研究的應用〉[J]，《教育科學研究期刊》，2010，55(4):97-130。

因在於本項目在設計問卷時,用到「文化接近性與」與「體驗交流」兩個主要變項,而這個兩個主要變項的回答都必須讓受訪者去回溯思考,因此將會使用部分的文獻分析與回顧,除讓數據清晰表達研究結果外,更可以從回饋中找到更多佐證數據來驗證定量調查的數據結果。文獻分析法(Document Analysis)是指根據一定的研究目的或課題,透過搜集有關市場資訊、調查報告、產業動態等文獻資料,從而全面而精準地掌握所要研究問題的一種方法。搜集內容儘量要求豐富及廣博,再將四處搜集來的資料,經過分析後歸納統整,再分析事件淵源、原因、背景、影響及其意義等。相較於其他方法,文獻分析法具有較為省時、省力與省錢的優點,此外,由於資料有較強的客觀性與較高的信度,是以研究觀點的形成較不易受到主觀的因素,但缺點是文獻必然地會受到原先作者主觀的影響。按照上述的研究方法,本研究專案的主要架構與研究步驟則可以用下圖進行說明。

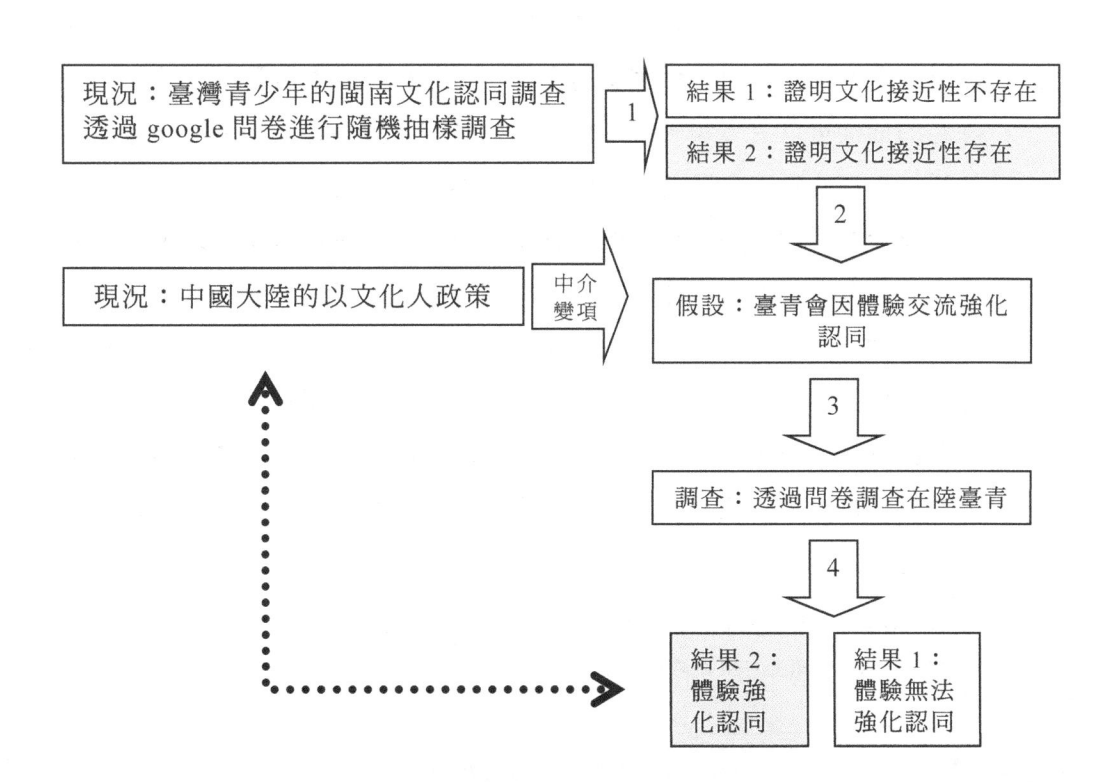

```
現況:臺灣青少年的閩南文化認同調查      ┌─→ 結果1:證明文化接近性不存在
透過 google 問卷進行隨機抽樣調查    1
                                    └─→ 結果2:證明文化接近性存在
                                                    │
                                                    2
                                                    ↓
現況:中國大陸的以文化人政策  中介   假設:臺青會因體驗交流強化
                             變項         認同
                                                    │
                                                    3
                                                    ↓
                                    調查:透過問卷調查在陸臺青
                                                    │
                                                    4
                                                    ↓
                              結果2:           結果1:
                              體驗強           體驗無法
                              化認同           強化認同
```

在定量的線上網路問卷調查將分成兩個階段，第一階段主要透過 Google 問卷表單的線上調查平臺設計問卷與發佈問卷，再利用 Line 群組與 Facebook 臉書公佈在臺灣地區進行隨機問卷調查。該次調查時間主要從 2021 年 1 月 9 日開始到 2021 年 4 月 10 日結束，為期共三個月。本次問卷調查內容主要針對臺灣地區的青少年[109]，針對這些受訪者在閩南文化的知悉（聽過）、知道（清楚）、認知（理解）與情緒態度（喜歡）等四大面向，以及哪些因素、管道會影響他們對閩南文化的認同進行調查分析。為提高問卷回收與有效問卷份數，填寫問卷的受訪者，都可進行價值新臺幣壹百元的 7-11 有價券 100 份的抽獎。

這次調查是為期三個月的線上隨機調查，共 2,568 位受訪者填寫問卷，經整理後僅有 1,333 位屬於有效問卷[110]；排除超過 45 歲以上的有效問卷，僅剩下 810 位的有效問卷。這 810 位有效受訪者人口的詳細個人基本資料，請參考第三章的第一階段研究成果。為何第一階段會採用線上網路問卷調查方法呢？因為本課題研究調查的主要母群，就是臺灣地區各階層民眾，但會依照受訪者的年齡進行第一次篩選。為讓本研究課題的抽樣可以更客觀，且避免立意抽樣問題，抽樣均採隨機抽樣，而抽樣樣本也儘量符合臺灣地理區域劃分與各地理區域人口數的比例。

為什麼近期網路調查重要性逐日遞增？因為透過網路快速、大量地交換、存取、搜集資料特性，使得利用問卷大量搜集消費者行為資訊變得更方便。美國民意調查學會（AAPOR）之前曾針對網路問卷調查，會在抽樣樣本特徵有所偏差，以及無法限制重複投票進行大加批判；但隨著網路認證技術成熟，限制重複投票的機制開始問世，加上網路投票樣本完全符合現有龐大電子商務以及科技產品意見領袖的目標客層，在

---

[109] 本次研究調查對象是指 18 歲以上，45 歲以下的臺灣地區少年與青年。

[110] 有效問卷是必須要將整份問卷填寫完畢。

短短的半年內，美國民意調查學會已經舉辦上百場的學術研討會，重新審視並且肯定這個原先被誤解的新工具。網路問卷調查，也就是線上調查，這種調查方法具有快速、研究設計彈性化、不受調查時間限制、問卷設計更具彈性、視覺化、減少人工 coding 作業以及減少訪員干擾等優點。不過，網路線上問卷調查，在程序上需要符合幾個步驟，包括：研究目的設定、問卷建構、決定問卷傳輸的形式或平臺、進行小樣本的問卷前測、確定調查時間與樣本數、數據搜集與數據分析等步驟。雖然網路調查法的有問卷回收快速等優點，但仍必須注意回收問卷裡面數據的品質，這就是對於有效問卷的定義，其中舉凡回傳的空白問卷，或同一人重複填寫（包含機器人的大量回覆），或者問卷答案無法辨讀、或者亂碼，或者不符合本次問卷調查的需求等，都屬於無效問卷。

不過，過去在使用網路調查法時，許多學者認為網路問卷調查主要缺點在於受訪者缺乏代表性，以及在網路問卷調查時並無抽樣架構與原則。這兩點缺陷，在代表性部分，當前普遍網路人口愈來愈多之後，網路受訪者代表性問題就已經迎刃解決，加上目前臺灣地區已有超過 95.8% 以上的臺灣民眾，都幾乎透過移動手機進行行動上網，或透過公共 WiFi 上網；進一步來說，臺灣民眾超過 9 成以上都是線民，所以透過網路問卷調查法時，並無太多不合適，反而更直接，更具代表。另外，採用 Google 問卷表單理由，主要是讓使用者可免費透過該表單，進行管理活動報名資料、製作測驗、分析回應，更是一個最佳的線上問卷訪談系統，第一階段的問卷調查表單請詳見附件 1。

Google 表單可直接在行動或網路瀏覽器中建立及分析問卷調查，無需額外安裝特殊軟體，另可以在系統收到回應後立即查看結果，並透過圖表匯整出一目了然的問卷調查結果摘要。利用 Google 問卷調查提供的各項工具，讓使用者可快速向整個網路上的真實使用者徵集回饋，獲得可靠的分析結果，從而做出更明智的業務決策、了解所開展的行銷

工作的效果、隨時掌握品牌的發展情況。另外，Google 問卷表單方式也可以讓使用者自行設計調查問卷，指定要調查的目標受眾，並進行前測與實際調查，所耗費的時間只是傳統調研過程的零頭。這正是本計畫選擇 Google 問卷調查的主要原因。

第一階段的問卷調查之所選擇將「文化接近性」特點跨領域用於文化認同，主要是現今社會已全面「媒介化」，而「文化接近性」很容易會因媒介化產生正增強或負減弱。因此把閩南文化的特點去調查臺灣地區青少年對閩南文化認同現況，正是本課題在學術思想與觀點的重要創新。加上坊間許多兩岸（閩南）文化調查，大多著墨於政治、經濟或者國際關係等觀點進行闡述，並且鮮少以「文化接近性」角度切入，這也是本課題的另一項創新。至於，第二階段的問卷調查，則是立足於「體驗交流」，透過立意抽樣去調查在陸臺灣青少年來過或者來到大陸與大陸的閩南文化接觸後的反應，是屬於強化認同，還是並無太大變化？詳細的第二份問卷內容，請參考附件 2。

立意抽樣是研究方法的一種，是指當調查人員對自己的研究領域十分熟悉，對調查總體比較了解時採用這種抽樣方法，可獲代表性較高的樣本。這種抽樣方法多應用於總體小而內部差異大的情況，以及在總體邊界無法確定或因研究者的時間與人力、物力有限時採用。立意抽樣法具有簡便易行，符合調查目的和特殊需要，可以充分利用調查樣本的已知資料，被調查者配合較好，資料回收率高等優點。同樣地，立意抽樣結果受研究人員的傾向性影響大，一旦主觀判斷偏差，則很容易引起抽樣偏差，也比較不能直接對調查總體進行推斷。基於這種情況，要充分發揮立意抽樣的積極作用，對總體的基本特徵必須相當清楚，做到心中有數。這樣，才可能使所選定的樣本具有代表性、典型性，從而才可能透過對所選樣本的調查研究，了解、掌握整個總體的情況。

第二階段的問卷調查對象是明確的，在清楚該次抽樣母群的基本條

件下，加上需是在陸臺灣青少年的限制下，透過立意抽樣是比較科學的。本次調查因實施地點在大陸地區，則無法利用 Google 問卷表單，改為利用大陸的問卷星調查軟體，從 2021 年 12 月 1 日起到 2022 年 1 月 31 日為止，共計兩各月，透過熟悉的在大陸的臺灣友人的各種微信群，以及各地台辦與臺商會提供的名單，在大陸積極尋找特定對象進行線上立意調查。經過問卷回收後，共計有 468 位受訪者填寫問卷，經整理後僅有 257 位屬於有效問卷。

問卷星是一個專業的線上問卷調查、考試、測評、投票平臺，專注於為用戶提供功能強大、人性化的線上設計問卷、採集數據、自定義報表、調查結果分析等系列服務。與傳統調查方式和其他調查網站或調查系統相比，問卷星具有快捷、易用、低成本的明顯優勢，已經被大量企業和個人廣泛使用。通過制定詳細周密的線上問卷，要求被調查者據此進行回答以搜集資料，並可通過微信、短信、QQ、微博、郵件等方式將問卷鏈接發給好友填寫，問卷星會自動對結果進行統計分析，並可以隨時查看或下載問卷結果。此外，問卷星支持多種題型，可以設置跳轉、關聯和引用邏輯，並支持微信、郵件和短信等方式搜集數據，數據回收後可以進行分類統計、交叉分析，並且可以導出到 Word、Excel、SPSS 等，加上屬於免費軟體，問卷題目數無限制，又可以通過文本格式快速生成問卷，讓設計與回答問卷的人，都可以輕鬆以對。

結束兩階段定量性的問卷訪談後，將會針對那些接受立意抽樣的受訪者進行混合研究方法分析。在量化方面，將使用敘述性統計加以描述受訪者的基本資料，以及針對體驗後受訪者對閩南文化認同程度結果，進行歸納與描繪；另外，在質化方面，更透過特定題目、答案進行個別受訪者的深度訪談，紀錄受訪者的自我陳述內容，加以分類，並詮釋數據背後的意義。對於個別受訪者的深度訪談，主要是完整把受訪者所言、所述相關資料紀錄完整外，更透過受訪者所言、所述的相關資料進

行分析，再將問卷結果與受訪者的語言文字進行交叉分析整理；最後，再利用敘述統計方式進一步將數字內容的背後意義進行解釋與分析結果，這就是本課題所提到的品質並重的混合研究方法。

其中將受訪者的訪談資料加以分析，其是就是一種內容分析法。內容分析法是一種對於傳播媒介的訊息作客觀而有系統的量化及描述的研究方法。將語言或者文字等內容等資料，進行客觀的和系統性分析。內容分析法可以有系統地整理與綜合紀錄中明顯與暗藏的內容。在目的上不只作敘述性的解說，也推論傳播過程所發生的影響；雖然內容分析法是一種量化分析的過程，但並不表示是純粹的量的分析，只是從量的變化來推論質的變化，應該說是一種質量並重的研究方法。針對逐字稿進行初步閱讀，並且發展或區別那些內容與研究主題不同，並將與主題相關聯的內容進行初步概念化，然後再進行下一階段的編碼。編碼是將搜集來的資料分解成一個個單位，仔細檢視並比較異同，再針對資料中所反映的現象而提出問題的過程。透過熟讀受訪者的回答，並且持續思考該內容與研究主題間的關係以及所代表的意涵。

未來的研究課題成果將採用二種形式呈現，主要是匯整兩階段研究成果形成研究成果報告論文，包括專案緣起（兩岸的文化接近性、背景梳理）、專案內容（研究主題與對象、研究方法）、第一階段、第二階段問卷調查成果，以及研究結論、研究建議等。並於成果中適時插入各種文獻資料加以佐證。二是，摘錄本課題研究成果內容，以期刊論文方式，嘗試發表於特定期刊之中，以期讓本項目研究成果可以對外發表，提供具實證且深度的資料成果，觸發更多文化交流的可能，以期增進了解臺灣地區青少年在文化接近性與體驗交流中的文化認同傾向，以期完善兩岸交流互動的最佳第三道路，那就是「以文化人」、「以文交流」與「以文統一」，最終推動兩岸一家親的最終目標。

第一階段的研究成果，已經被臺灣期刊〈傳播前沿〉（ISSN：

2709-2941）審查後收錄於第三卷第二期（總期數第 7 期）；而第二階段研究成果也被臺灣期刊〈區域與文化研究〉（ISSN：2709-1104）審查通過後，被收錄於第三卷第三期（總期數第 8 期）。

　　透過閩南文化的接近性前提下，落實各種不同文化形式的體驗與接觸，消除臺灣地區青少年對大陸存在於在心裡、物質等方面的焦慮與挫折感，進而增進臺灣地區青少年對大陸的閩南文化認同，最後把福建打造成為兩岸第一家園。最後，善用數據描述與深度分析，找出「文化接近性與」與「體驗交流」進行「以文化人」、「以文交流」與「以文統一」的優勢與目前的痛點，讓閩南文化的「文化接近性與」與「體驗交流」兩大特色發揮到極致，這也正式本研究專案的最重要目的。

第四章　第一階段：從文化接近性詮釋臺灣青少年對閩南文化認同現況調查

第一節　前提：政治無法阻隔文化接近

　　從西元 1949 年新中國成立，到 1987 年 11 月蔣經國先生開放兩岸探親迄今，兩岸在政治實質上已分治六十年以上。雖然在臺灣解嚴、開放大陸探親到馬英九執政期間，兩岸交流曾經漸趨頻繁，由此作為兩岸和平交流的開端，取而代之的是和平往來。甚至在 2010 年時，兩岸達成一定共識並簽署 ECFA，除規範兩岸經貿事項之外，並在兩岸文化及文創產業擴大合作，深化兩岸文化交流。不過，兩岸互動與交流仍存在部分政治阻礙，尤其在民進黨政府執政時期：陳水扁與蔡英文政府的政策轉彎，以及自 2020 年迄今新冠肺炎疫情阻斷兩岸交流。不過，陳水扁政府雖然以統合論作為兩岸關係的基調，除政治關係稍微緊張，但民間文化交流、經貿往來卻是逐漸增加，兩岸軟性交流從未斷過，經貿往來甚而更加密切。但現任的蔡英文政府在不支持「一國兩制」前提下，採取不應將生產據點與市場過度依賴大陸市場、堅實美臺關係、推動南向政策，並堅持臺灣應有自己的生活方式與制度價值；加上新冠肺炎肆虐等原因，讓兩岸不僅在政治經濟上漸行漸遠，連文化交流幾乎中斷。

　　不可否認的是，雖將近四十年未曾有過民間的交流，兩岸民眾形成心理與實際的文化隔閡在所難免，但臺灣方面的生活習慣等，仍是承自中國大陸，亦可算在廣義的中華文化範疇之內，故在兩岸交流中，同時

帶有一般的文化間交流（閩南）與跨不同文化（閩臺）的交流特色。就區域而言，包括廈、漳、泉、臺灣與海外地區以閩南方言為主的，都可以稱之為閩南文化圈。它既是中國傳統文化重要組成部分，更富有鮮明的區域文化特色。閩南文化可說是一種特殊文化形成的標誌，其中包括：獨特的語言、獨特的風俗與共同的信仰。閩南文化具有上承下傳的雙重傳播性特徵，即主體文化由中原傳播而來，融合土著文化形成富有地方特色的閩南文化，爾後又通過移民臺灣傳播到臺灣及通過移居國外的華僑華人傳播到國外[111]。在施懿琳《閩南文化概論》所述，兩岸關係發展研究以文化交流、族系語言及宗族聚落背景狀況，及文學、戲劇、教育、宗教信仰、風俗習慣、飲食文化、工藝技術及建築特色等等，這更說明臺灣與大陸地區互動及流通具體。[112]如潘峰《兩岸同根同源的文化展演研究：以臺灣民俗村和閩臺緣博物館為例》一書，書中指出臺灣的「閩南文化」與大陸地區的「閩南文化」可能就本質來說，在文化同源沒有顯著的差異。

　　良好文化互動，有助於兩個群體破除因相互不了解所導致的可能誤會，不過，若可透過文化接觸與大量社會交流，會讓雙方降低彼此歧視、誤解。同上道理，兩岸人民若可不斷地交流與接觸，同樣可建立起兩岸人民間的正常友誼關係，尤其在兩岸的閩南人與閩南文化，更是最為相通，雖然因時間及時代演變，可能使得兩岸間的閩南文化出現了不一樣的發展；但就生活上、宗教上，甚至在語言上的相通，是不容易斷裂的，在兩岸閩南人骨子裡的傳統思想中，對於部分閩南傳統文化是不可抹滅的。關於這點，楊毅周曾提出要盡快建立兩岸文化合作機制，推

---

[111] 簡銘翔、陳建安，〈探索兩岸發展新方法：體驗學習共同保存閩南文化〉，《發展前瞻學報》，2019 年 9 月，第 25 期，頁 72。

[112] 施懿琳主編，《閩南文化概論》(臺北：五南圖書出版股份有限公司，2013 年 09 月)，頁 3。

動兩岸文化共同體的構建,保證兩岸文化交流可持續的進行[113]。李詮林則認為要借助文化產業等有效的文化影響手段來增強臺灣民眾的中華文化認同感[114];劉相平更是提到,兩岸應該努力尋求傳統文化核心價值的對接,在對外推廣中國傳統文化的過程中,聯手合作,擴大共識。[115]簡言之,善用兩岸閩南人的文化接近性,突破因兩岸政治分歧乃至於彼此敵視的觀感,畢竟這些錯誤的觀感在某些程度上,源自於臺灣地區綠營政府操弄和媒體的渲染炒作,導致有些臺灣民眾仇視大陸,但卻從未試著去了解大陸的實際狀況和兩岸的歷史淵源連結,甚至於完全忽略許多被冠上「臺灣」字樣或定位為臺灣特色的文化元素,其實擺脫不掉它們的閩南根源。

綜合以上所言,文化交流對於兩岸的和平發展、穩定互動等,增加互利的利基,具有相當幫助。臺灣社會因政治的因素,使本應追根溯源的文化互動、探尋交流等活動,卻逐漸與大陸漸行漸遠,甚至發展出與史不符的文化認同,這可說是一種偏見。若欲消弭上述所說偏見的影響,則須從強化文化交流及互動方面著手;無有文化,則無身分認同,價值混亂之下的認同容易被他者價值填充,反而稱了某些有心人士的如意算盤。因此,為確認臺灣地區當下對閩南文化認同的現狀,主要針對臺灣閩南人後代,以在臺灣地區土生土長的閩二代、閩三代青少年們,是否仍對於閩南文化有充分了解、對閩南文化是否仍保有喜好、甚至如同父輩般認同閩南文化與否等?亦如上述所言,是否正因兩岸閩南人所保存的相同文化接近性,讓文化認同似乎突破政治與其他因素的阻隔。本研究透過定量的網路問卷調查方式,期待透過數據搜集並加以描繪當

---

[113] 楊毅周,〈深化兩岸文化交流 促進兩岸和平發展〉[J],《臺聲》,2007(6)。

[114] 李詮林,〈文化產業:兩岸關係和平發展的助推器〉[J],《福建行政學院學報》,2013(1):8-14。

[115] 劉相平,〈兩岸認同之基本要素及達成路徑探析〉[J],《臺灣研究》,2011(1)。

下臺灣青少年對閩南文化的喜好與認同程度。

第二節　理論：文化接近應有助文化認同

　　文化是人類活動且成為彼此之間共同符號的某種符號化結構，其中包含文字、聲調、圖騰、語言，乃至於文學、繪畫等，皆可包含在文化的範疇當中。另一方面，文化同時指涉了同一歷史時期的遺跡與遺物的綜合體，同樣的工具、用具、製造技術等是同一種文化的特徵，自然的、自願的文化交流，並非文化殖民或侵略。在此定義下，可將文化功能和成效概括如後：文化可促進了解彼此的文化，乃至尊重彼此的文化，包括相同與不同部分；吸收、學習對方優良或實用的文化，同時檢討、改進不良或不合時宜的文化；促進彼此文化融合與文化發展，發展出豐富、燦爛、多彩多姿的多元文化。

　　從區域來說，臺灣地區移民從歷史記錄得知，大多從閩南地區移入，因此在生活、風俗習慣與民間信仰等，相當程度受到閩南文化影響；換言之，閩南文化在臺灣地區幾乎無處不在，包括閩南語言、生活習俗、宗教信仰等。雖然，兩岸部分交流活動仍存在政治目的，不能排除的是，兩岸閩南文化的接近性，仍是有機會讓兩岸文化交流爆發出瞬間火花的最主要因素。從部分歐美與臺灣地區相關學術研究結果指出，透過多數社會接觸與交流，會讓接觸雙方降低彼此歧視；同理可證，若可以讓兩岸人民在相似的文化場域下，不斷地交流與接觸，應可以再度建立兩岸人民間的友誼關係。所以，文化接近性（cultural proximity）無疑是最符合兩岸閩南文化現況，也是兩岸閩南人交流互動最大動因，更是未來增進兩岸人民心理距離的關鍵概念。

　　再以閩南語方言為例，族群生活方式從某種意義上來說就是族群的

文化。遷移中的華人社會內部以方言作為寬泛的紐帶，意味著共同或鄰近的家鄉。為穩固遷移族群的內部聯繫，加上崇鄉重祖的文化傳統，海外閩南人會以地緣、宗親等聯繫組成宗親和鄉親團，還原祖地群體生活記憶，進而追求穩定和持續的群體生活，而其中最有效果的是雙方溝通所使用的方言：閩南語。閩南方言伴隨閩南族群遷移海外積澱了歷時和現時、個體與群體的豐厚養分，從中挖掘穩固海外閩南族群身分認同和文化認同的財富，這對臺灣地區的閩南人來說，就是種最明顯的文化接近與認同。這種更接近且夯實的閩南方言認同，對海外閩南人與閩南文化的延續以及保持語言多樣性都具有積極的作用[116]。

　　換言之，臺灣既有的傳統文化乃中原文化經由福建傳播和延伸而來，閩臺文化代代傳承，迄今仍相同或相近，而形成了閩臺文化共同體，就是具有高度的文化接近性。若歷史文化同源的提醒，有助於提高臺灣民眾的「閩南人認同」，如何善用並推進和加強閩臺文化交流，無疑是克服兩岸現今障礙的最有效的途徑方式之一。以「文化接近性」（cultural proximity）當成兩岸閩南文化交流的理論基礎，是將美國學者斯特勞哈爾（Joseph D. Straubhaar）1991年所發表〈超越媒介帝國主義：不對稱交互依賴與文化接近性〉的學術論文中的文化接近性，將其在傳播研究領域的運用，特別以跨國文化相關研究為主，轉換成閩臺之間文化交流發展的重要依據。

　　人是情感的動物，有情就有感。情，是先天的文化接近性；感，是後天的文化體驗。透過文化接近性的交流活動，利用文化資源善盡文化體驗，最後形成文化認同。交流是文化發展的問題中應有之義，文化是被動的，文化只有透過人的交流，才能激發其富有生命力的豐富內涵，

---

[116] 王曦，〈族群認同視域下閩南方言的跨境傳播〉[J]，《湖南科技大學學報：社會科學版》，2020，23(5):6。

才能展現其獨特的魅力、力量和影響力。在閩臺關係發展的系統結構中,文化接近性應該是文化交流中,居於最重要的地位;透過文化接近性的交流,才有感情交融,才有親情的昇華,才有文化的認同。文化是一個民族產生和發展最穩定的因素,也是最重要的凝聚力。如何「以文化人」對人們產生認同作用,正是文化的積極功能之一。

　　文化認同是人們對社會上存在的文化模式的接受、認可和實踐,人們根據文化認同構建自身的思想認識、價值觀念和理想信念,根據共同的思想認識、價值觀念和理想信念相互承認、相互合作進而結成群體以及確認群體之外的「他者」。在現實實踐中,是什麼造成了人們的文化認同?是共同的生活決定了人們的文化認同。共同的生活決定了人們共同的利益、共同的政治制度、共同的理想追求,而共同的利益、共同的政治制度、共同的理想追求又決定了人們的共同思想、價值和理想。總之,共同的活動造就人們共同的命運,決定了人們的文化認同[117]。文化認同應該要先從聽過到知道、要從喜歡到認同,而閩臺之間的文化接近性,是否容易讓臺灣地區的閩二代、閩三代,仍對閩南文化保持正面態度呢?正是本文最想了解的問題核心。

　　文化交流是軟性的、互相理解的,甚至為一種雙向且隱性的訊息交流。有鑒於兩岸受政治力影響而緊張情勢有所升高的情況下,文化接近性是否能夠依舊協助兩岸閩南人願意為保存兩岸共用之傳統文化而努力呢?這種文化喜好或認同,是否也會因祖父輩傳承,或親赴大陸交流體驗而反映在臺灣青少年的心中,甚至留下認同感受與理解態度,亦是本文研究的重點。不管是閩南文化,還是更大範疇的中華文化,海峽兩岸本就是共用文化記憶,在歷史和文化敘事中存在巨大交集,尤其在基於閩南地方文化傳統的兩岸敘事中,有著文化接近的明顯優勢。如果兩岸

---

[117] 鐘星星,〈現代文化認同問題研究〉[D],《中共中央黨校》,頁 55。

閩南人無法講述共同的歷史故事,不能分享共同的文化記憶,那麼兩岸之間的文化連結和情感紐帶勢必被割斷,兩岸同胞或許只能淪落為「最熟悉的陌生人」[118]

第三節　調查：臺灣青少年對閩南文化的認同現況

　　本調查主要是 2020 年度福建省高校以馬克思主義為指導的哲學社會科學學科基礎理研究專案〈兩岸閩南文化交流對臺灣青年文化認同的影響研究〉的前期研究,針對〈臺灣地區青少年對閩南文化的認同現狀〉進行線上問卷調查。Google 線上調查可直接在行動或網路瀏覽器進行,無需額外安裝特殊軟體。利用網路線上調查的原因在於臺灣有超過 95.8%[119]以上的民眾,幾乎都使用移動手機進行行動上網,或透過公共 WiFi 使用網路服務。進一步來說,臺灣民眾超過 9 成以上都是線民,透過網路問卷調查法時,並無太多不適性。本次調查期間是從 2021 年 1 月 9 日開始到 24 月 10 日結束,為期共三個月。本次問卷調查內容主要針對臺灣地區的青少年[120],針對這些受訪者在閩南文化的知悉(聽過)、知道(清楚)、認知(理解)與情緒態度(喜歡)等四大面向,以及哪些因素、管道會影響他們對閩南文化的認同進行調查分析。

　　知悉(聽過),是指聽過閩南文化;知道(清楚),是指知道哪些

---

[118] 王強,〈海峽兩岸閩南文化「敘事共同體」的建構〉[J],《閩南師範大學學報:哲學社會科學版》,2020,34(4):6。

[119] 財團法人臺灣網路資訊中心,2019 年臺灣網路調查報告,https://www.twnic.tw/doc/twrp/201912e.pdf,2019.11

[120] 本次研究調查對像是指 18 歲以上,45 歲以下的臺灣地區少年與青年。

屬於閩南文化？而認同則是本身不僅聽過，且清楚、理解哪些是閩南文化，更發自內心喜歡。當然，也針對哪些因素會導致臺灣地區的青少年們不知道、不理解，或者不認同閩南文化的受訪者進行圖像描繪。知悉、理解與認同較偏向理性選擇；另，在本份問卷也針對偏向喜歡與否的情緒選項，以期待將兩種結果加以比較。這次調查是為期三個月的線上隨機調查，共 2,568 位受訪者填寫問卷，經整理後僅有 1,333 位屬於有效問卷[121]；排除超過 45 歲以上的有效問卷，僅剩下 810 位的有效問卷。這 810 位有效受訪者人口基本資料圖像如下表一，其中認定自己本身屬於閩南族群的佔有效受訪者 78%，這個數字與臺灣地區「行政院」官方網頁公佈的數據相去不遠。

表一：有效受訪者基本資料

年齡	男	女	職業	男	女
13-15 歲	13	11	一般商業	53	65
16-20 歲	23	80	工廠製造	13	6
21-25 歲	46	84	公家機關	8	7
26-30 歲	40	73	生技產業	2	1
31-35 歲	46	62	交通運輸	5	1
36-40 歲	55	77	事務人員	0	3
41-45 歲	92	108	服務仲介	7	30
合計	315	495	法律諮詢	1	0
教育程度	男	女	社工社福	2	8
國中	15	9	金融保險	12	21
高中職	23	26	建築營造	9	3
大學（專）	164	304	退休待業	11	15
碩士	82	134	教育文化	56	120

---

[121] 有效問卷是必須要將整份問卷填寫完畢。

合計	284	473	飯店旅宿	2	1
族群	男	女	資訊科技	11	3
閩南人	238	398	農林漁牧	5	1
臺灣本地	11	9	管理人員	26	8
客家人	35	45	學生	67	165
外省後代	12	14	醫事護理	3	13
原住民	2	6	藝術傳媒	17	22
閩客人	1	10	員警軍人	5	2
閩外省	1	3	合計	315	495
客外人	1	2	區域	男	女
閩原住民	1	1	北部	192	284
新移民	11	7	中部	69	124
不知道	2	0	南部	39	68
合計	315	495	東部	12	19
			離島	3	0
			合計	315	495

在知悉（或聽過）閩南文化部分，超過 95%的受訪者均有知悉（或聽過）閩南文化，沒有聽過的受訪者當中，並沒有性別、年齡的差異，但在不同族群確有明顯差異，其中臺灣原住民（12.5%）、新移民（16.7%）的受訪者是沒有聽過閩南文化的。至於，是否知道（清楚）什麼是閩南文化，卻僅有約 73%受訪者知道（或清楚）什麼才是閩南文化？同樣地，不知道（或不清楚）什麼是閩南文化的，同樣並無年齡、性別差異，但相比不同族群間是否存在差異，閩南族群不知道（或不清楚）比例相對較少，僅 26%；同屬於鄰近閩南區域的客家人，也僅有 31.3%；其餘像原住民（37.5%）、新移民（33.3%）與外省人（或外省人二代、三代）（34.6%）確實更不知道（不清楚）何謂閩南文

化?見表二說明。

在知道(清楚)何謂閩南文化中,閩南語言(99.2%)、閩南民間信仰(91.7%)是大部分的臺灣民眾所聽過且清楚的閩南文化;閩南式生活(85.5%)、風俗(84.8%)與閩南式建築(84.5%)也是大多數臺灣民眾對閩南文化的印象;不過,唯一屬於同源同種最直接證據的祖先來自於閩南地區,卻僅占 68.1%。若進一步追問上述最可以代表閩南文化的是哪一項?結果仍然顯示閩南語言(93.8%)最能代表閩南文化,其次是閩南風俗(91.6%)、民間信仰(85.1%)、閩南建築(84.0%)、閩南生活(79.2%),最後仍是以祖先來自於閩南地區,僅有 60%,詳見圖一、圖二說明。

表二:受訪者知悉與知道閩南文化族群對比表

	閩南人	客家人	原住民	新移民	外省人	不知道	小計
聽過閩南文化	640	79	7	15	24	2	767
沒聽過閩南文化	33	4	1	3	2	0	43
小計	673	83	8	18	26	2	810
聽過百分比	95.1%	95.2%	87.5%	83.3%	92.3%	100.0%	
沒聽過百分比	4.9%	4.8%	12.5%	16.7%	7.7%	0.0%	
知道閩南文化	498	57	5	12	17	1	590
不知道閩南文化	175	26	3	6	9	1	220
小計	673	83	8	18	26	2	810
知道百分比	74.0%	68.7%	62.5%	66.7%	65.4%	50.0%	
不知道百分比	26.0%	31.3%	37.5%	33.3%	34.6%	50.0%	

知道且理解哪些屬於閩南文化？

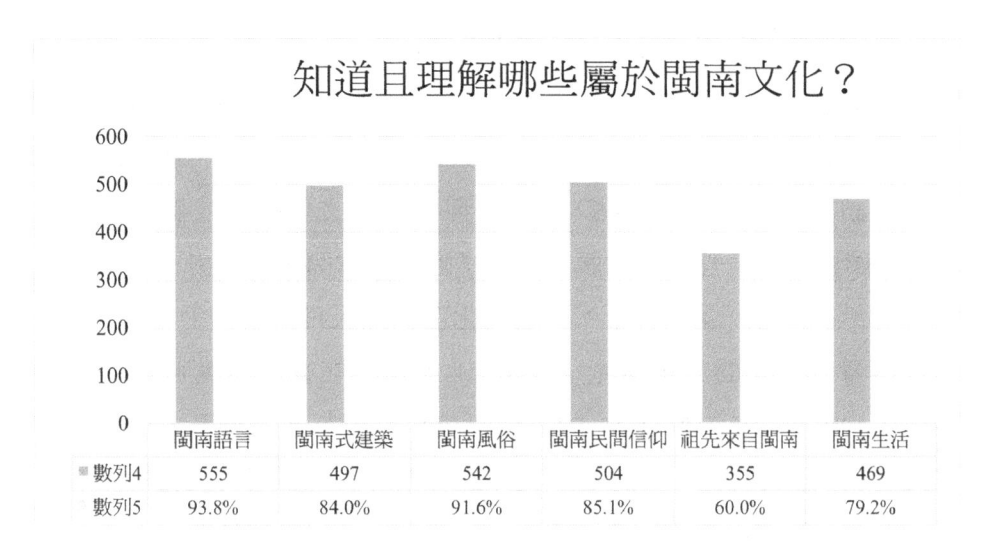

	閩南語言	閩南式建築	閩南風俗	閩南民間信仰	祖先來自閩南	閩南生活
數列4	555	497	542	504	355	469
數列5	93.8%	84.0%	91.6%	85.1%	60.0%	79.2%

圖一：知道哪些是屬於閩南文化？

下面哪項最能代表閩南文化？

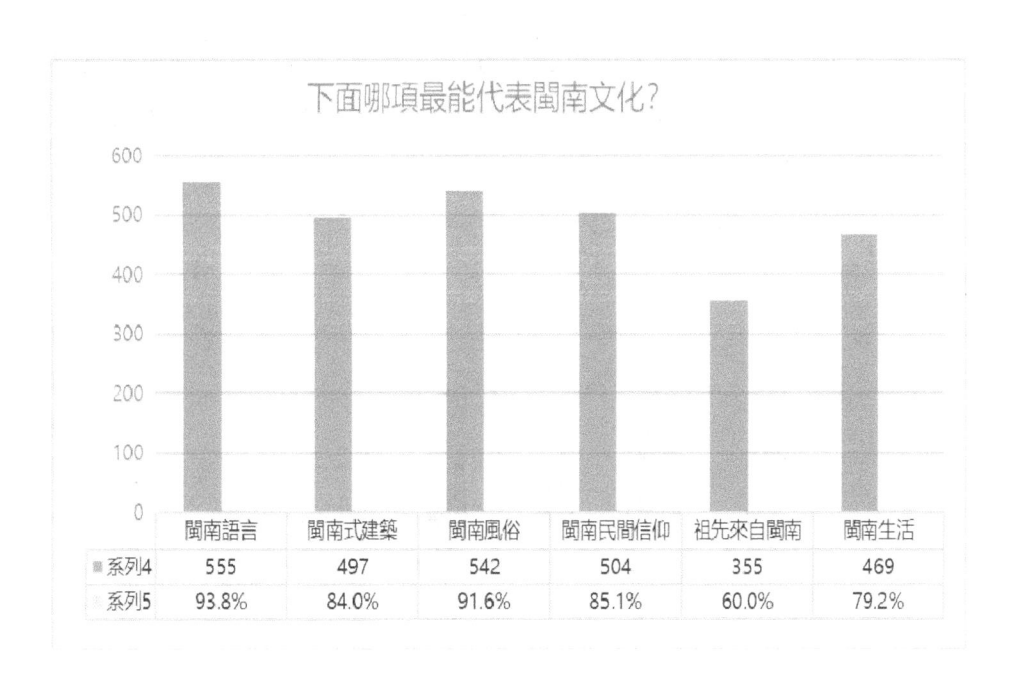

	閩南語言	閩南式建築	閩南風俗	閩南民間信仰	祖先來自閩南	閩南生活
系列4	555	497	542	504	355	469
系列5	93.8%	84.0%	91.6%	85.1%	60.0%	79.2%

圖二：哪一項最能代表閩南文化？

若從喜歡詢問臺灣青少年是否喜歡閩南文化？不牽涉是否知道（清楚）何謂是閩南文化下，發現非常喜歡與喜歡閩南文化的受訪者比例約60%，若加上「一般」（指態度傾向中間偏喜歡），結果與聽過閩南文化的受訪者比例相同是超過 95％是喜歡閩南文化的；這個結果與性別、年齡層與教育程度無明顯相關。不過，當詢問喜歡閩南文化的原因時發現，不論男、女大都是「閩南文化已經融入日常生活」（74%）、「是祖輩傳下來的文化遺產」（62.7%）與「在臺灣隨處可見閩南文化」（49%），其中僅 8.5%的臺灣青少年是因為曾經來過大陸的體驗交流經驗，請詳見圖三。再者，從知道（理解）何謂閩南文化的大部分受訪者中分析他們透過何種管道理解？發現「從父母或長輩口中得知」（80.1%）、「學校教育與書本上得知」（71.8%）與「從媒體或新聞報導得知」（52.4%），是主要的三大管道。另外，「與大陸有過交流」（24.2%）以及「與大陸親戚仍有往來」（4.1%）兩項結果加總發現，透過面對面的體驗交流影響產生的比例，不到受訪者的 1/3 強，請詳見圖四。

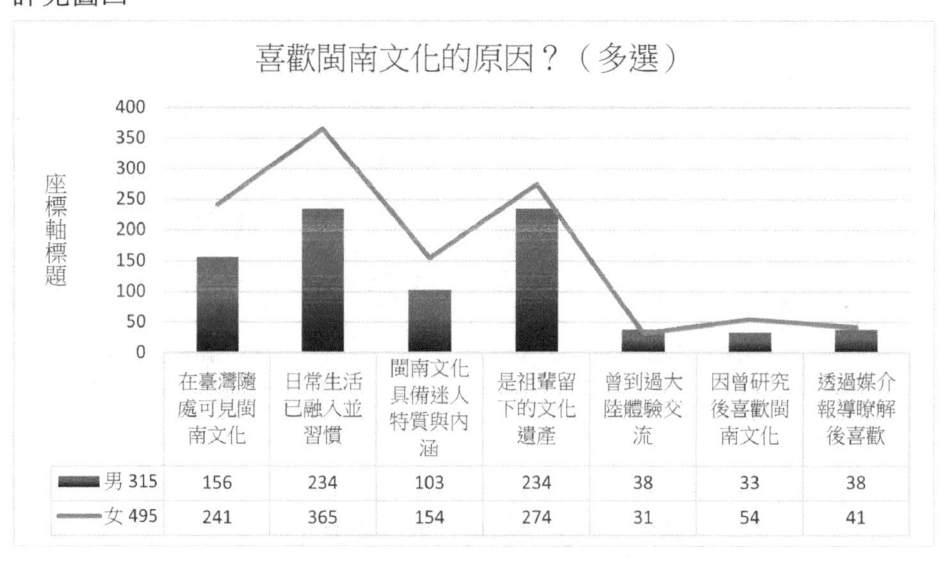

喜歡閩南文化的原因？（多選）	在臺灣隨處可見閩南文化	日常生活已融入並習慣	閩南文化具備迷人特質與內涵	是祖輩留下的文化遺產	曾到過大陸體驗交流	因曾研究後喜歡閩南文化	透過媒介報導瞭解後喜歡
男 315	156	234	103	234	38	33	38
女 495	241	365	154	274	31	54	41

圖三：喜歡閩南文化的原因？（多選）

知道閩南文化的通路是？（多選）

	從父母或長輩口中得知	曾來過閩南地區	從媒體或新聞報導得知	學校教育與書本得知	與大陸親戚仍有往來	與大陸有過交流
男 237	193	45	128	160	14	98
女 355	281	28	182	265	10	45

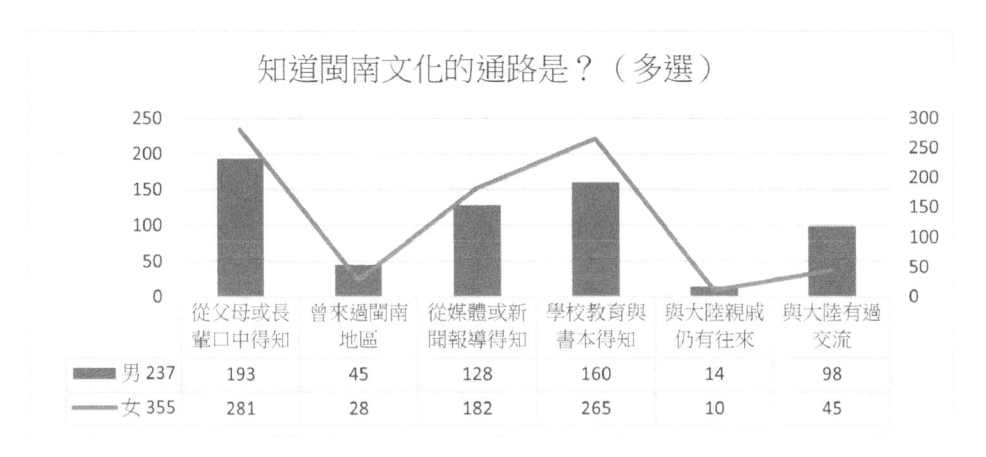

圖四：從哪裡知道閩南文化？（多選）

在最後一部分認同閩南文化的選項裡，約 71.4%受訪者明確表示認同閩南文化（其中包含：非常認同、很認同與一般認同），該結果不分年齡、性別與教育程度。若詢問為何認同閩南文化的原因，其中日常中已經習慣有閩南文化（66%）、在臺灣隨處可見閩南文化（61%）與是祖輩父母留下的文化遺產（59%）是前三項因素。而閩南文化具備迷人特質（34%）以及曾經來過大陸與閩南文化有過交流（23%）則是分屬第四、第五主要因素，請見圖五。其中 28.6%的受訪者卻是不認同閩南文化，詢問其不認同原因發現，不清楚閩南文化真正特質（45%）是主要原因，而不分性別、年齡。但第二主要原因卻是認為閩南文化似乎有政治意圖（36%），而且男性（41.6%）認為政治意圖的比例高過於女性（32.9%），這結果對比另三個選項結果有明顯的差異，請見表三。

認同閩南文化的原因？（多選）

- 媒介報導瞭解後認同　8%
- 因曾研究後認同　8%
- 曾到大陸與閩南文化有交流　23%
- 祖輩父母留下的文化遺產　59%
- 具備迷人特質與內涵　34%
- 在臺灣隨處可見閩南文化　61%
- 日常生活中已習慣閩南文化　66%

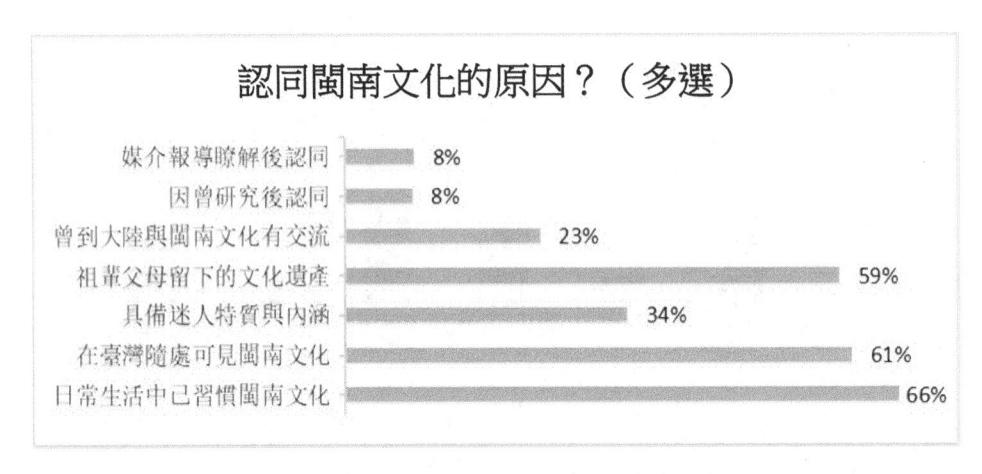

圖五：認同閩南文化的原因？（多選）

表三：男女不認同閩南文化因素對比表

	男	女	小計
選項：不認同閩南文化統計結果	89	143	232
	38.4%	61.6%	100%
閩南文化似乎有政治意圖	37	47	84
	41.6%	32.9%	36%
沒有閩南文化，只有臺灣文化	13	21	34
	14.6%	14.7%	15%
不清楚閩南文化真正特質	36	68	104
	40.4%	47.6%	45%
閩南人意識形態很重	3	7	10
	3.4%	4.9%	4%

第四節　結論：文化接近性與體驗交流可促進認同

　　本文希望從文化接近性說明臺灣青少年對閩南文化認同現況，透過網路問卷調查佐證文化接近性對於文化認同的影響。從文化接近性加以

詮釋是基於每個人對不同資訊來源，都會有選擇性感知（selective perception）。從心理學視角來說：「每個人選擇、組織與解釋外在感官刺激，並賦予外在世界某種意義的複雜過程，就是種感知」。感知是很主動、理性的，這過程涉及學習、更新觀點，並與所觀察的現象互動，其中還包括推論過程。影響這個感知過程仍包括每個人的預存立場、文化背景、當下動機、情緒反應與態度等五種因素。[122]如上述可知，選擇性感知是種理性行為，這個選擇行為包括選擇性暴露（知悉或聽過）、選擇性理解（知道或清楚）與最後選擇性記憶（認知或認同）；當然，在任何選擇決策過程，仍包括情緒或態度（喜歡與否）。所以，在問卷選項中，包含知悉、知道、喜歡與認同等四大部分。

在本次調查中發現，95%的臺灣青少年知悉（聽過）閩南文化，但僅有 73%臺灣青少年知道（清楚）何謂閩南文化；將這兩項結果分別與性別、年齡與族群進行交叉分析後，發現其中性別、年齡與知悉（聽過）、知道（清楚）並無相關，但在族群上明顯發現閩南人相較於臺灣原住民、新移民或者外省第二代、第三代的族群，明顯對於閩南文化更清楚、了解。那些影響是否知道（清楚）哪些屬於閩南文化內容中，受眾選擇最少的「祖先來自於閩南地區」選項，也有約 68.1%的受訪者選擇；若再繼續詢問，哪項內容更能代表閩南文化呢？「祖先來自於閩南地區」，仍有 60%受訪者選擇。這項結果很大幅度證明臺灣地區的閩南文化仍有超過六成以上是來自於同源同種的大陸閩南文化。

若不涉及是否知道（清楚）何謂閩南文化，發現非常喜歡與喜歡閩南文化的受訪者約占 60%，這個結果與喜歡閩南文化原因相比後發現，不論男、女性別與年齡，喜歡原因來自「閩南文化已經融入日常生活」（74%），以及「是祖輩傳下來的文化遺產」（62.7%）與「在臺

---

[122] 鐘建安，《探索心理的奧秘：心理學及應用》[M]，浙江大學出版社，2009。

灣隨處可見閩南文化」（49%）等三個因素有相當程度關連。這群喜歡閩南文化的臺灣青少年是從哪種管道知道閩南文化呢？發現「從父母或長輩口中得知」（80.1%）是受訪者最主要管道，更是證明受訪者們的文化背景依舊是最主要影響臺灣青少年的感知與喜好。

此外，約七成受訪者明確表示認同閩南文化，其認同原因在於日常中已經習慣有閩南文化（66%）、在臺灣隨處可見閩南文化（61%）與是祖輩父母留下的文化遺產（59%）等前三項主要因素。這直接說明目前臺灣閩南文化的文化認同，一方面來自「祖輩父母留下的文化遺產」的直接證據外，另一方面長期受到兩岸傳統閩南文化的接近性，也間接讓臺灣在日常生活與各項閩南特色、風俗習慣等，不僅讓臺灣青少年知道、理解、喜歡，進一步在潛移默化下認同閩南文化的另一種原因。總體來說，不管臺灣或大陸的閩南文化，閩南文化的同源同種背景，目前仍是造成文化認同的主因，但仍受到族群因素影響；至於，因兩岸閩南文化的文化接近性間接造成的認同，是另一種在文化傳播下的社會心理與文化背景的接收與認同。

不過，約 28.6%的受訪者是不認同閩南文化，這個比例與族群分佈有關。臺灣閩南人數占全體人口七成，這七成的臺灣閩南人，因祖輩的文化傳承與口耳相傳，以及身處在到處都有閩南文化特色的各種生活場景中，確實有約六成以上的閩南人認同閩南文化，但仍有約 10%的閩南人後代，對閩南文化採保留態度。所以，這 28.6%的不認同閩南文化有其自然背景存在。若詢問不認同受訪者原因發現，不清楚閩南文化真正特質（45%）是主要原因，但第二主要原因卻是認為閩南文化似乎有政治意圖（36%），其中男性（占 41.6%）認為閩南文化有政治意圖的比例高過於女性（32.9%）。值得注意的另一個因素，「沒有閩南文化，只有臺灣文化」的比例，僅占整體受訪者的 4%不到，這代表了閩南文化還是兩岸除政治經濟外的最大公約數。

最後，從研究結果中發現，兩岸在閩南文化認同上仍須強化的是體驗交流，唯有體驗交流才能有機會達到以文化人的目標。在是否喜歡閩南文化中，僅 8.5%是因曾經來過大陸的體驗交流經驗喜歡上閩南文化；至於是否知道（理解）什麼是閩南文化的受訪者，「與大陸有過交流」或「與大陸親戚仍有往來」所占比例過低。這兩項結果都證明兩岸近幾年來，除了政治與疫情因素外，交流似乎有所中斷，兩岸閩南文化的連結，仍僅靠著文化傳承與文化接近性的支撐，而這樣的支撐又被時間慢慢的抹除。所以，如何強化面對面體驗接觸交流，應是未來兩岸閩南文化在文化傳承與文化接近性的大背景上，以接觸體驗達到以文化人，最終實踐兩岸一家親的終南捷徑。

第五章　第二階段：體驗交流對臺灣青少年閩南文化認同影響之研究

第一節　以文化人的對臺政策

　　文化是一個民族產生和發展最穩定的因素，也是最重要的凝聚力。人是情感的動物，有情就有感。情，是先天的文化接近性；感，是後天的文化體驗。透過文化接近性的體驗交流活動，利用文化資源善盡文化體驗，最後形成文化認同，這就是一種「以文化人」的過程。如何善用「以文化人」對人們產生同化作用，進而產生強大的文化認同，不是個容易的過程，畢竟個人認同、社會認同到文化認同，是屬於個人心理層面的發酵與成長，絕非以單一從文化接近性、文化體驗與文化認同三者合作產生的結果，更有可能是青少年本身的個人背景、教育程度或者同儕關係，都可能會是影響文化認同的結果。

　　如何「以文化人」呢？本文認為透過在同一文化接近性背景下的文化體驗交流，或許是有效增強臺灣青少年對閩南文化或中華文化的認同、減少和降低對大陸「以文化人」統戰刻板印象的重要途徑。何謂「文化體驗」？中國大陸推出善意的對臺（青少年）相關政策，鼓勵臺灣青少年來大陸旅遊、求學與工作，試圖透過多元的社會與生活層面接觸，進而「以文化人」，爭取臺灣青少年對中國大陸在文化身分上的認同；因此，重視閩南文化資源優勢與閩南文化的文化體驗，最大強度的增強臺灣青少年的社會接觸影響與效果，進而將大量社

會因接觸的量變而產生質變，導致個人認同產生社會認同進而文化認同。

　　落實「以文化人」方面，中國大陸透過邀請臺灣青少年組團訪問、各式研討會、大型論壇與寒暑假期間各種軟性營隊與知性研習活動，真正落實文化體驗交流；同時，也採取逐步增加臺生赴陸就讀的名額以及鬆綁各項限制，包含：由國台辦宣佈對在大陸高等院校就讀的臺生學雜費比照大陸學生標準同等收費、針對臺灣大學生設立獎學金及放寬臺生在大陸就業限制等措施。[123]此外，更設立不同主題與規模的兩岸交流基地，例如：以國台辦（或地方政府）為成立主體，自 2009 年底起，陸續於部分省市設立「全國性」對臺工作重點地區──「海峽兩岸交流基地」。另外，本著大陸「文化部關於加強對臺文化交流基地建設的通知」、「文化部關於加強新形勢下對臺文化工作的指導意見」等公函，大陸中央與地方政府陸續成立涵蓋科技、體育、文化、少數民族、財政（會計）、農業等各領域的交流基地，例如：福建廈門「對臺科技合作與交流基地」等。

　　近年來，由中國大陸的全國政協主席俞正聲提出要「開展面向臺灣青少年的體驗式交流」，「體驗式交流」成為大陸對臺青年工作的新重點，再結合「千人計畫」、「百人計畫」、「雙百計畫」、「大眾創業、萬眾創新」與福建自貿區等重大經貿政策與法規鬆綁，在對臺青年交流策略上持續推陳出新，甚至加大力度；其中更以福建省 2018 年推出「惠臺 31 條」、2019 年加碼的「26 條措施」最為顯著。這些都關係臺灣青少年的措施內容，涵蓋包括：就業、創業、科研、活動等幾大方向，為中國大陸的「以文化人」對臺政策，做出相當貢獻。本文主要針

---

[123] 趙成儀〈現階段中共加強兩岸青年交流之分析〉[J]，《展望與探索》，2005 年，第 3 卷第 10 期，頁 16-18。

對曾在中國大陸地區有過交流體驗的臺灣青少年，尤以來福建省（閩南地區）參訪、旅遊、求學、開會或工作的臺灣青少年，進行量化問卷調查。這群目標受眾最主要特點是缺少社會經驗、感性用事大於理性思考，並且在兩岸關係認知與對中國人的身分認同上，有別於其他年齡層。因此，若能在文化接近性高的閩南地區，刻意透過大量的文化接觸與交流，應會對臺灣地區青少年在閩南文化與中華民族認同上會有所改變；加上年輕人態度感性大於理性，透過外在體驗交流方式，極大機會改變他們對中國大陸的認知，以及對中國人身分的認同。

第二節　體驗交流對文化認同的影響

「體驗」，若是從字面上解釋，即實際生活中的親身經歷，也可能是一種當事人的主觀感受、觀察等。Schmitt, B. H.在〈體驗行銷〉（Experiential Marketing）一文提到[124]，體驗是一種發生於某些刺激回應的個別事件，包含整個生活本質，並由事件的直接觀察或是參與造成，而體驗被視為複雜的、正萌芽的結構，明確的說，沒有兩個體驗是完全一樣的。而交流又是指人們相互交換訊息、相互影響、共同建構意義與身分的過程。跨文化交流是指不同的文化群體以及不同的文化成員相互交換資訊、相互溝通、共同建構意義與身分的過程。

閩南文化具有上承下傳的雙重傳播性特徵，即主體文化由中原傳播而來，融合土著文化形成富有地方特色的閩南文化，爾後又通過移民臺灣傳播到臺灣及通過移居國外的華僑華人傳播到國外[125]。因此，藉由

---

[124] Schmitt B.H.: Experiential Marketing[J].Journal of Marketing Management,1999(15):53-67.

[125] 簡銘翔、陳建安，〈探索兩岸發展新方法：體驗學習共同保存閩南文化〉[J]，《發展前瞻學報》，2019年9月，第25期，頁72。

閩南文化的特徵，彼此進行交流，或許可以使兩岸發展找到新途徑。黎昕於《閩南文化交流與合作研究》中提到，中華文化重要的組成部分，地區範圍不僅福建南部泉州、漳州、廈門等地區，更擴展到臺灣及東南亞地區，且閩南文化在兩岸文化交流中具有獨特的地位和突出的優勢。[126]近幾年來，福建地區主要以閩南文化為主要文化優勢，對於閩南文化豐富的內涵進行深入研究，並對於閩南文化大力的推動及宣傳，這就是一種基於文化接近性下的文化體驗交流。閩南文化交流與文化認同之間的關係，可以從體驗交流角度切入，畢竟文化交流實際上即為一種提供「交流的兩造」有所互動、學習、經驗流動的路徑，認同建立於「了解」之上，有所了解才有可能產生認同，有認同則又回過頭強化交流的力道，甚至會擴展交流的路徑。是故，閩南文化交流與文化認同是一種相互強化的關係，但先有了交流，才會建構出認同，爾後才有一種相互幫襯的迴圈。

　　文化認同是人們對社會上存在的文化模式的接受、認可和實踐，人們根據文化認同構建自身的思想認識、價值觀念和理想信念，根據共同的思想認識、價值觀念和理想信念相互承認、相互合作進而結成群體以及確認群體之外的「他者」。在現實實踐中，是什麼造成了人們的文化認同？是共同的生活決定了人們的文化認同。共同的生活決定了人們共同的利益、共同的政治制度、共同的理想追求，而共同的利益、共同的政治制度、共同的理想追求又決定了人們的共同思想、價值和理想。總之，共同的活動造就人們共同的命運，決定了人們的文化認同[127]。蘭林友於〈論族群與族群認同理論〉，文化認同的構建過程，就是一個民族、一個族群、一個社會中，個體跨文化交際過程中所發生的思想與實

---

[126] 黎昕，《閩南文化交流與合作研究》[M]，北京：中國書籍出版社，2015 年 10 月，頁 88。
[127] 鐘星星，〈現代文化認同問題研究〉[D]，《中共中央黨校》，P55。

踐的矛盾、衝突、相互和解甚至結合相互認同的過程。文化的認同主要是內部選擇，而非外力可以強加。外部的影響必然會起到客觀上影響的作用。對個體文化認同而言，就是其內心的選擇，每個人的個體文化感受，以及相應的個體的跨文化交際活動。它們集中起來後就變成集體文化認同，就會影響一個國家的主流文化價值觀。一旦上升到國家文化認同，它們就成為主流人群的集體文化認同[128]。

從〈海峽兩岸文化認同的現實考量與因應政策〉一文中提到[129]，兩岸文化同文同種，但歷史原因及現實狀況下，兩岸文化有所差異，例如：兩岸文化的多元性差異、兩岸政治文化、兩岸不同的經濟社會發展造成文化差異等等，兩岸分離在地理位置來看是既成的事實，而文化認同是實現兩岸和平往來的強大基礎，通過文化認同來加深臺灣與大陸文化歸屬及自豪感，進一步在情感上或者行動上促進文化認同改變，需以政治交流為主要，經貿交流往來為基礎，更要以文化交流與民間交流為主要關鍵，對於「文化台獨」造成的負面影響規避與消除。既然歷史文化同源的提醒有助於提高臺灣民眾的「中國人認同」，那麼，基於臺灣地區和閩南地區的文化接近性，鼓勵臺灣年輕人參加閩南地區的體驗式文化交流，是否也能夠增進參與者「兩岸一家親」的感受，甚至於進一步影響到其周遭親人或同儕朋友呢？

---

[128] 蘭林友，〈論族群與族群認同理論〉[J]，《廣西民族學院學報：哲學社會科學版》，2003，25(3):6.，P26。

[129] 陳文華，〈海峽兩岸文化認同的現實考量與因應之策〉[J]，《福建江夏學院學報》，2017年12月，第6期，頁61-70。

第三節　在陸臺灣青少年認同調查結果

　　為調查臺灣青少年是否會因前往大陸有過交流體驗經驗，是否會對中國大陸產生更多的文化認同？尤其在兩岸文化接近性較高的閩南地區展開工作、求學，甚至旅遊、探親等不同性質的體驗交流，可能會強化或擴大臺灣青少年對閩南文化的喜愛或認同呢？本研究於 2021 年 12 月透過問卷星（www.wjx.cn）進行為期一個月的網路問卷調查，針對該時段仍在大陸進行工作、求學、探親或者旅遊的臺灣青少年進行調查。該問卷除調查受訪者在大陸各項基本資料（性別、年齡、所在地、臺灣地區籍貫、族群與教育程度）外，也調查這些受訪者在大陸期間，是否會因為大量接觸與閩南文化相關的人、事、地、物而產生更多對閩南文化的了解、喜愛，甚至認同等。

（一）受訪者基本資料：

表 1：受訪者基本資料

基本資料（有效問卷＝257，單位：人）				
性別	年齡	教育程度	臺灣戶籍	族群
男＝145	16-20 歲＝6	國中＝1	北部（北北基桃竹苗）＝122	客家人＝37
	21-25 歲＝23	高中（職）＝8	中部（中彰投雲嘉）＝54	外省人＝59
	26-30 歲＝26			
	31-35 歲＝42	本科（大專）＝112	南部（臺南高高屏）＝64	
女＝112	36-40 歲＝34	碩士＝59	東部（宜花東）＝10	原住民＝3

基本資料（有效問卷＝257，單位：人）				
性別	年齡	教育程度	臺灣戶籍	族群
	41-45 歲＝74			
	46-50 歲＝49	博士＝77	離島（金馬澎湖）＝7	閩南人＝168

　　本次有效受訪者共計 257 人，男性偏多；在年齡上，其中以 41-45 歲（28.7%）受訪者最多，其次是 46-50 歲（19%）、31-35 歲（16.3%）、36-40 歲（13.2%）與 26-30 歲（10.1%）。若以中國大陸定義的青年是指 45 歲以下，本次問卷的受訪者超過 80%以上符合青少年定義。另外，來大陸的臺灣青少年在族群上以閩南人偏多（65.3%），其次是外省人（22.9%）；在臺灣戶籍上，以北部偏多（47.4%）、其次是南部（24.9%）。詳情請見上表 1：受訪者基本資料。

表 2：受訪者在大陸現況

待在大陸時間	在大陸從事職業	待在大陸省份	在福建省
1 年以下＝25	教育文化＝100	福建＝132	廈門＝58
		廣東＝23	
	金融保險＝14	湖北＝13	
		浙江＝13	
1-2 年＝23	農林魚牧＝10	北京＝16	福州＝33
		上海＝19	
2-3 年＝32	建築營造＝9	廣西＝17	
		湖南＝2	
	旅遊開發＝3	河南＝2	漳州＝33
		江蘇＝6	
3-4 年＝40	醫生護理＝9	重慶＝2	
		天津＝1	
4-5 年＝26	藝術管理＝4	江西＝2	泉州＝6

待在大陸時間	在大陸從事職業	待在大陸省份	在福建省
	互聯網科技＝17	海南＝1	
	生物技術＝1	山東＝2	
	家管無業＝4	黑龍江＝1	
5年以上＝111	學生＝37	四川＝2	龍岩＝2
	交通運輸＝2	貴州＝1	
	餐飲經營＝10	陝西＝1	
	製造生產＝37	山西＝1	

此外，43.1%的受訪者待在大陸超過五年以上，其次是 3-4 年占 15.5%；在大陸的主要從事教育文化（38.9%）、製造生產（14.3%）、學生（14.3%）、互聯網科技（6.5％）與金融保險（5.4％）；受訪者中，待在大陸較多省份前五名分別是福建省（51.3％）、廣東省（8.9％）、上海市（7.3％）、廣西省（6.6％）與北京市（6.2%）。若進一步分析，發現福建省裡較多臺灣青少年選擇工作或者就學的前三名區域分別是廈門（43.9%）、福州（25%）與漳州（25%）。詳情請見上表 2。若專以福建省受訪者進行彙整發現，長期在大陸福建省的臺灣青少年主要是以從事教育文化產業（37.1%）有關，這與近年來福建省積極透過惠臺政策吸引臺灣高層次人才赴陸高校就業直接相關。而真正導致臺灣流浪教師赴陸的主要原因有二，一是臺灣近期生育率過低，導致高校招不到學生；二則是再加上臺灣地區相關單位關閉讓大陸學生赴臺讀書管道也有關。其次則是製造生產（15.1%）、學生（9%）、互聯網產業（6.8%）與農林漁牧（6%）、餐飲經營（6%）等產業。經過與受訪者當面詢問後發現，主要是福建省離臺灣距離比較近，加上整個風俗習慣、語言等比較能溝通，所以，福建省成為臺青赴大陸的第一選擇。詳情見下表 3。

表3：受訪者在福建省就業現況

省份	教育文化	學生	交通運輸	餐飲經營	製造生產	農林魚牧	建築營造	旅遊開發	醫生護理	藝術管理	互聯網科技業	生物技術	家管無業	金融保險
福建	49	12	1	8	20	8	2	3	3	2	9	0	3	4

另外，在福建省的臺灣人以年輕人居多，其中45歲（含）以下的占在福建省的比例約八成，其中31-45歲的臺灣青年更是占66％左右；在族群方面，大都是閩南人（63.3％），其次則是外省人（23.4％）。與受訪者進一步深度訪談發現，閩南人以福建省為最多選擇在於血緣、生活習慣與宗教信仰，至於外省人則是因為福建省離臺灣距離較近，而且已經在臺灣習慣閩南文化的各種生活形式。最後，來大陸的臺灣青少年本身來自臺灣哪個區域？發現並無太多差異，因為臺灣的北、中、南、東與離島五大區域本身人口數就差別很大，與來大陸發展並無明顯的差異，詳情請見下表4。

表4：受訪者在福建省基本資料

省份	21-25歲	26-30歲	31-35歲	36-40歲	41-45歲	46-50歲
	5	12	30	26	31	28
福建	閩南人（河洛、福佬）		客家人	原住民	外省人	
	84		15	2	31	
	北北基桃竹苗	中彰投、雲嘉	臺南、高、屏	宜花東	澎湖、金馬	
	56	32	32	7	5	

在本份調查問卷第二部分，則針對這257個受訪者來陸工作、求學或者旅遊過後，對閩南文化的認同是否會因為交流接觸之後，對於閩南

文化的認同度,是否有增強或者擴大,還是沒有任何影響呢?在之前沒有來過大陸,與大陸沒有接觸或者交流之前,257 個受訪者中,超過 96.1%受訪者都聽過也知道什麼是閩南文化;其中在族群差異上,閩南族群在知道或者聽過什麼是閩南文化的占比中最多,有 64.37%,其次則是外省人(19.84%)與客家人(10.53%)。至於有 4.05%的受訪者填寫其他,經過與受訪者深度訪談後發現,這約 10 個受訪者主要是不清楚自己應該屬於什麼族群?例如:外省人與閩南人產生的第二代、閩南人與新移民的第二代等,不過這 10 個受訪者還是屬於聽過閩南文化的。那些沒聽過,或者不清楚的受訪者,則是一致皆認定閩南文化是屬於「臺灣人」所有,而不認同本問卷所定義的同屬兩岸的閩南文化。這 10 位受訪者,將在後續問卷分析過程中被剔除。詳細請見下表 5。

表 5:你是否聽過什麼是閩南文化?

族群	閩南人	客家人	原住民	外省人	新移民	其他	小計
聽過	159 (64.37%)	26 (10.53%)	3 (1.21%)	49 (19.84%)	0 (0.00%)	10 (4.05%)	247
沒聽過	2 (50%)	0 (0.00%)	0 (0.00%)	1 (25%)	0 (0.00%)	1 (25%)	4
不清楚	2 (33.33%)	0 (0.00%)	0 (0.00%)	4 (66.67%)	0 (0.00%)	0 (0.00%)	6

至於受訪者為何會聽過或者知道什麼是閩南文化?排除 10 個不清楚或者沒聽過的受訪者,247 個受訪者調查後發現,先前得知或者聽過閩南文化的原因,最多還是從父母或長輩口中得知(31%)、其次是從學校教育或者師長口中得知(26%),第三則是媒體或者新聞報導(21%)。這三部分占臺灣大多數人知道或者清楚兩岸的閩南文化本是一家

親的最大比例,超過 78%;其餘則是有大陸親戚(8%)、曾到大陸工作或求學(5%)或者曾到過大陸參加活動或旅遊(4%)等。不過,其中有 5%受訪者則是因為其他因素,包括兩岸婚姻、閩南文化研究等其他原因聽過閩南文化。針對上述結果進一步分析,發現在臺灣超過七成以上的閩南人,可能僅有不到 1/3 清楚兩岸的閩南文化同屬同源、具有一定血緣關係。其餘都是透過求學過程或者媒體報導得知。這也正是臺灣民進黨為何要從學校課程中「去中國化」,以及嚴格把控媒體報導有關中國大陸的新聞與內容。值得慶幸的是,仍有約 22%確實是因為接觸大陸,或者與大陸有任何形式的聯繫、交流與接觸,進而聽過閩南文化。詳細請見圖 1。

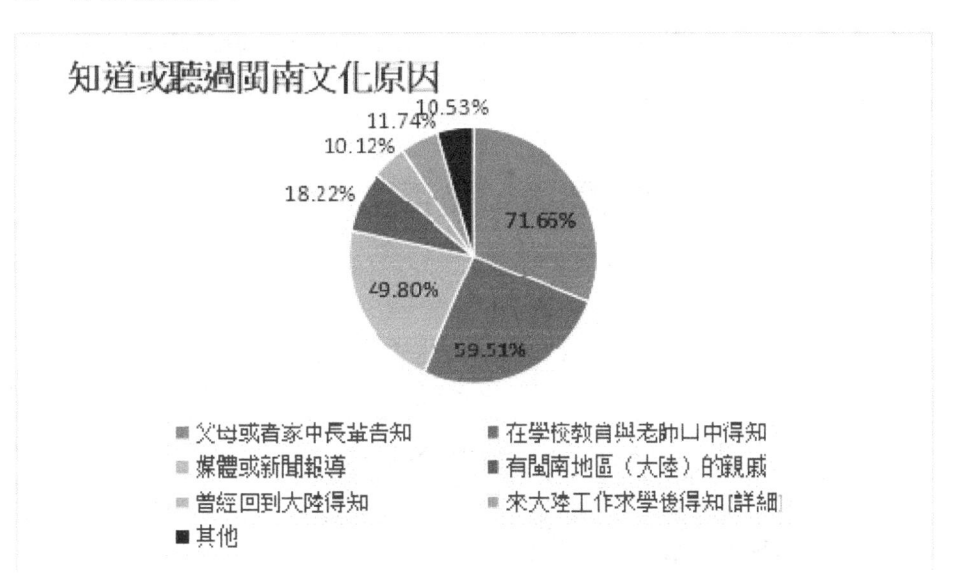

圖 1:受訪者聽過閩南文化的原因

若再繼續追問這 247 個受訪者關於「來到大陸之後,是否會更清楚知道什麼是閩南文化呢?」,發現僅有 58.3%的受訪者表示的確有增加對「閩南文化」這概念的了解,請見下圖 2。在受到影響的 58.3%受

訪者中，閩南人族群認為有影響的比例為 66.6%最多，其次是外省人（17.4%），最後才是客家人的（11.8%）；若從單一族群分析來陸後是否對閩南文化的認識有無影響發現，臺灣的客家人相較於其他族群（閩南人、外省人）來說，超過六成五以上客家人，都認為來到大陸進行交流體驗後，真的有助於對閩南文化的認識與理解；其次是閩南人（60.3%），最後才是外省人（51%）。詳請請見表 6。針對此現象與受訪者洽談後發現，客家文化與閩南文化同屬地域比較接近的區域文化，兩者相關性強，在臺灣對閩南文化認識的程度相去不遠，但閩南人本身還是會比較熟悉。所以，當客家人來到大陸時，反而對過去不清楚、不明白的各種傳統閩南文化表徵，都因實際接觸與交流後更加清晰；至於，閩南文化的真實面貌為何？對非閩南人，甚至不屬於南方地區的族群來說，兩岸的閩南文化差別不大，並無較大區別。

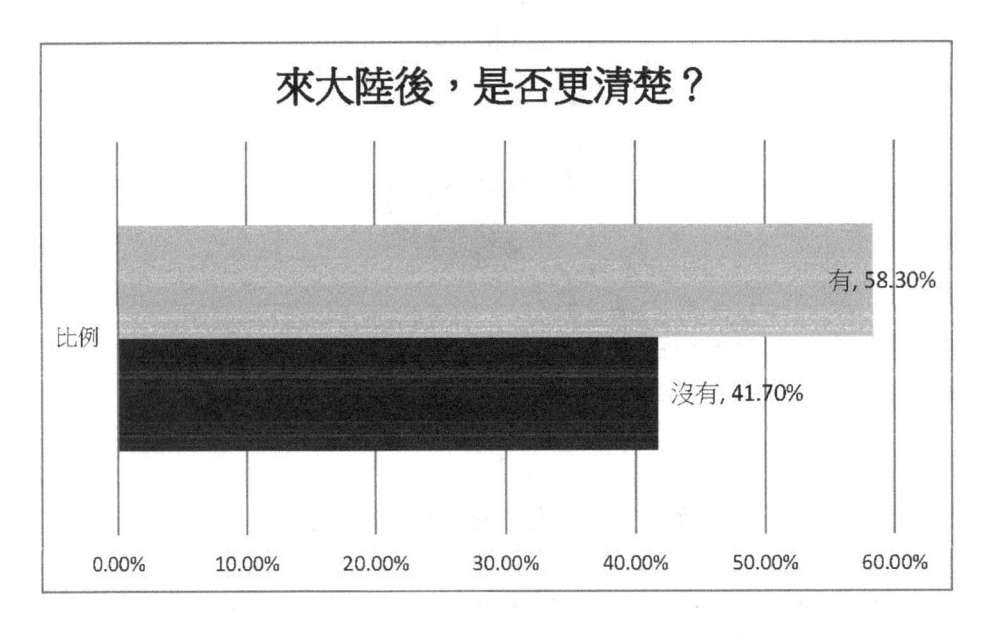

圖 2：受訪者來大陸後，是否更清楚知道閩南文化？

表 6：族群與來陸後對閩南文化影響程度

有無影響	閩南人	客家人	原住民	外省人	新移民	其他	小計
有	96（66.67%）	17（11.81%）	0（0.00%）	25（17.36%）	0（0.00%）	6（4.17%）	144
沒有	63（61.17%）	9（8.74%）	3（2.91%）	24（23.30%）	0（0.00%）	4（3.88%）	103

　　本問卷一開始所詢問的受訪者是否聽過？或者是否知道閩南文化？這點主要是針對這些受訪者本身對閩南文化的刻板印象，這些刻板印象就是過去曾經聽過父母、或者在求學過程中書本裡面曾經寫過或者描述過，以及大眾傳媒曾經報導過的各種有關閩南文化的資訊與印象總和。這種印象總和可以說是這些受訪者的某些態度、傾向，也可能是受訪者的立場、想法。因此，會產生個別（10 位）受訪者本身雖然已經在大陸工作、求學或者旅遊，但仍表示不清楚、不知道。緊接著詢問這 247 個受訪者是否會因為來大陸之後，各項接觸、交流與體驗後，對閩南文化是否更清晰？這部分是主要調查受訪者在接觸體驗後，對於過去那些比較模糊的印象是否變清晰了？或者對那些已經深入內心的刻板印象是否有所轉變？結果證明確實有超過 58.3％，超過一半以上的受訪者由於體驗交流，更清楚、明白什麼是閩南文化。不過，仍有 41.7％的受訪者認為沒有不一樣，維持一開始的刻板印象。

　　為了確保體驗交流後，不管是否改變？或者維持刻板印象，這 247 位受訪者對閩南文化的真實態度（喜愛與否？），再度透過問卷調查進一步搜集數據。其結果發現，在接觸之後，確實有超過 96.7％的受訪者是在清楚閩南文化之後，真心喜歡閩南文化的。而這 239 位的喜歡是不分年齡、族群、教育程度與性別而有所差異的。請詳見下圖 3。至於

來大陸後，更喜歡閩南文化的原因中發現，生活飲食習慣無違合感因素（80.3%）竟然超過說話用語（閩南語）（65.2%）的主要原因，第三則是血脈相通兩岸一家親感受（59%），最後才是對臺政策的交流體驗（47.2%）。詳情請見圖4。

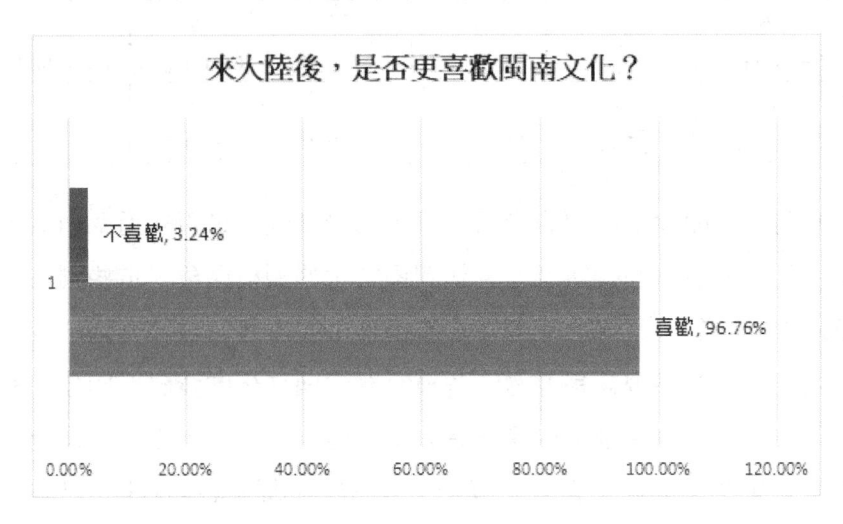

圖3：受訪者來大陸後，是否更喜歡閩南文化？

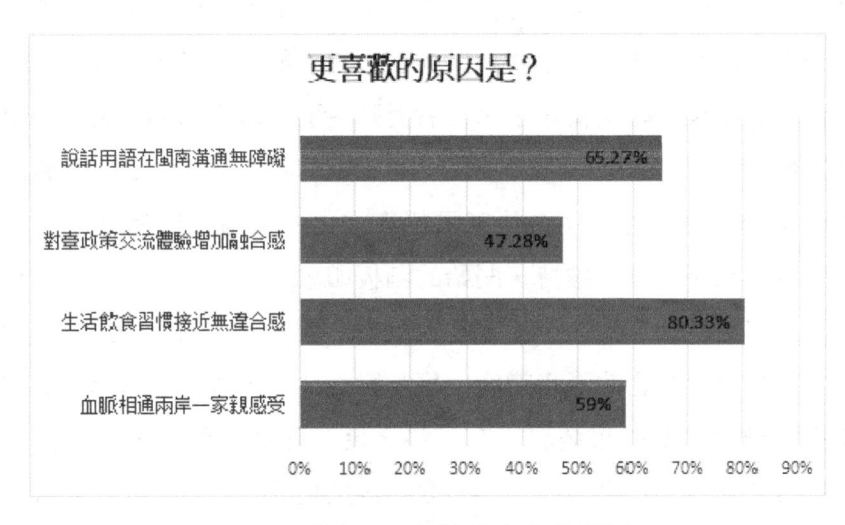

圖4：受訪者更喜歡閩南文化原因

在閩南文化的通用定義中，閩南文化主要包括：閩南語言、民間信仰、風俗習慣、建築風格、家族宗祠與傳統戲曲等六大項。在許多關於臺灣民眾對閩南文化的認同調查中，閩南語大都是臺灣民眾認同兩岸閩南文化同屬一家親的主要因素，其次會是民間信仰，例如：媽祖、關帝聖君，而風俗與生活習慣，往往都是比較殿後的因素。但是，本調查結果卻顯示，來陸的臺灣青少年會更喜歡閩南文化的原因，卻是生活飲食習慣無違合感，這個因素完全體現交流體驗後的接受與認同。也證明了體驗式交流會毫無目的的去影響受訪者大陸的生活、生存。

　　認同，不再是單純喜歡或某種態度或傾向，更像某種信念、框架或者原則，甚至會服膺這種信念與原則去做事、做人。延續上面臺灣青少年在大陸因體驗交流而強化了對閩南文化的喜歡態度，本問卷進一步調查這 239 位受訪者，是否會因為這樣的喜歡與態度，進一步對兩岸共同擁有文化接近性極高的閩南文化產生認同感？結果發現超過 94.6％（226 位）受訪者是認同閩南文化，僅不到 5.4％（13 位）受訪者回答不清楚。請詳見下圖 5。若再詢問認同原因，發現整個認同因素與喜歡因素的比例大致相去不遠，還是以生活飲食習慣無違合感（75.7％）為主要因素，而血脈相通兩岸一家親感受（55.2％）居然也超過了說話用語（閩南語）（54.8％），成為第二個影響認同的主要因素。另外，相較於喜歡因素多了因為來大陸以後強化了文化認同（50.2％），最後才是大陸官方對臺政策的交流體驗（41％）。詳情請參考圖 6。

206 ◆ 閩南文化認同與文化傳播

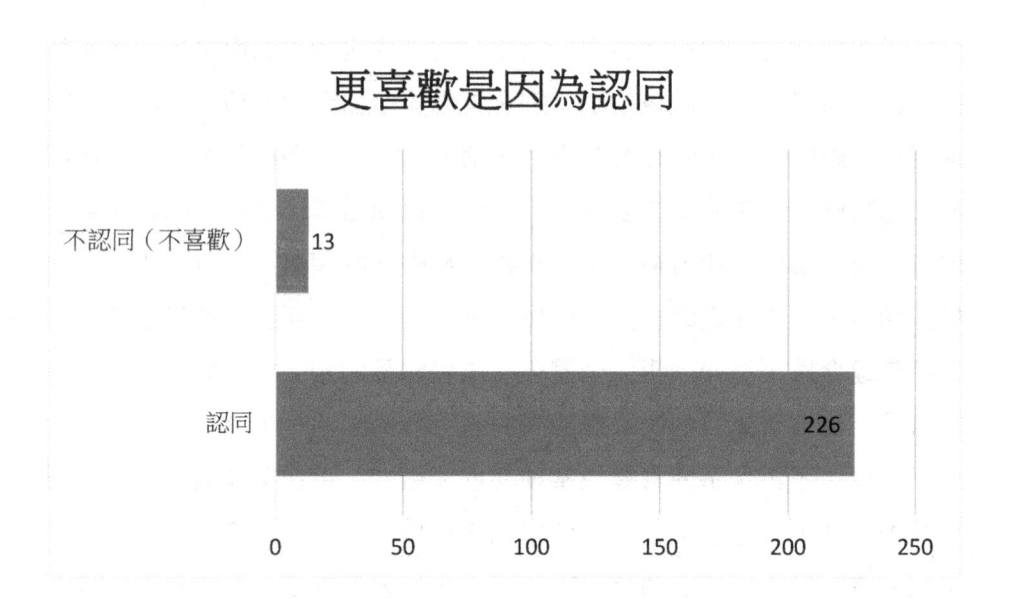

更喜歡是因為認同

- 不認同（不喜歡）：13
- 認同：226

圖 5：受訪者更喜歡閩南文化原因

認同閩南文化原因？

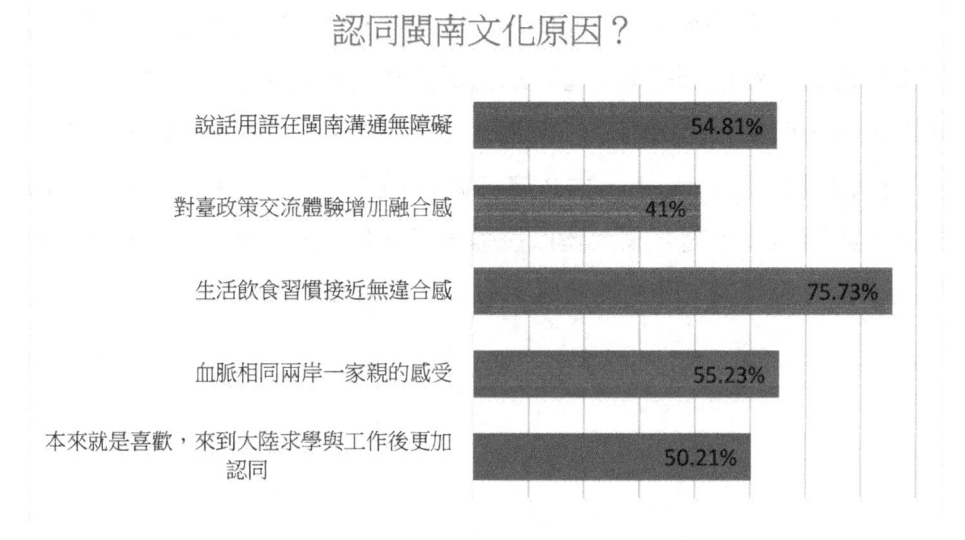

- 說話用語在閩南溝通無障礙：54.81%
- 對臺政策交流體驗增加融合感：41%
- 生活飲食習慣接近無違合感：75.73%
- 血脈相同兩岸一家親的感受：55.23%
- 本來就是喜歡，來到大陸求學與工作後更加認同：50.21%

圖 6：受訪者認同閩南文化原因

從上述內容更清楚知道，生活飲食習慣的體驗交流（這可以歸因於文化接近性與體驗），以及有機會到大陸求學與工作（這可以歸因於大陸對臺的優惠政策）這兩個因素，完全不亞於兩岸閩南人天生的特點，閩南語言與宗族血緣兩個因素，甚至有過之而無不及。這個結果若往下展開，可以證明兩岸閩南文化本身自帶的文化接近性外，大陸積極推動以「以文化人」的相關惠臺政策或相關的活動、論壇與學術研討等後天努力，確實會帶來更多的體驗交流，也可以間接的把臺灣地區青少年對閩南文化的喜愛轉化成對閩南文化的認同。而這種個人認同若長期成為個人的信念與原則，就會形成對該社會的集體認同、身分認同，最後轉化成國家認同。換言之，「以文化人」相關政策措施對臺灣地區青少年來說，是具有正面效果的。

第四節　體驗交流是實踐認同最佳途徑

　　根據上述研究結論得知，在陸的臺灣青少年不管在態度傾向、認知理解，或者在文化認同等方面，大都是受到生活飲食習慣無違合感為主要的影響因素，再加上在大陸感受血脈相通兩岸一家親、說話用語無障礙（閩南語），以及因來大陸以後被環境感染進一步強化文化認同等，均都證明且驗證本研究課題專案所提出的假設。在兩岸閩南文化具備極高的文化接近性特點下，輔以大陸官方積極「以文化人」的各種相關政策、措施，釋放利多且鼓勵臺灣地區青少年親自來陸體驗交流，確認能夠增加並強化臺灣地區青少年對閩南文化的認同。這種體驗方式是屬於人為後天刻意塑造的，完全不亞於閩南文化自帶的相通語言、民間信仰。

　　閩南文化的體驗交流是一種非政治上，且較不敏感的交流，透過文

化接近性較高的閩南文化體驗，有助於臺灣青年對兩岸文化同源同種的認知與認同，有利於兩岸之間民間交流的開展。另外，這種閩南地區體驗式的文化交流是比較不排斥而可以接受的，因為不涉及到國家主權的認定、身分的認同、或是其他具有高度政治性意味的議題。海峽兩岸近百年來由於歷史的斷裂與政治因素，進而使兩岸人民經歷不同的歷史經驗，從而塑造了不同的歷史意識與大同小異的閩南文化[130]。因此，在未來的兩岸交流，除了經貿往來之外，更重要的是文化的交流，善用閩南文化的文化接近性特質，喚醒雙方人民的過去經驗再現與共享，更是當前兩岸文化交流最重要的工作。匯整過去有關兩岸關係研究文獻中也發現，兩岸應多方交流的研究主張，必須透過實質關係的全面交流，包括貿易、投資、黨政官員與文化等不同社會階層的多層次交流與對話，可以藉此增加交流主體之間的互信、建立彼此共同的價值理念。若雙方交流範圍持續擴大，交流的次數、專案和層次都隨著時間的推移而不斷地增加或提高時，則將有助於全面推動雙邊或多邊的整合[131]。所以，在兩岸具有高度文化接近性的情況下，閩南文化體驗式交流似乎是一條可以選擇且全面展開的第三條路。

　　閩南文化的體驗式交流是否有助於增進臺灣年輕人「兩岸一家親」的認同，甚至可以起到「幫助兩岸相互理解」的作用？可以用一個簡單案例來說明。1987 年 11 月 2 日，臺灣地區領導人蔣經國總統有感於臺海兩岸之間的親人分離太久，決定讓凡在中國大陸有三親等內血親、姻親或配偶的民眾登記赴中國大陸探親的時候，相較於現在的網路通訊科技發達得多，藉由網路通訊和大陸人士交往、了解大陸發展情形已經十分便利，不過，網路通訊容易出現嚴重的「假新聞」（fake news）和

---

[130] 趙建民，〈大陸研究與兩岸關係〉，新北市：晶典文化事業出版社，2016 年。

[131] 蔡國裕，〈從「兩岸文化論壇」探討兩岸文化交流〉，《展望與探索》，2010 年 10 月，第 10 期，頁 17-23。

「同溫層」現象，未必有利於增進兩岸之間的相互了解。所以，即使經過三十餘載的兩岸交流，到了 2016 年臺灣地區領導人蔡英文上任之後，兩岸之間的分歧似乎更顯巨大。這種情況，一部分肇因於國際氛圍驟變，中美對抗態勢逐漸升高，促使臺灣內部社會氛圍開始變化，另一部分可能就是肇因於網路通訊科技的發達，各項訊息的露出、流入臺灣的各大社群網站，諸多假新聞和訴諸同溫層受眾的激烈言論氾濫，煽動兩岸民間的彼此仇視。同樣地，若能善用社群媒體同溫層感受、短視頻快速且多元的文化傳播、利用新傳播科技所營造的場景，加上說好兩岸具有共識的閩南文化故事，或許相對地可以降低彼此仇恨、誤解，同樣地可以達到與閩南文化體驗式交流的作用。

體驗式交流對於增進「兩岸一家親」的文化認同有一定的正面效果，鼓勵青少年參與體驗式交流，多提供體驗式交流的機會，有助於建構出有利於兩岸關係和諧的文化認同。多數臺灣年輕人對於文化交流活動的接受程度很高，且在不涉及政治議題的情況下，經由體驗閩南文化風俗習慣、戲曲傳承、宗教信仰的方式進行，鮮少有人會表現出排斥的態度。所以，以臺灣既存的文化主體——閩南文化作為兩岸交流的基礎，透過閩南地區的體驗式交流活動來促進兩岸人民情感，特別是增強臺灣年輕人對中華文化和中華民族的認同，應該是有志於促進兩岸關係和平發展的人士，可以採用的途徑和值得努力的方向。

鼓勵或增加體驗式交流對於「兩岸一家親」的文化認同有一定的正面效果，透過惠臺政策多提供體驗式交流的機會，更有助於建構出有利於兩岸關係和諧的文化認同。畢竟不認同兩岸文化同源同種的臺灣青少年的年齡大都偏低，落在 22 至 27 歲不等，這區間年齡剛好都已大量接受鼓吹臺灣本土意識的「去中國化」課綱之學習，而這些課程對於學習者的兩岸關係認知產生了重大影響，以為臺灣和中國大陸不僅是「一邊一治」，甚至於彼此的文化背景不同、根源不同，互不隸屬。這種情形

可以見出兩岸交流幾近停滯以及「去中國化」教育的影響，也突顯了體驗式交流對於增進臺灣年輕人「兩岸一家親」文化認同的重要性。為使閩南地區體驗式交流增進臺灣年輕人「兩岸同文同種」或「兩岸一家親」的文化認同有正面的影響，除加強推廣此類活動，是有心促進兩岸關係和諧互動、和平發展的有志之士可以努力以赴的。

最後，從臺灣角度來看，兩岸交流面臨太多「逢中必反」，或過多泛政治化的價值判斷，導致目前兩岸的文化交流與體驗活動，都被政治有色濾鏡影響或產生有先入為主觀念。在政治大帽子下，體驗式交流所面對的臺灣青少年族群就會被限縮，更可能產生無人願意主動參與，導致連深具文化接近性的閩南文化的兩岸交集，都會逐漸變淡，這其實對目前兩岸交流現狀而言，並非是一個好的結局。就地緣關係來說，中國大陸是最接近臺灣的地域；就文化接近性來說，中國大陸更是臺灣75%閩南人祖輩的故鄉。如何降低以政治為出發的參與與交流，減少過多政治性眼光去看待每一項交流活動，對現今的臺灣青少年來說，體驗式交流不啻是一個臺灣與大陸，甚至與國際接軌的好途徑。

第六章　發現、結論與建議

第一節　研究發現

　　從本研究課題專案啟動迄今，經過將近一年半時間，完成兩階段問卷調查，搜集超過數十本與本研究課題相關論文與文獻，終於在 2022 年 9 月逐步完成整個調查研究數據分析與總結。本課題主要的兩項變項分別是「文化接近性」與「體驗交流」，並且在中國大陸刻意透過「以文化人」的各項政策措施、活動會議等惠臺措施下，是否會強化或者增加臺灣青少年對於閩南文化的認同。進而因為閩南文化的認同，產生的兩岸一家親的身分認同，最後形成一個中國的國族身分認同。整個課題的研究思維，可以參考下圖。

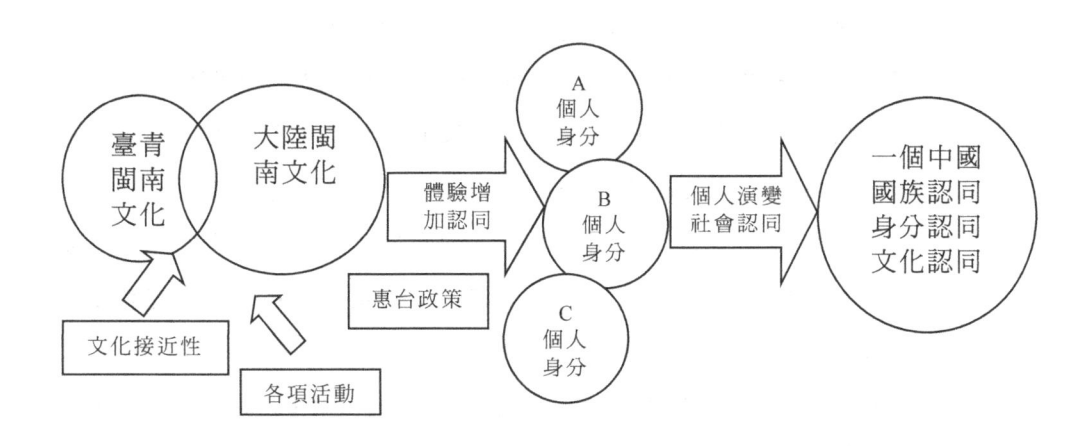

基於上述研究思維，於是就有了兩階段研究網路問卷調查，首先在臺灣地區進行網路隨機問卷調查，期待從問卷結果可以佐證臺灣地區人有大量民眾對閩南文化喜愛，並認同的，已確保兩岸閩南文化接近性該變項是實際並存在，再進行第二階段關於體驗交流的網路問卷調查。在第二階段中，為節省研究調查的時間與資源，採用立意抽樣進行問卷調查，調查在陸臺灣的青少年是否會因為大陸的各項體驗接觸交流活動，以及各種惠臺政策，會提高或者增加對閩南文化的喜愛與認同程度。

　　第一階段調查期間是從 2021 年 1 月 9 日開始到 24 月 10 日結束，為期共三個月。針對這些受訪者在閩南文化的知悉（聽過）、知道（清楚）、認知（理解）與情緒態度（喜歡）等四大面向，以及哪些因素、管道會影響他們對閩南文化的認同進行調查分析。這次調查是為期三個月的線上隨機調查，共 2,568 位受訪者填寫問卷，經整理以及排除超過 45 歲以上的有效問卷，僅剩下 810 位，其中自己清楚知道屬於閩南人族群的，佔有效受訪者 78%。在知悉（或聽過）閩南文化部分，超過 95%的受訪者均有知悉（或聽過）閩南文化，並無性別、年齡的差異，但在不同族群確有明顯差異。在知道（清楚）何謂閩南文化結果中，閩南語言是最具代表，其餘是閩南民間信仰、閩南式生活、風俗與閩南式建築等。不過，知道且是唯一佐證兩岸閩南文化屬於同源同種最直接證據：臺灣閩南人祖先來自於閩南地區，卻僅占回答的 68.1%，這似乎點出臺灣地區的閩南人知曉兩岸一家親的占比，似乎每年逐漸減少中。

　　若從喜歡詢問臺灣青少年是否喜歡閩南文化？不牽涉是否知道（清楚）何謂是閩南文化下，發現非常喜歡與喜歡閩南文化的受訪者比例約 60%，若加上「一般」（指態度傾向中間偏喜歡），結果與聽過閩南文化的受訪者比例相同是超過 95％是喜歡閩南文化的；這個結果與性別、年齡層與教育程度無明顯相關。詢問喜歡閩南文化的原因時發現，不論男、女大都是認為「閩南文化已經融入日常生活」、「是祖輩傳下

來的文化已遺產」與「在臺灣隨處可見閩南文化」，其中僅 8.5%的臺灣青少年是因為曾經來過大陸的體驗交流經驗。從哪個管道知道（理解）何謂閩南文化？發現「從父母或長輩口中得知」、「學校教育與書本上得知」與「從媒體或新聞報導得知」是主要的三大管道。

在第一階段最後一部分關於是否認同閩南文化的結果裡，發現約 71.4%受訪者明確表示認同閩南文化（其中包含：非常認同、很認同與一般認同），該結果不分年齡、性別與教育程度。若詢問為何認同閩南文化的原因，其中日常中已經習慣有閩南文化、在臺灣隨處可見閩南文化與是祖輩父母留下的文化遺產是前三項因素。而閩南文化具備迷人特質以及曾經來過大陸與閩南文化有過交流（23%）則是分屬第四、第五主要因素。不過，仍有 28.6%的受訪者卻是不認同閩南文化，詢問其不認同原因發現，不清楚閩南文化真正特質是主要原因，而不分性別、年齡。但第二主要原因卻是認為閩南文化似乎有政治意圖，而且男性認為政治意圖的比例高過於女性。

第二階段於 2021 年 12 月透過問卷星（www.wjx.cn）進行為期一個月的網路問卷調查，針對該時段仍在大陸進行工作、求學、探親或者旅遊的臺灣青少年進行調查。該問卷除調查受訪者在大陸各項基本資料（性別、年齡、所在地、臺灣地區籍貫、族群與教育程度）外，也調查這些受訪者在大陸期間，是否會因為大量接觸與閩南文化相關的人、事、地、物而產生更多對閩南文化的了解、喜愛，甚至認同等。本次有效受訪者共計 257 人，男性偏多；在年齡上，其中以 41-45 歲受訪者最多，來大陸的臺灣青少年在族群上以閩南人偏多，其次是外省人；在臺灣戶籍上，以北部偏多、其次是南部。在大陸主要從事教育文化、製造生產、學生、互聯網科技與金融保險居多；待在大陸較多省份前五名分別是福建、廣東、上海、廣西與北京市。

若進一步分析，以福建省為例，多數臺灣的青少年（包含就業、求

學）主要選擇廈門、福州與漳州為主要區域。而長期在大陸福建省的臺灣青少年主要是以從事教育文化產業（37.1％）有關，這與近年來福建省積極透過惠臺政策吸引臺灣高層次人才赴陸高校就業直接相關。此外，在陸的臺灣青年較多選擇福建，主要是福建省離臺灣距離比較近，加上整個風俗習慣、語言等比較能溝通，所以，福建省成為臺青赴大陸的第一選擇。另外，臺灣的閩南人也是以福建省為最多選擇，其理由在於血緣、生活習慣與宗教信仰，至於外省人則是因為福建省離臺灣距離較近，而且已經在臺灣習慣閩南文化的各種生活形式。

在 257 個受訪者中，超過 96.1％受訪者都聽過也知道什麼是閩南文化；其中在族群差異上，閩南族群在知道或者聽過什麼是閩南文化的占比中最多，其次則是外省人與客家人。至於有 4.05％的受訪者填寫其他，經過與受訪者深度訪談後發現，這約 10 個受訪者主要是不清楚自己應該屬於什麼族群？至於受訪者為何會聽過或者知道什麼是閩南文化？最多還是從父母或長輩口中得知、其次是從學校教育或者師長口中得知，第三則是媒體或者新聞報導。這三部分占臺灣大多數人知道或者清楚兩岸的閩南文化本是一家親的最大比例，超過 78％；其餘則是有大陸親戚、曾到大陸工作或求學或者曾到過大陸參加活動或旅遊等。不過，其中有 5％受訪者則是因為兩岸婚姻或者從事閩南文化研究等其他原因。

聽過閩南文化。針對上述結果進一步分析，發現在臺灣超過七成以上的閩南人，可能僅有不到 1/3 清楚兩岸的閩南文化同屬同源、具有一定血緣關係。其餘都是透過求學過程或者媒體報導得知。這也正是臺灣民進黨為何要從學校課程中「去中國化」，以及嚴格把控媒體報導有關中國大陸的新聞與內容。值得慶幸的是，仍有約 22％確實是因為接觸大陸，或者與大陸有任何形式的聯繫、交流與接觸，進而聽過閩南文化。

若再繼續追問這 247 個受訪者關於「來到大陸之後，是否會更清楚知道什麼是閩南文化呢？」，發現僅有 58.3％的受訪者表示的確有增加對「閩南文化」這概念的了解，其中閩南人族群認為有影響的比例最多，其次是外省人，最後才是客家人；若從單一族群分析來陸後是否對閩南文化的認識有無影響發現，臺灣的客家人相較於其他族群（閩南人、外省人）來說，超過六成五以上客家人，都認為來到大陸進行交流體驗後，真的有助於對閩南文化的認識與理解；其次是閩南人，最後才是外省人。針對此現象與受訪者洽談後發現，客家文化與閩南文化同屬地域比較接近的區域文化，兩者相關性強，在臺灣對閩南文化認識的程度相去不遠，但閩南人本身還是會比較熟悉。所以，當客家人來到大陸時，反而對過去不清楚、不明白的各種傳統閩南文化表徵，都因實際接觸與交流後更加清晰；至於，閩南文化的真實面貌為何？對非閩南人，甚至不屬於南方地區的族群來說，兩岸的閩南文化差別不大，並無較大區別。

該問卷反覆針對受訪者本身的刻板印象與來陸經歷體驗交流後兩段時間，對閩南文化的喜愛與認同程度大小。這些受訪者本身對閩南文化的刻板印象主要來自過去曾經聽過父母、或者在求學過程中書本裡面曾經寫過或者描述過，以及大眾傳媒曾經報導過的各種有關閩南文化的資訊與印象總和。這種印象總和可以說是這些受訪者的某些態度、傾向，也可能是受訪者的立場、想法。因此，會產生個別（10 位）受訪者本身雖然已經在大陸工作、求學或者旅遊，但仍表示不清楚、不知道。緊接著詢問這 247 個受訪者是否會因為來大陸之後，各項接觸、交流與體驗後，對閩南文化是否更清晰？這部分是主要調查受訪者在接觸體驗後，對於過去那些比較模糊的印象是否變清晰了？或者對那些已經深入內心的刻板印象是否有所轉變？結果證明有一半以上的受訪者由於體驗交流，更清楚、明白什麼是閩南文化。不過，仍有 41.7％的受訪者認

為沒有不一樣，維持一開始的刻板印象。

　　為了確保體驗交流後，不管是否改變？再度透過問卷調查進一步搜集數據。其結果發現，在接觸之後，確實有超過 96.7％的受訪者是在清楚閩南文化之後，真心喜歡閩南文化的。而這 239 位的喜歡是不分年齡、族群、教育程度與性別而有所差異的。至於來大陸後，更喜歡閩南文化的原因中發現，生活飲食習慣無違合感因素超過說話用語（閩南語）成為喜歡的主要原因，而血脈相通有兩岸一家親感受，以及大陸對臺政策的交流體驗。在閩南文化的通用定義中，閩南文化主要包括：閩南語言、民間信仰、風俗習慣、建築風格、家族宗祠與傳統戲曲等六大項。在許多關於臺灣民眾對閩南文化的認同調查中，閩南語大都是臺灣民眾認同兩岸閩南文化同屬一家親的主要因素，其次會是民間信仰，例如：媽祖、關帝聖君，而風俗與生活習慣，往往都是比較殿後的因素。但是，本調查結果卻顯示，來陸的臺灣青少年會更喜歡閩南文化的原因，卻是生活飲食習慣無違合感，這個因素完全體現交流體驗後的接受與認同。也證明了體驗式交流會毫無目的的去影響受訪者大陸的生活、生存。

　　認同，不再是單純喜歡或某種態度或傾向，更像某種信念、框架或者原則，甚至會服膺這種信念與原則去做事、做人。延續上面臺灣青少年在大陸因體驗交流而強化了對閩南文化的喜歡態度，本問卷進一步調查這 239 位受訪者，是否會因為這樣的喜歡與態度，進一步對兩岸共同擁有文化接近性極高的閩南文化產生認同感？結果發現超過 94.6％（226 位）受訪者是認同閩南文化，僅不到 5.4％（13 位）受訪者回答不清楚。再詢問認同原因，發現整個認同因素與喜歡因素的比例大致相去不遠，還是以生活飲食習慣無違合感為主要因素，而血脈相通兩岸一家親感受居然也超過了說話用語（閩南語），成為第二個影響認同的主要因素。另外，相較於喜歡因素多了因為來大陸以後強化了文化認同，

最後才是大陸官方對臺政策的交流體驗。

第二節　研究結論

　　兩岸歷經分治數十載，在臺灣當局「台獨課綱」的教育下，臺灣年輕人逐漸形成所謂的「天然獨」世代。陳水扁政府時期將臺灣的教育課綱調整成「以臺灣主體意識為重」的方向，並強調臺灣本土化及鄉土意識，由此開始撰寫課本內容；到了馬英九政府時期，馬英九政府也未對有關的台獨課綱有所大規模的調整，原本馬英九第二任期終於打算調整課綱，拉高歷史科目的中國史比重，結果遭到反對學生激烈抗議，更指馬英九的做法乃是搞「洗腦教育」，最後調整課綱一事不了了之。隨後到了近期的蔡英文執政，不僅大幅度降低中國史比例，大幅度拉高臺灣史比例外，更將民進黨等黨政要若干人等，納入教學內容之中，儼然形成「民進黨的黨國教育」。以建構主義的觀點來看，兩岸文化認同是社會建構出來的。自1987年臺灣開放大陸探親至今有近30年，兩岸透過學術、文化、探親、觀光旅遊等方式，使民間互動的模式逐漸建立，積極促進人民之間的互相了解。兩岸交流日益熱絡，交流涉及的範圍廣泛，幾乎遍及所有類別，交流的形式、管道和層次也不斷地擴增，對兩岸關係的影響逐漸從量變到質變[132]。其中，文化因素在兩岸交流中扮演極重要的角色，兩岸文化本屬同源，也共同繼承中華文化及歷史情感，所以文化接近性因素，尤其是以閩南文化為主的特點，讓兩岸文化交流擁有更多的助力，也對兩岸分享擷取所長，進一步對協力建構兩岸和平發展、和平統一有所助益。

---

[132] 蕭力愷，〈構築文化軸心的兩岸交流〉，資料來源：銘傳一周｜Ming Chuan Weekly (mcu.edu.tw)，2017.12.15，https:// www.week.mcu.edu.tw/20134/.

從歷史角度觀察，臺灣族群及文化歸根究柢是福建的開展和延續。臺灣主要族群及文化居然源自福建地區，其語言、宗教信仰及風俗習慣自然也與福建大致相同，進一步來說，閩南文化可能是增強臺灣同胞對中華文化認同感的主要基石，也是推進兩岸交流合作的紐帶和橋樑。從語言、生活習慣到民間習俗、民間信仰、民間藝術、人文性格等，無不帶著濃厚的閩南文化色彩。閩南文化對臺灣地區有著強大的輻射作用，對臺灣同胞仍有著強大的吸引和凝聚作用。臺灣民眾對於閩南文化的意象與認知，至今仍保存高度相似性，雖經歷兩岸長期分治，也各自發展出特色，但兩岸閩南文化的「文化接近性」高度相關，讓本次問卷調查結果與針對受訪者的深度訪談過程過程中，臺灣年輕人對閩南文化的文化認同程度，比在臺灣地區媒介上的表現更加真實。因此，海峽兩岸的交流更應以文化交流為主，尤其以高度相關的閩南文化，透過雙方人民的歷史經驗的分享，以奠定心靈互相了解的基礎。簡言之，兩岸透過文化交流的前提，應該是喚醒過去在兩岸人民內心深處的共同記憶與想像，而這種喚醒是基於兩岸擁有共同的閩南文化，這就是基於文化接近性進行交流。

　　文化是有生命的，不過它必須經由傳播向四周擴散，才能被稱為是有生命的文化。龐志龍提出[133]，根據文化傳播理論，文化的傳播必須要有載體，而在現代社會中，大眾傳媒介入文化傳播完全改變了傳播的單向流通性質，它跨越了時空的限制，加快了文化傳播的速度，縮短了文化交流和更新的週期，並且打破了少數人對文化的壟斷，消除了普通人對文化的神秘感。「認同」，以社會層面來說：是個人以他人或其他團體的觀念、態度、行為模式，作為自己模仿、表同的對象，意即個人

---

[133] 劉阿榮，〈全球在地化與文化認同──臺灣文化認同的轉化〉〔C〕，全球在地化趨勢與議題國際學術研討會，元智大學社會暨政策科學系，2017.03。

經由社會化歷程，歸屬、表同於某一領袖、族群、民族、政黨、國家的心理歷程，因此有族群認同、政黨認同、國家認同等，這是劉阿榮在〈全球在地化與文化認同──臺灣文化認同的轉化〉[134]一文中對於文化認同提出的看法。郭曉川〈文化認同視域下的跨文化交際研究──以美國、歐洲（歐盟）為例〉一文中[135]說明，文化理論家雷蒙·威廉斯（Raymond Williams）認為，人們的社會地位和認同是由其所處環境決定的，文化具有傳遞認同訊息的功能。何平立[136]提到，當一種文化遇到另一種文化時，首先遇到的就是「認同」問題，「認同」需要一個建構的過程。在現代社會，文化與認同常結合起來形成特定的文化認同，作為個人或群體界定自我、區分他者、加強彼此同一感、擁有共同文化內涵的群體標誌（符號）。

劉軼、張琰[137]在《中國新時期動漫產業與動漫行銷》一書中提到，文化交流需要找一種最大影響力和最廣覆蓋面的傳播載體，則會形成最具感染力和說服力的全方位話語權。以兩岸的媽祖文為例，媽祖文化作為閩南傳統文化之一，透過媽祖文化進行交流，不僅維繫著海峽兩岸在民間信仰間的互動，更因為彼此互動關係良好，逐漸解開長達半個世紀以來兩岸之間的糾結。民間信仰因兩岸文化接近性，也與政治體制與經濟層面的交流不同，確實是有些透過以媽祖文化交流作為兩岸之間的潤滑劑，彼此建立互信，並且多一些互動的關係，未來也能夠有效的磨合彼此間政治上的歧見，同時也能夠有效的帶動兩岸經濟的發展。

---

[134] 劉阿榮，〈全球在地化與文化認同──臺灣文化認同的轉化〉〔C〕，全球在地化趨勢與議題國際學術研討會，元智大學社會暨政策科學系，2017.03。

[135] 郭曉川，〈文化認同視域下的跨文化交際研究〉[D]，上海外國語大學，2012。

[136] 何平立，〈認同政治與政治認同──「第三條道路」與西方社會政治文化變遷〉[J]，《江淮論壇》，2008，230(004):50-56。

[137] 劉軼、張琰，《中國新時期動漫產業與動漫行銷》[M]，中國戲劇出版社，2005。

文化在兩岸關係發展中始終扮演著重要的角色，並發揮著重要的作用。從臺灣開放民眾赴大陸探親旅遊後，兩岸民眾的探親訪友、尋根謁祖、旅遊觀光、訪問交流等文化交流活動就一直在進行著，從沒停止過。在兩岸和平發展的大背景下，兩岸文化的交流與合作更成長為兩岸交流中重要的一環。兩岸文化交流經過這些年的努力，已經取得了不少的成績，但從總體上看，在文化受眾、文化內容、文化傳播途徑、雙方交流的密切程度等方面尚存缺失和不足[138]。既然，歷史文化同源的提醒有助於提高臺灣民眾的「文化認同」，那該如何善用閩南文化去建構兩岸文化認同呢？要建構兩岸文化認同，首先要實現文化融合，透過不斷深化兩岸的交流與合作。文化融合，首先需要實現相互接觸、交流溝通，而文化融合，還需要先認知文化多元、消弭文化隔閡、凝聚文化共識、增進文化認同，最終才能實現文化之間相互吸收、滲透，進而融合。基於文化融合的要求，閩南文化的高度文化接近性，從內涵上，可以加快兩岸文化共同體的構建；從路徑上，也是兩岸閩南人透過閩南文化交流奠定兩岸融合的堅實基礎。也只有透過閩南文化與臺灣民眾不斷地交流，方能事半功倍，可獲得更高的文化認同，並且在文化認同中找到雙方最大的目標，兩岸才能達到真正的融合，這就是閩南文化體驗交流之路。

身分認同是指個人與特定社會文化的認同。在每一特定歷史文化語境中，個人必然要與世界、與他人建立認同關係，並遵循文化編碼程式，逐步確定自己在這一社會文化秩序中的個體角色[139]。身分認同分為四類，即個體認同、集體認同、自我認同、社會認同。第一，個體與特定文化的認同、就是個體身分認同。從文化角度講，在個體認同過程

---

[138] 廖中武、陳必修(2011)，〈和平發展視野下的兩岸文化交流狀況及其前瞻〉，《江蘇省社會主義學院學報》(2)，39-41。

[139] 陶家駿，〈身分認同導論〉[J]，《外國文學》，2004(2).P37-39。

中，文化機構的權力運作促使個體積極或消極地參與文化實踐活動，以實現其身分認同。第二，集體身分認同，是指文化主體在兩個不同文化群體或亞群體之間進行抉擇。因為受到不同文化的影響，這個文化主體須將一種文化視為集體文化的自我，而將另一種文化視為他者。第三，自我身分認同，強調的是自我的心理和身體體驗，以自我為核心。第四，社會身分認同，強調人的社會屬性，是社會學、文化人類學等研究的對象。這四種不同身分認同的定義與區隔，都離不開所謂的文化認同。文化，就是某種生活、習慣與記憶；自身透過參與文化實踐活動，完成個體認同，形成某個單一文化主體；然後該單一文化主體必須去抉擇，選擇某一個文化群體成為集體自我，這就是集體身分認同；同樣的，當這個文化主體已經確認自我身分與選擇某一集體身分時，就必須跟自我溝通、跟社會磨合，形成自我身分認同與社會身分認同。

這種透過文化認同的相關理論，最早於 20 世紀 50 年代初期就由美國學者埃裡克松（Eriksson）提出，後被廣泛應用於社會學、心理學、政治學等相關領域。西方國家從多種理論角度分析文化認同的問題，對於兩岸文化認同問題的研究具有重要的借鑒意義。其中，袁曙霞[140]認為，海內外同胞的文化認同就是對中華文化的認同，文化認同可以促進弘揚和傳播中華文化，使中華文化在世界上發揚光大；鄭方圓[141]則認為，兩岸政治文化認同的異化給「一個中國」歷史進程的推進帶來了巨大的阻力，「文化台獨」是造成臺灣民眾政治文化認同困境的主要原因；蘇振芳[142]認為，兩岸青年的中華文化認同有著良好的發展空間，

---

[140] 袁曙霞，〈兩岸文化大交流對臺灣同胞認同的影響研究〉[J]，《貴州師範學院學報，2011》，(10)。

[141] 鄭方圓，〈兩岸統合趨勢下臺灣民眾政治文化認同問題研究〉[J]，《山東行政學院學報》，2014(5):59-62。

[142] 蘇振芳，〈兩岸青年文化認同與兩岸和平發展〉[J]，《福建論壇》，2011(6):151-155。

對推動祖國和平統一具有重要作用；李詮林[143]更認為，借助文化產業等有效的文化影響手段來增強臺灣民眾的中華文化認同感。早在西元1990年，美國學者約瑟夫·奈就指出，國際社會的權力結構已經發生了變化，美國應該學會通過新的權力源泉——軟權力[144]來實現其霸權目標。約瑟夫·奈認為，一個國家的軟權力主要有三個來源：對他國具有吸引力的文化、在國內外事務中得到普遍遵守和認真實踐的政治價值觀、正當合理並且具有道德權威性的對外政策以及塑造國際規則決定政治議程的能力。綜合國內外研究成果可知，國家軟權力由歷史性、現實性和未來性三部分要素構成。歷史性要素的核心是一國的優秀文化傳統；現實性要素就國內層面而言，主要包括一國被普遍認可的流行文化、良好的社會制度、具有一定普世性的政治經濟模式和價值觀、國內的善治、國家凝聚力等；國際層面包括國家形象、由道德聲望或者訴求而產生的全球影響力、全球責任的擔當能力、他國對本國的依存度、有利於促進世界和諧的外交理念、政策以及制定國際規則的能力等。未來性要素的核心是源自於教育科研體系的國家綜合創新能力，包括制度創新和技術創新能力[145]。在這些要素中，文化和制度是國家軟權力的核心要素[146]。

　　結合文化認同理論以及中華民族擁有非常豐厚的軟權力資源，而這種軟權力資源其最重要部分，是早已蘊藏於中國傳統文化之中。中國傳

---

[143] 李詮林，〈文化產業：兩岸關係和平發展的助推器〉[J]，《福建行政學院學報》，2013(1):8-14。

[144] (美)約瑟夫·奈，《軟權力：世界政壇成功之道》[M]，吳曉輝、錢程等譯．北京：東方出版社，2005：11。

[145] 孫斌，〈以軟權力促進兩岸統一研究〉[J]，《齊齊哈爾大學學報》(哲學社會科學版)，2017(3)。

[146] 黃金輝、丁忠毅，〈中國國家軟實力研究述評〉[J]，《社會科學》，2010，(05)：35-36。

統文化中雖然沒有「軟權力」這個概念,但類似的思想與成功案例很多。其中以族源認同與文化認同促進和鞏固統一,最為明顯。中國古代各部族都承認自己是「炎黃子孫」,不僅華夏各部族如此,少數民族,特別是入主中原的各少數民族也自稱華夏「先王」之後,在族源上與漢族認同,而且其建國者都學習吸收乃至推行漢文化,以中華自居,爭取正統地位。這些豐厚的軟權力資源和歷代在以軟權力促進和鞏固國家統一方面積累的豐富經驗,是我們構建軟權力戰略以促進兩岸統一的客觀基礎。文化交流的正當性與可行性,對於兩岸民眾的身分認同而言,重要性不言而喻。但是,因歷史因素與地理隔閡,臺灣民眾一般則認為文化在中國大陸是屬於意識形態的範疇,是由中共政權控制的宣傳,和臺灣以民間為主的文化、文創不同,甚至對大陸多次想簽訂兩岸文化交流協議置之不理,並回應尚無此需要。兩岸人民原本同文同種在社會交流是幾乎完全沒有障礙,然海峽兩岸隔海分治迄今已經 60 多年,期間各自採取不同的政治、經濟、社會制度,生活方式與經驗有很大的不同,確實需要一段長時間的交往來相互了解。不過,臺灣主要族群係先後來臺,對大陸文化認同高,對於兩岸文化交流,或許會因兩岸人民不斷的社會接觸獲得改善,這也正是本課題所提到,以閩南文化接近性為前提下全力開展閩南文化交流體驗。從臺灣學者楊開煌[147]研究證實,族群態度評估,的確是兩岸文化交流重要因素,兩岸文化交流推動者,是必須考慮當時臺灣民眾對於大陸的族群評估,才能規劃適當的文化交流時程與方式。這裡群族態度評估,其實就是身分認同裡面的集體認同。

　　文化交流正當性與可行性,對於臺灣民眾在中華民族的身分認同上,重要性不言而喻。這與習主席提出的實現同胞心靈契合,增進和平

---

[147] 楊開煌(Kai-Huang Yang)、劉祥得(Hsiang-Te Liu),〈社會接觸及政治態度影響臺灣民眾對大陸印象、認知、政策評估之分析〉[J],《遠景基金會季刊》,2011,12(3):45-94。

統一認同，並以中華文化是兩岸同胞心靈的根脈和歸屬的談話不謀而合。身分認同是指個人與特定社會文化的認同。從文化角度講，個體認同過程中，文化機構的權力運作促使個體積極或消極地參與文化實踐活動，以實現其身分認同。從社會角度上，個體自身透過參與文化實踐活動，完成個體認同，形成某個單一文化主體；然後該單一文化主體必須去抉擇，選擇某一個文化群體成為集體自我，這就是集體身分認同；當這個文化主體已經確認自我身分與選擇某一集體身分時，就必須跟自我溝通跟社會磨合，形成自我身分認同與社會身分認同。臺灣民眾的身分認同，離不開自身對大陸的直接或間接感知，而自身感知也與中國大陸自身對外刻意建構出的意象密切相關。這裡所指的意象是指臺灣民眾對大陸的內心想像，以及對大陸外部發展前景的具體感知、總體看法和綜合評價，而一個良好的意象，必將有利於提升兩岸的交流與統合。近年來，中國大陸本身在外所呈現的發展前景與意象，已經是全世界的第二大經濟體，世界上許多國家無不以搭上大陸經濟快速發展的列車為目標，並積極主動擴大與其經貿聯繫；但是，若僅利用「經貿」這種陽謀來進行兩岸交流，部分臺灣民眾會有擔心因有「臺灣安全」的疑慮與意象，而拒絕與大陸進行更深度的交流，而讓兩岸經貿交流停到某個停損點，數十年如一日，更無法透過其他包裝改變民眾對大陸的感知與意象。因此，本文課題專案數度特別提出，若要重構臺灣民眾對大陸的身分認同，就必須從經貿回歸正確的感知意象；而重塑臺灣民眾的感知與意象，則必須透過軟權力裡的文化認同。

　　如何透過方法重塑過去的中華文化的「文化場域」或者「語境」，再現兩岸在某一個時間（歷史）與空間（地區）上具有共同價值與意義的存在，喚起對中華文化的想像，通過交流慢慢拼湊歷史記憶，透過實踐活動達到兩岸共同傳承歷史，這樣的文化交流，才有機會讓已經有預設立場的臺灣民眾卸下心防，轉而去建構兩岸對中華文化的共識。這個

共識是屬於兩岸人民,而非單方面由中國大陸或者臺灣自主定義,也非中國大陸或者臺灣地區政府的一廂情願。被再現的文化場域,找機會讓臺灣民眾通過體驗參與,主動了解兩岸共同的文化記憶,進而重塑臺灣民眾對大陸的感知與意象。當然,在以往促進兩岸融合發展中,少有以文化接近性或透過對閩南文化認同轉換身分認同的研究。透過閩南文化認同強化身分認同,不僅源自兩岸閩南文化的接近性使然,更有閩南文化當中的一些特點,例如:閩南語言、血脈宗親等自帶優勢,加上透過大陸積極鼓勵臺灣地區民眾與大陸民間交流的體驗感。進一步說,閩南文化更容易透過文化接近與場景體驗交流進行文化身分認同,進而建構中華民族的身分認同、國家認同。這種閩南文化認同強化身分認同的可行性,可從傳播心理學中的紐科姆 A-B-X 理論[148](認知一致性)、高夫曼場景(劇場)理論推論可知。

紐科姆 A-B-X 理論是基於每個人的認知一致性基礎而來的,因為每個人都具備有感知功能,透過選擇性感知(selective perception),不同的人對同一資訊有不同的反應,這就是一種選擇,或者就是每個人透過內心與自己對話後,形成認知一致性的過程。感知(Perception),是指人們透過五種感官能力獲取可感知的資訊與外界的數據。傳播心理學家認為:「人選擇、組織與解釋外在感官刺激,並賦予外在世界某種意義的複雜過程。」「感知是很主動的,涉及學習、更新觀點,並與所觀察的現象互動。」「觀看與認知活動有關,均系學

---

[148] 紐科姆的對稱模式又稱紐科姆 A-B-X 模式(Newcomb's A-B-X Model)一種關於認知過程中人際互動與認知系統的變化及態度變化之間的相互關係的假說。由美國社會心理學家 T.M.紐科姆於 1953 年提出。從認知均衡這種思考方式看,紐科姆的模型與 F.Heider 的海德平衡理論十分接近。但是,海德的模型是關於認知主體自身的認知平衡,紐科姆的模型則是把認知平衡擴大到人際互動過程和群體關係。紐科姆對人認知理論的基本觀點是,人們相互之間的感情、態度、信念有一定的聯繫和相互作用,因此人們的認知系統有趨向於某種一致性的傾向。

而知之。」「感知還包括推論的過程」。認知一致性理論通常認為人們的行為與內心認知是一致的，即從認知、情感到行為都應該遵循相同的原則，此稱為一致性理論。反之，若無法達到一致性，我們就稱為「認知不協調」。從本研究專案來說，當臺灣年輕人體驗到兩岸在閩南文化的接近性，又感受到大陸各界「以文化人」的巨大誠意時，其原本在內心存在受臺灣地區那些不正確有心人士，以及臺灣媒體所塑造的假媒介真實與真實體驗不一樣時，就會產生上述所提的「認知不協調」。人們遇到這種「認知不協調」時，就會主動去尋求認知一致性。而一致性的意涵就是包括：人們會去尋找情感、認知與行為的一致性，進而合理化自我行為。但是有時人們也會有些不合理行為產生，這時就必須要有理由或藉口將其解決，否則會產生認知危機。因此，人們往往會使自己外部世界符合本身的想法，或者改變自己內心的想法去迎合外部世界。而傳播心理學上的研究就是關心人類如何去處理與自己立場不一的資訊或訊息。

從典型的社會心理學出發，紐科姆 A-B-X 理論的重點在於關心人類的互動關係。將傳播看作是人們以共同及有效的方式與其環境協調的過程。這個模式意味著人際傳播之所以重要，乃是因為它可以為雙方建立共識或是共向，即是「調和」；若再加上場景建構催化文化身分認同，加速兩岸閩南文化認同圈形成。從語言信仰，到閩式建築產生的情境氛圍，把閩南人一般的簡單生活習慣、信仰儀式，內化成為精神層面的認同與信任，這就是種圈層。這種圈層絕對有利於兩岸在中華民族文化共同體的產生。當個人發現自己過去的認知與外部世界極端不同，個人就會去主動想找到調和或者平衡的方式，並透過學習努力改變自己的態度、行為，最終達成認知一致。這就是鼓勵臺灣年輕人赴大陸體驗交流，在真實環境下的體驗交流，加上自己透過接觸、協作、融入，並在自己熟悉的環境下，就會很快形成認知改變，進而產生文化認同、身分

認同,以致於社會認同、國族認同。

　　文化是一個民族產生和發展最穩定的因素,也是最重要的凝聚力,但文化認同不等於民族認同。如何進一步促成兩岸之間的合作與交流,提升兩岸人民之間的相互認識和理解,首先必須先轉變臺灣民眾對大陸的預設感知與意象。通過大眾媒介進行文化傳播,傳遞經驗與想法,對於轉變臺灣民眾對大陸的感知與意象是不錯的方式與工具,若從文化認同視角來看,更是重構身分認同的最佳利器。若建立共同的文化價值觀,抑或者共識,進而面對共同目標時,方法就很重要。文化共識建立,不應被視為是一種所欲的「結果」,而應視其為是一種「策略」,是一種「過程」,也是一種「行動」。但目前兩岸文化交流,似乎被誤解成類似 Gramsci[149] 下的「文化霸權」,把「文化交流」認為是中國大陸為獲取政治及經濟霸權的手段,並刻意以自己的意識形態去統一兩岸。這個感知與意象,正是造成臺灣人民「知陸反陸」的最直接因素。臺灣民眾對於政治宣導與活動,往往都具有預設立場與政治傾向。這種立場與傾向所場生的預防針效果,容易讓政策宣導或觀念散佈時,產生一層隔閡或者無效宣傳。加上兩岸文化交流的不對稱、不平衡,與沒有制度性的保障,看似熱火朝天的兩岸文化交流,但都沒有發揮相對應的效果。[150]這種結果,反讓熱衷於兩岸交流的民眾,對於文化交流、社會接觸等手段,是否可進一步促成兩岸之間的合作與交流,提升兩岸人民之間的相互認識和理解,以便消除偏見和誤解,產生質疑。這種質疑,正是來自目前臺灣民眾對大陸所有交流手段預設的感知與意象。[151]

---

[149] Gramsci, Antonio, *Selections from the Prison Notebooks* [M], New York: International Publishers, 1971.

[150] 鄧小冬,〈影響兩岸文化交流效果的因素分析〉[J],《九鼎》,2017.09。

[151] 王甫昌,〈族群接觸機會?還是族群競爭?:本省閩南人族群意識內涵與地區差異模式

兩岸具有共同的語言與相當接近的歷史背景，值得慶倖的是，截目前為止，雙方仍未脫離和平改變兩岸現狀的範疇，以及追求和平統一的目標軌道上。部分西方文獻認為，透過大量的文化交流所產生的社會接觸，對於分峙的兩邊，具有重要影響力，且大多數的研究成果仍然主張正面且有意義的社會接觸，讓接觸的雙方降低族群的歧視[152]。但是，首先必須先轉變臺灣民眾對大陸的預設感知與意象。感知與意象，是從心理學視角去研究個體本身的認知與態度間的價值轉換。感知是一種從情感到認知過程，是人們通過認識、體驗周圍的事情而產生情感，進而轉換成內心價值觀的一種過程。雖然，個人的一開始感知價值與意象建構是必須依賴媒介的傳播力量，但經過時間維度（長時間）與個人親身參與（體驗參與），其感知與意象的建構，往往可能會有別於主流媒介上的態度與意見，換言之，個人的身分認同可能有別於集體身分認同，以及大量的個人身分認同，也可能透過媒介或者其他方式影響或撼動原本的集體身分認同。

　　那該透過何種方法重塑過去的中華文化的「文化場域」或者「語境」，再現兩岸在某一個時間（歷史）與空間（地區）上具有共同價值與意義的存在，喚起對中華文化的想像，進而增強文化認同呢？或者轉變臺灣民眾對大陸的預設感知與意象呢？透過大眾媒介進行文化傳播，傳遞經驗與想法，對於文化保存與觀念傳達似乎是不錯的方式與工具，若從文化認同視角來看，更是重構身分認同的最佳利器。但在目前眾聲喧嘩的資訊社會中，實際的傳播目的因資訊製作成本降低，移動終端的普及，資訊傳達效果轉弱，導致文化真正的意義被誤解，或者共識建立相對困難。這種文化傳播似乎未能達到傳承經驗的目的，連如何保存文

　　之解釋〉[J]，《臺灣社會學》第 4 期，2002，頁 11-74。

[152] Allport, Gordon W. *The Nature of Prejudice. Cambridge*, MA: Addison-Wesley，1979.

化的真正內涵，及再現過去的文化記憶，效果都大打折扣。同樣地，看似簡單的文化，卻又是一種難以捉摸的型態，如果沒有刻意包裝、塑造，不只讓一般民眾無感，更無法吸引臺灣民眾，更遑論通過文化認同達到身分認同的終極目標。

意象的建立，隨著科技發展、新媒體誕生，例如：微信（社交軟體）、博客、短視頻、電子遊戲，已不再只是通過書籍、廣播、電影、電視等傳統媒介進行。意象構建與傳播過程兩者是一個有機的整體，互相影響交融；意象構建的目的是為了傳播，而傳播的過程與結果，則是對意象的構建有強化作用，這正是文化傳播的重要所在之處。文化傳播像是一種潛移默化，讓大眾於不知不覺中被同化或者被麻醉，更精準的表述是，文化傳播就是遇到某現象、思維或概念需要被保存、宣揚時，通過不同媒介與通路，去建立共識的一種手段。文化傳播一開始會比較困難，但是一旦故事開始了，就停不下來。美國傳播學者李普曼在 1922 年《公眾與論》中提出了「擬態環境」[153]的概念，他認為「媒介環境」，並不是現實環境「鏡像」[154]的再現，而是大眾傳播媒介通過

---

[153] 「擬態環境」或稱「似而非環境」，是指大眾傳播活動形成的資訊環境，並不是客觀環境的鏡子式的再現，而是大眾傳播媒介通過對新聞和資訊的選擇、加工和報導，重新加以結構化以後向人們所提供的環境。此觀點最早由美國政論家李普曼在其所著的《輿論》一書中提出。絕大多數人只能通過「新聞供給機構」去了解身外世界，人的行為已經不再是對客觀環境及其變化做出的反應，而是對新聞機構提示的某種「擬態環境」的反應，產生腦海圖景。而傳播媒介大多具有特定的傾向性，因而「擬態環境」並不是客觀環境的再現，只是一種「象徵性的環境」。擬態環境的重要觀點：大眾傳播形成的資訊環境，（擬態環境）不僅制約人的認知和行為，而且通過制約人的認知和行為來對客觀的現實環境產生影響。

[154] 鏡像理論是指我們是通過鏡像來看世界，我們看世界總是有一面無形的鏡子，而且意識不到。

籠統的說，鏡可以理解為在他人的形象，或者自己對他人的想像或者幻想，這種形象經過轉化，比如，一次認同，二次認同，會轉化為我們的心像，進一步「反轉」，變成我們的主體。

更通俗一點的說，我們看他人不僅是在看他人，也會在看他人的過程當中建構自己。

象徵性的事件或者資訊選擇與加工，重新加以建構後再向人們提示的環境。一般人經過長期暴露在媒介資訊下，往往都會被媒介真實所洗腦，只不過時間比較長。因此，文化傳播最後目的就是建構傳播者所欲的「擬態社會」。當「擬態社會」再透過媒介長期宣傳與包裝，釋放更多適合這個「擬態社會」的媒介真實，量變產生質變，就形成潛移默化，那就是一種共識。兩岸文化與生活早已經受到區域環境影響產生變化，甚至被動地改變某些文化價值觀。對臺灣人民來說，對於某些文化或者價值觀，在面對兩岸交流時，卻已在心中產生歧異，這種歧異就是一種文化區域性的影響。因此，如何通過文化傳播再度連結兩岸已經斷裂、不連續的過去記憶，就是目前當務之急。在沒有修復之前，任何的文化交流與身分認同，都可能是短暫、不穩定。

　　文化傳播並非單一方式或者手段，而是一種思維；文化傳播不是一種目的，而是一種過程；文化傳播，是一種潛移默化，讓大眾於不知不覺中被同化或被麻醉。更精準的表述是，如何將某種現象、思維或概念需要被保存、宣揚時，透過各種媒介與方法，去建立共識的一種手段，它傳播影響的範圍可能是針對某群體、某聚落，也可能是全人類。這種近乎麻醉的宣傳方式，昇華到生活與道德，進而讓每個人都願意幫您。文化傳播的最終目標在於重構與再現過去先人的記憶與場景，透過媒介無所不在、巨細靡遺的宣傳方式，讓兩岸民眾在認知上檢視自己身分的認同，與過去歷史記憶的情感歸屬。文化傳播之於兩岸交流，不僅僅需要通過兩岸既有的豐富軟權力，更需較重建符號語境，這個過程聚焦於重構與再現，通過共識建立想像空間，進而將族群性特點發揮，回饋到兩岸政治氛圍。利用新科技吸引青年族群留意與注意，以及建構場景，激發情感植入深度思維與想像，進而達到文化傳播的終極目標，讓文化交流不再是停留在尋根與懷舊，而是回到原點清楚文化脈絡，承認文化起源，強化文化認同，最後承認自己的身分認同，這才是運用文化傳播

的最大化功能。

　　除了善用文化傳播方法去強化文化認同外，本課題所提的體驗交流學習，其實也是一個很重要的執行方案。近年來體驗設計越來越受到重視，許多學者紛紛提出了以體驗為核心的服務體制，利用「體驗」的方式讓消費者能夠得到深度的資訊，而非只能單方面由消費者自行消化所獲取片面的知識，這樣的互動更能加深消費者對於整個主題的印象，進而提升該產品之品牌形象，深具創新、創意與學習。體驗的過程包含感知、理解、認知、闡釋及移情等特色，體驗在經濟上的重要性牽涉到從情境中萃取價值[155]。這種方式融入在文化保存與創新中，就是一種文化體驗。文化體驗，重點在於透過對於文化實體與文化記憶的互動體驗，進行文化凝聚、教育深耕，凝聚一般民眾對於在地文化保存的理念，促進地方特色傳遞，並提倡本土文化教育，提高青年對自身文化認同感，這就是建立共識的過程，也是某種共創平臺的建立。文化保存的目的在於文化傳承，傳承的目的在於累積知識。知識是整理經驗的工具，用來掌握瞬息萬變的生活情境。因此，對抽象知識的追求，應轉變為一種主動的教育經驗，透過場景的接觸與體驗，可以增加學習效果與知識傳承。所謂情境建構、學習體驗，強調是讓學習者置身於該場景中，扮演一個角色，強調學習者與場景的關係和意義，知識是在真實場景中建構，不能夠從脈絡中抽離。文化的主體是基於人，若把人放在文化保存的過程中，人會更有感，文化會更有溫度。而這正也是本課題所提出的閩南文化體驗活動的概念。另外，若還能搭配場景概念進行，就可能事半功倍。

　　「場景」，所代表的是在一個行為發生時所處的某一個特定的空間

---

[155] 陳姿汝、曾碧卿，《文化體驗設計與社會企業營運模式初探》，臺北：《輔仁管理評論》，2018(25)，頁 83-108。

及一個特定的時間，也就是說，「場景」這個概念本身就包括了時間和空間上兩個維度的元素。除運用在影視上概念，「場景」也可以代之在人文環境中，人和人的社會關係。從宏觀的角度來看，「場景」的內涵是多維而立體的，它不僅代指一個時間和空間上的交融，更可以包括複雜的社會關係，因此場景是可以容納和勾勒複雜而生[156]，這種概念就與上文的「文化場域」相似。媒介與人產生互動的深層次原因在於「情境」，「情境」又伴隨媒介而變化，進而影響人們的社會行為和角色。在移動互聯、大數據和雲計算等時代背景下，數據即價值。借助於大數據技術，深入挖掘分析用戶行為數據，構建用戶畫像，提供與用戶需求場景匹配的一體化資訊服務。在遊戲化的現今社會，通過人們在進行網上活動時，建構虛擬的文化場域，讓受眾透過網路瀏覽時，對不同文化生活圈有充分的想像空間，並將具象與實踐文化進行充分融合。透過場景交互設計，給予用戶沉浸式的體驗或激發用戶特定的行為。其中包括：情感化設計，讓使用者在操作過程中可以追溯到自身的某些情感記憶，以及巧妙的敘事邏輯，模擬真實的使用場景，讓用戶沿著文化生活圈或文化場域中的「故事線」操作並獲得持續的互動。[157]當然，該如何引領使用者進入設定場景中，並讓用戶沉浸其中，就是把實際的文化場域轉換成場景的重點。場景理論就是認為「學習」本身乃是透過社會活動或者實踐來達成，知識意義的形成植基於整個學習活動本身，並非只以個別認知或者社會詮釋的角度來解釋學習行為的發生，當學習發生於有意義的場景時，便會產生有效的學習意義。[158]這就是重塑過去的

---

[156] 劉思琪(2021)，〈場景行銷下的消費者需求〉，《中國集體經濟》(23)，2。

[157] 孫海洋、吳祐昕(2017)，〈移動應用中的場景交互設計研究〉，《設計》，000(010)，104-105。

[158] 賴婷妤、郭雄軍，〈走出課室：戶外教育之現象學研究〉，臺北：《臺灣體育運動管理學報》15(1)，2015，頁 1-20。

中華文化的「文化場域」或者「語境」，再現兩岸在某一個時間（歷史）與空間（地區）上具有共同價值與意義的存在，喚起對中華文化的想像的最佳方案。

　　文化是各種族與文化歷史記憶的組成，一方面擁有人類生活必備的基本屬性，另一方面更擁有屬於其獨特種族文化特點。不過，當人類進行不同文化傳承與保存時，因時代變化或文化趨同，導致只能部分傳承。傳統文化本身更是無法生存或趨向完美的，它必須藉由「使用者」去制定、修訂或更改。當新媒介傳統文化之所以在現今社會中尋求創新發展，是因為新一代的人們認為除非找到其他的傳統可以取代過去或者完全拋棄，否則仍然生存在新社會的「傳統」應該被視為是一個重生或新生的機會[159]。這點，正是每個人都應該去尊重文化傳承與保存文化的核心意義，畢竟文化是人類知識創新與累積的總和，文化不會因為時間而消失，它只是更新或者改變。隨著新媒體在社會生活中的應用日臻廣泛，其對於社會文化的影響也進一步凸顯。較之於傳統媒體，新媒體有著針對性強、覆蓋面廣以及受眾群體更年輕等特徵，這也使得新媒體能夠迅速滲透到社會生活中，成為強大的社會潮流。在新媒體的卓越功效下，文化傳播管道更為優化、傳播方式更為新穎，文化形式也更為多樣，文化傳播力的提升顯而易見[160]。

　　解決文化自信與文化認同的問題要從經濟政治的角度進行考察，畢竟經濟政治不自信，文化沒法自信，而目前中國大陸的政治經濟已經崛起，下一步則是面對兩岸文化差異下，該如何讓兩岸的文化認同強化？建構屬於兩岸四地共同的文化自信。此外，中國人的文化不自信來自中國文化與各地區域文化太博大精深與太多元、太複雜。過去在沒有推動

---

[159] Shils, Edward、呂樂譯(1992)，《論傳統》，臺北市：桂冠出版社。
[160] 孫宜君、王建磊(2012)，〈論新媒體對文化傳播力的影響與提升〉，《當代傳播》(1)，3。

白話文之前,甚至在中國沒有解決貧窮之前,文盲過多,導致許多中國人不是不自信,而是根本不清楚「中國文化」或各地文化的偉大與特色之處。因為不了解,又如何建立自信。因此,如何培養當地居民對自己所在土地的關懷感與認同感,重新學習自己居住鄉土裡各種文化生活型態,才可能有機會建立屬於自己家鄉的文化自信。當每個地區的民眾有地方文化的自信心時,中國的整體文化自信,才能被建立。

　　文化傳播,在現今被媒介「傳播形定」的社會下,是一個透過媒介管道去建立上下對某種文化共識的一種手段。文化傳播的定義隨著時代而改變,已不是單指某文明擴散到其他地區這種狹隘的說法。現今更精準的表述是,文化傳播是指各種文化保存過程中,透過傳播行為,可以將每位受眾的「認知世界」加以改變,並賦予受眾對文化保存較崇高的理想與目標,進而主動去關心、保存地方文化。當地方文化保存成為每位受眾責無旁貸的社會規範與認知,地方文化的未來就會比較簡單。文化傳播不單是一種手段,更是一種擴散,它幫助某地方文化保存時,其影響不只單為某特地區域、族群或者文化盡其功能,它所要表現的是一種影響力。只要有任何區域或某地方文化成功利用文化傳播方式完整保存,文化傳播就已成功扮演其傳播媒介的角色了。簡言之,文化傳播,更像是一種潛移默化的過程,讓普羅大眾於不知不覺中被同化或者被麻醉。

　　經濟成長,對於國家推動民眾幸福感的關聯性程度愈來愈少,反而致力推動文化自信建立、文化保存等精神層面的建設與宣傳,已經成為一個國家努力的方向。不過,如何透過方法,讓文化保存的目標內含一般民眾對文化的解釋與詮釋權,讓文化主體從沒有溫度的器物或者古建築,轉換成有溫度的文化生活圈。換言之,該利用何種方法讓一般普羅大眾理解且清晰透過文化保存建立文化自信的重要呢?單透過政府的文化宣傳手段,單一、制式的由上往下傳遞資訊,似乎不足以完成。近年

來,透過參與體驗的設計愈來愈受到重視,體驗的過程包含感知、理解、認知、闡釋及移情等特色,體驗在經濟上的重要性牽涉到從情境中萃取價值[161]。這種方式融入在文化保存中,就是一種文化體驗。文化體驗,重點在於透過對於文化實體與文化記憶的互動體驗,進行文化凝聚、教育深耕,凝聚一般民眾對於在地文化保存的理念,促進地方特色傳遞,並提倡本土文化教育,提高對文化認同感,這就是文化共識建立的過程。

不過,在後疫情時代,這種參與式文化體驗是無法實踐,但因新媒體的跨越式發展,讓文化傳播開闢了前所未有的空間與路徑,透過把傳統文化生活區的文化場域,轉移到以數據為核心背景的場景,在移動互聯、大數據和雲計算等時代背景下,提供與用戶需求場景匹配的一體化資訊服務。透過場景交互設計,給予用戶沉浸式的體驗,讓用戶沿著虛擬文化場景,輔以類娛樂類 APP 的設計、虛擬現實技術獨特的敘述能力,讓受眾在身臨其境的沉浸感中接受傳統文化的薰陶,達到即便無法線下體驗參與,也能感受到閩南文化的豐富歷史故事線,更可以閩南文化故事中的美好,保留在線上使用者的腦意象。一旦有機會接觸,就會萌發認同,產生美好的印象。

最後,本研究專案最主要的創新點與貢獻,在於擺脫傳統研究兩岸統合領域中的政治與經貿促進統一與融合,而轉以透過實證研究找到以強化兩岸閩臺文化認同工作促進且牢鑄兩岸中華民族共同體的重要論述與成果。進一步說,不再追求以短期效果促進兩岸融合發展的研究方向,而以沒明顯目的性的閩南文化認同轉化,取得臺灣民眾對中華民族共同體的共識;文化是民族產生和發展最穩定的因素,也是最重要的凝

---

[161] 陳姿汝(Zi-Ru Chen)、曾碧卿(Bi-Ching Tseng) (2018),〈文化體驗設計與社會企業營運模式初探〉,《輔仁管理評論》25(1),83-107。

聚力；雖然文化認同不等於民族認同，但文化認同卻能長期存在並影響受眾，並使受眾容易產生共同的文化歸屬感。「以文化人」對臺灣民眾產生同化作用，正是本課題的重要學術價值。文化，是民族的靈魂。縱觀歷史，一個民族的覺醒，首先是文化的覺醒；一個民族的自信，關鍵是文化的自信；一個民族的復興，離不開文化的復興。中華文化是兩岸同胞共同的寶貴財富，也是維繫兩岸關係根基的重要紐帶。隨著兩岸民眾往來日益頻繁，「三通」之後更重要的，是實現心靈的溝通，深化感情的交融。因為，文化的交流要比其他任何領域的交流都更為深刻，更為長久。堅信透過文化接近性的閩南文化驅動身分認同，相信善用體驗式交流去加速對區域文化，以至於中華文化的認同，促成兩岸中華文化圈，最終一定可以以軟權力、好文化、一家親完成一個中國的使命。

第三節　研究建議

　　做好兩岸青年交流是大陸對臺工作的一貫立場，回顧過去，大陸官方政府通過政策調整，舉辦系列活動來拉近兩岸青年間的交流。就其影響來看，已取得相當大的成效，也化解了部分刻板印象，構建出雙方持續互動的溝通管道。就「體驗式交流」來看，有兩點尤為重要，一是跨大力度、多元發展，讓臺灣青年可以輕易融入大陸裡面，二是要互動，不是單方面的接受，在雙方的交流過程中可能會有碰撞與交鋒，但最後要達到交融。相比以往，強調必須進入更為實質與深層次的階段，以及透過調研去找出需要強化或者改變的點，以及對於未來兩岸青年交流，除繼續推動之前的活動外，又該如何做出一些改變，以利雙方的交流互動。

　　本研究專案「兩岸閩南文化交流對臺灣年輕人文化認同影響之研

究」自 2020 年底通過後，到 2022 年 10 月結題。期間經過近兩年研究與調研時間、在兩岸分別透過不同形式的網路問卷進行調查，共計有超過近 3000 位以上的臺灣年輕人接受不同時間填寫兩份不同的問卷。雖然整個調查過程比較順暢，得到的結論與成果與當初研究專案的基本假設一致，但是針對本研究專案，仍存在著許多瑕疵需要進行檢討與改進。其中做直接的就是受訪者（研究對象）的選擇，其次則是在談體驗交流時，是針對哪些主題的體驗交流呢？是交流活動、還是就業、求學呢？最後則是，一次的問卷調查（研究時間追蹤），僅僅是一次橫斷面的研究，若是無法追蹤，其研究成果與推論，可能過於片面。茲就這三點方面對未來的研究者提出改進的建議與想法。

一、研究對象

青年的含義在全世界不同的社會中是不同的，而青年的定義隨著政治經濟和社會文化環境的變更一直在變化。許多國家都給青年劃定了年齡界線。「青年」即一個人依法享有平等待遇的年齡開始，該年齡通常被稱為「成年年齡」。在許多國家，成年年齡通常為 18 歲。一旦一個人超過該年齡界線，就被認定為成年人。然而，由於不同的社會文化、制度、經濟和政治因素，不同國家對「青年」的實際定義和理解存在著細微的差別。根據世界衛生組織確定的年齡分段，年輕人（young people）的年齡範圍為 10-24 歲，青年（youth）為 15-24 歲，青少年（adolescence）為 10-19 歲。聯合國大會也將「青年」定義為年齡介於 15 歲與 24 歲之間（含 15 歲和 24 歲）的那些人。聯合國曾於 1985 年在全球開展「國際青年年」活動，該定義就是專門為「國際青年年」活動所下。聯合國公佈的所有有關青年的統計數字，例如聯合國系統出版的關於人口統計、教育、就業和醫療衛生的年度統計年鑒，均依據以上

定義。

本研究專案「兩岸閩南文化交流對臺灣年輕人文化認同影響之研究」的主要研究對象是臺灣的年輕人，而年輕人的定義，不僅兩岸定義不同，連國際上各國的定義也有所不同。如果，我們若單純以聯合國所定義的年輕人年齡（15-24 歲）為研究對象，這些過於年輕的年齡層反而並沒有機會與大陸的各種活動、會議論壇與惠臺政策有關。因此，年輕人的定義莫衷一是。而本研究專案為能夠進行研究，進而把年輕人定義為 18-45 歲，似乎不僅過於草率，整個研究範圍也過於廣泛，所以，若要談問題，第一個需要直接去改變的就是必須更準確去限定研究對象的年齡與定義。另外，分成兩階段研究臺灣年輕人對於閩南文化的各種交流活動是否會導致文化認同的強化？這種兩階段針對不同對象，又採用不同的抽樣方式與問卷調查，似乎對整個研究的效度來說，可能會明顯偏低；最後，實際的調查對象應該是那些在陸的臺灣年輕人，第一階段的「文化接近性」的調查，實屬多此一舉；而這些在陸的年輕人也最好區分不同的省分、在大陸的時間長短等，分類進行調研，方能更詳細的找出體驗交流對於臺灣年輕人在閩南文化認同上的差異。

　　研究或者調查選擇的正確與否，不但影響到研究（調查）結果的可信性，還將決定所得結論能否成立。因此，正確選擇研究對象是完成每項科研工作的基礎。換句話說，就未來有關研究的研究對象來說，建議鎖定某個地域或者省分，例如：福建省，針對就業、求學或者旅遊、探親、參加活動等類別的受訪者，進行長時間的調研與追蹤，方可更準確判斷體驗交流後的認同改變。

二、研究主題

　　調查與研究的主題提出是否恰當？是否符合本研究問題的核心意

議,是相當重要的。不僅是調查活動的起點,更是決定了調查活動的目標和方向,更能體現出調查的水準。因此,提出一個好的問題往往比解決一個問題更重要。坦白說,大陸官方的惠臺政策,或者各種促進兩岸交流的會議、論壇,五花八門;再加上臺灣年輕人來大陸的原因與動機也絕非僅是單一。在此多元變項的影響上,僅用一份問卷調查就去推論整個臺灣年輕人在兩岸閩南文化交流體驗下,可能會強化對閩南文化的認同,這種推論似乎過於武斷。因此,對未來從事相關臺灣年輕人來大陸進行交流時,是否會因為體驗交流而產生更多認同的研究時,建議要以年齡層、參與活動性質(例如:一次性活動、求學、就職或者旅遊),以及不同族群等主題進行分類調查,不可混在一起,畢竟在不同年齡段、參與不同性質的活動,以及不同族群的不同年輕人,在面對閩南文化認同此一概念面前,大家的基礎不一、起點不一,所以,不可以混為一談。

三、研究時間追蹤

　　文化,具有動態本質,尤其在臺灣地區屬於全媒介社會,文化的形成與影響可能隨時改變,因此在研究臺灣年輕人對閩南文化認同研究,雖然不輕易改變,但極有可能會受到其他外力,或者政府政策的影響。此外,文化與世代(年齡)不同,應該會有所差異。世代概念在數據或調查分析上的有效性,不在於指出人們在生物學上的年齡一致或相近,而在於說明他們如何因為處於同一社會的特殊歷史過程,經歷類似的社會變遷力量,因此,會在生活經驗與反應上有某種的共同性,並使他們異於其他世代。一群人年齡相近,至多只是他們共同社會行動的必要條

件，而非充分條件[162]。簡言之，本次「兩岸閩南文化交流對臺灣年輕人文化認同影響之研究」僅是個綜述性研究，屬於橫斷面研究，對於臺灣地區年輕人的閩南文化認同，僅能是種概略性的分析與論述。

何謂橫斷性研究呢？橫斷性研究（cross-sectional study）常被應用於社會科學，是指在同一段時間內，觀察或實驗比較同一個年齡層或不同年齡層的受試者之心理或生理發展狀況，而社會科學中的橫斷性研究通常以調查法施行，因此也有學者將其歸為調查研究法的應用之一。橫斷性研究被設計來在特定的時間點上，調查研究對象的單一或多個行為或現象，例如：蓋洛普民意測驗（Gallup poll）即為典型的橫斷性研究。這樣的橫斷性研究，確實無法深入對臺灣地區民眾對閩南文化認知的研究。若能採用縱貫性研究，可能是較佳的研究途徑。

縱貫性研究（longitudinal research 或 longitudinal study），或稱長期性研究，係對一群研究對象進行長時間觀察或搜集資料的研究方式，主要為探討研究對象在不同時期的演變，目前已越來越普遍用於測量變化及解釋因果等研究。縱貫性研究的資料往往涵蓋多個時間點，在某些研究議題上，分析的資料甚至橫跨數十年。相對於橫斷性研究，縱貫性研究可以觀察事件發生時間的順序，探討隨時間變化的變項，特別有助於掌握社會變化。其中不管是時間序列研究（time-series research）、追蹤研究（panel study）或者世代研究（cohort study），都是較長時間去搜集數據，再加以比較。其中時間序列研究系指研究者每隔一段時間即搜集一次相同的橫斷面樣本資料，藉此了解這些資料在不同時間上所呈現的差異；追蹤研究則是在不同時間點針對相同人群或樣本進行橫斷面資料搜集。世代研究與追蹤研究相似，但主要針對在某特定時間有相

---

[162] 蕭阿勤，〈世代認同與歷史敘事：臺灣一九七〇年代「回歸現實」世代的形成〉[J]，《臺灣社會學》，2005。

似生命經驗的人群進行長時間研究，故研究樣本不一定是完全相同的一群人。世代研究屬宏觀分析，其重視的是整個世代或類型的特徵，而非特定的個人，故研究時必須先清楚定義哪些人擁有相同的生命經驗。

因此，在未來經費與時間允許上，「兩岸閩南文化交流對臺灣年輕人文化認同影響之研究」該專案就應該長期追蹤調查，屬於宏觀性分析研究，並針對不同世代、不同地理區域等變項加以交叉分析，以及在不同重大事件時，進行追蹤調查，方可能更能精準地描繪臺灣地區年輕人對閩南文化的真正認知狀態。同樣也透過大量數據分析，擺棄變數間產生的因果關係，而是大量累積數據，透過交叉比對、數據探勘、文本探勘，以及透過紮根理論，建構一個合適強化與擴大臺灣年輕人對閩南文化認同的最佳模式。紮根理論（Grounded Theory，GT）是一種定性研究的方式，其主要宗旨是從經驗資料的基礎上建立理論。研究者在研究開始之前一般沒有理論假設，直接從實際觀察入手，從原始資料中歸納出經驗概括，然後上升到系統的理論。這是一種從下往上建立實質理論的方法，即在系統性搜集資料的基礎上尋找反映事物現象本質的核心概念，然後通過這些概念之間的聯繫建構相關的社會理論。紮根理論一定要有經驗證據的支持，但是它的主要特點不在其經驗性，而在於它從經驗事實中抽取出了新的概念和思想。在哲學思想上，紮根理論方法基於的是後實證主義的範式，強調對已經建構的理論進行證偽。這才是本研究的最後目標。

附件 1：臺灣民眾對閩南語使用與認同現況調查

　　大家好，本份問卷主要針對臺灣民眾對於閩南語使用現況，以及對於使用不同語言與方言的認知態度進行計量統計調查研究。本問卷調查結果僅提供學術研究與發表論文使用參考，不作為其他用途，請大家放心作答。

兩岸語言文化研究交流中心　陳建安　研究員敬上
2020.08.20

＊必填

一、基本資料

1.請問您的性別是：＊

□男　　□女

2.請問您的年齡是：＊

□18 歲以下　　□19-24 歲　　□25-30 歲　　□31-35 歲　　□36-40 歲
□41-45 歲　　□46-50 歲　　□51-55 歲　　□56-60 歲　　□61-65 歲
□66 歲（含）以上

3.請問您的受教育程度是：＊

□高中職大學　□碩士　　□博士　　□其他：＿＿＿＿＿＿

4.請問您的職業是：＊
□農林漁牧　　□製造批發　　□餐飲服務　　□教育文化　　□醫療保健
□交通運輸　　□金融保險　　□新聞媒體　　□法律政治　　□藝術娛樂
□一般商業　　□其他：_____

5.請問您清楚你自己是哪一個族群的嗎？＊
□外省族群　　□閩南族群　　□客語族群　　□原住民族群
□新移民族群　□外國西方移民　　□其他：_____

6.您對於自己族群的認知是來自於？＊
□父親本身族群的認知　　　□母親本身族群的認知
□媒介與社會上的認知　　　□其他：_____

二、語言使用情況

7.您第一學習的語言（最先學會的語言）＊
□國語　　□臺語（閩南語）　　□客家語　　□原住民語
□新移民語　□其他：_____

8.請問您能用哪些語言與人交談？（可多選）＊
□國語　　□臺語（閩南語）　　□客家語　　□原住民語
□英語　　□其他：_____

9.您在家平常說哪些語言（話）？（可多選）＊
□國語　　□臺語（閩南語）　　□客家語　　□原住民語
□英語　　□其他：_____

10.您在日常活動中，最常說哪些語言（話）？（可多選）＊
□國語　　□臺語（閩南語）　　□客家語　　□原住民語
□英語　　□其他：_____

11.您在工作時，最常說哪些語言（話）？（可多選）*
□國語　　　□臺語（閩南語）　　　□客家語　　□原住民語
□英語　　　□並非在職人員　　　　其他：＿＿＿＿＿＿

12.您在學時，最常說哪些語言（話）？（可多選）*
□國語　　　□臺語（閩南語）　　　□客家語　　□原住民語
□英語　　　□並非學生　□其他：＿＿＿＿＿＿

13.請問您平時是否喜歡臺語（閩南語）節目嗎？
□非常喜歡　　□喜歡　　　　□一般
□不太喜歡　　□非常不喜歡

14.請問您平時是否有收聽臺語（閩南語）的廣播電臺節目嗎？
□是　　　　□否　　　　□從未收聽　　□其他：＿＿＿＿＿＿

15.請問您平時是否有收看臺語（閩南語）的電視節目嗎？
□是　　　　□否　　　　□從未收看　　□其他：＿＿＿＿＿＿

16.請問您認為您自己的臺語（閩南語）程度為何？
□很熟練流利　　　　　□有交談能力能聽懂，但不太會說
□聽不懂，也不會說　　□不知道，很難判斷

17.您主要是通過哪種途徑學習臺語（閩南語）？（可多選）
□家裡人的影響　　　　□看電視廣播相關媒介
□聽臺語歌學習　　　　□學校或者培訓班學習
□社會交往，聽久了就會　□網路學習
□不清楚從哪裡學習　　□沒有學習管道，所以不會說
□其他途徑　　　　　　□其他：＿＿＿＿＿＿

18.請問您學習臺語（閩南語）的主要原因是？（可多選）
□工作上的需求
□臺灣人應該會說臺語（閩南語）
□臺語（閩南語）很好聽

□曾居住在以臺語（閩南語）為主要溝通語言的地區
□方便學習唱臺語歌（閩南語歌）或收看臺語節目
□方便與家人父母溝通、聊天
□會說臺語（閩南語）的人愈來愈多，所以才去學習
□其他：_____

回答完畢，謝謝您的配合。

附件 2：在陸臺灣青少年對閩南文化認同調查研究

您好，這是一份由臺籍教師陳建安所建立的一份在陸臺灣青少年對閩南文化認同的調查研究，最主要想了解在大陸生活的臺灣青少年對閩南文化的認同程度。本份問卷的調查結果將用在學術研究與發表上，並且不會公開個人隱私，請各位受訪者安心作答。謝謝！

一、個人基本資料

1. 請問您的性別？ [單選題] *
○女性
○男性

2. 請問您的年齡是？ [單選題] *
○13-15 歲
○16-20 歲
○21-25 歲
○26-30 歲
○31-35 歲
○36-40 歲
○41-45 歲
○50 歲（含）以下

3. 請問您的教育程度？ [單選題] *
○國中
○高中（職）
○大學（專校）
○碩士
○博士

4. 請問您在臺灣的戶籍地是在哪裡？ [單選題] *
○北北基、桃竹苗
○中彰投、雲嘉
○南、高、屏
○宜花東
○澎湖、金馬

5. 請問您目前是在大陸哪個省？哪個市縣？ [填空題] *
_____

6. 請問您目前在大陸從事什麼行業？ [單選題] *
○教育文化
○金融保險
○農林漁牧
○建築營造
○旅遊開發
○醫生護理
○藝術管理
○互聯網科技

○生物技術

○家管無業

○學生

○交通運輸

○餐飲經營

○製造生產

○其他_____

7. 請問您待在大陸的時間有多長？ [單選題] *

○一年以下

○一年到二年

○二年到三年

○三年到四年

○四年到五年

○五年以上

8. 請問您是哪一個族群？ [單選題] *

○閩南人（河洛、福佬）

○客家人

○原住民

○外省人

○新移民

○其他_____

二、對閩南文化的知悉與否？

9. 請問您是否知道或者聽過閩南文化嗎？ [單選題] *
○知道或聽過
○不知道或者沒聽過（請跳至第問卷末尾，提交答卷）
○不清楚什麼是閩南文化？（請跳至第問卷末尾，提交答卷）

10. 您知道或者聽過閩南文化的原因是？ [多選題] *
□父母或者家中長輩告知
□在學校教育與老師口中得知
□媒體或新聞報導
□有閩南地區（大陸）的親戚
□曾經回到大陸得知
□來大陸工作求學後得知_____
□其他

11. 請問您知道下列哪些是屬於閩南文化的涵蓋範圍呢？ [多選題] *
□閩南語（臺語）
□紅磚建築、騎樓
□年節風俗、婚喪喜慶
□飲食習慣、稱謂
□祭祖掃墓、族譜家廟
□歌仔戲、布袋戲
□媽祖、保生大帝民間信仰

12. 是否有因來到大陸工作或者求學，更清楚知道且知悉什麼是閩南文化嗎？ [單選題] *
○有
○沒有

三、是否喜歡閩南文化？

13. 您是否喜歡閩南文化呢？（偏愛、習慣） [單選題] *
○喜歡
○不喜歡 （請跳至第問卷末尾，提交答卷）

14. 相較於其他文化，您喜歡閩南文化的程度與分值（1-10）有多少？ [單選題] *
○1　　○6
○2　　○7
○3　　○8
○4　　○9
○5　　○10

15. 喜歡閩南文化的原因是？ [多選題] *
□是祖輩與父母傳下的重要文化資產
□閩南文化擁有迷人特質與豐富內涵
□在臺灣日常生活就已經受影響
□媒介報導時就喜歡
□到大陸工作求學後喜歡
□與大陸親友互動後喜歡

□其他＿＿＿＿＿＿＿＿

16. 是否有因為來到大陸求學、工作後更加喜歡閩南文化嗎？ [單選題] *
○有
○沒有
○一樣

17. 讓您更加喜歡閩南文化的原因有哪些？ [多選題] *
□血脈相通兩岸一家親感受
□生活飲食習慣接近無違合感
□對臺政策交流體驗增加融合感
□說話用語在閩南溝通無障礙
□其他＿＿＿＿＿＿＿＿

四、認同閩南文化的原因

18. 您是否認同閩南文化？（除喜歡，更能理解）[單選題] *
○認同
○不認同＿＿＿＿＿＿＿＿
○不清楚＿＿＿＿＿＿＿＿

19. 您認同閩南文化的原因是？ [多選題] *
□本來就是喜歡，來到大陸求學與工作後更加認同
□血脈相同兩岸一家親的感受
□生活飲食習慣接近無違合感
□對臺政策交流體驗增加融合感

□說話用語在閩南溝通無障礙

□其他_____

20. 相較於其他文化，您對閩南文化認同的程度與分值（1-10）有多少？[單選題] *

○1　　　○6

○2　　　○7

○3　　　○8

○4　　　○9

○5　　　○10

謝謝您的作答，再度感謝您的抽空撥冗幫忙填寫，感謝！

國家圖書館出版品預行編目(CIP)資料

閩南文化認同與文化傳播/陳建安著. -- 初版. -- 臺北市：元華文創股份有限公司, 2025.06
面； 公分
ISBN 978-957-711-446-4 (平裝)

1.CST: 文化認同 2.CST: 文化交流 3.CST: 兩岸交流 4.CST: 臺灣 5.CST: 中國

541.28　　　　　　　　　　　　　　　114006017

閩南文化認同與文化傳播

陳建安 著

發 行 人：賴洋助
出 版 者：元華文創股份有限公司
聯絡地址：100 臺北市中正區重慶南路二段 51 號 5 樓
公司地址：新竹縣竹北市台元一街 8 號 5 樓之 7
電　　話：(02) 2351-1607　　傳　　真：(02) 2351-1549
網　　址：https://www.eculture.com.tw
E-mail：service@eculture.com.tw
主　　編：李欣芳
責任編輯：立欣
行銷業務：林宜葶

排　　版：菩薩蠻電腦科技有限公司
出版年月：2025 年 06 月 初版
定　　價：新臺幣 450 元

ISBN：978-957-711-446-4 (平裝)

總經銷：聯合發行股份有限公司
地　　址：231 新北市新店區寶橋路 235 巷 6 弄 6 號 4F
電　　話：(02)2917-8022　　傳　　真：(02)2915-6275

版權聲明：

　　本書版權為元華文創股份有限公司(以下簡稱元華文創)出版、發行。相關著作權利(含紙本及電子版)，非經元華文創同意或授權，不得將本書部份、全部內容複印或轉製、或數位型態之轉載複製，及任何未經元華文創同意之利用模式，違反者將依法究責。

■本書如有缺頁或裝訂錯誤，請寄回退換；其餘售出者，恕不退貨■